무無 유有

Nosome

김 병 윤 지음

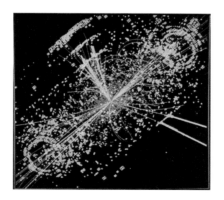

'21세기 신통섭은 말한다.'

"죽음은 없다"

오직 개체의 전이만이 존재할 뿐이다. 고로 '사후세계는 신화다.'

BOOK STAR

내용

초등학교 5학년 때 증조부모님께서 짧은 시차를 두고 돌아가셨다. 할머니의 무릎 위에 머리를 기대고 마지막 숨을 거두신 증조모님의 임종을 처음부터 끝까지 지켜보았다. 그리고 3개월 후에 돌아가신 증조부님의 발인 직전에 할아버지 집안의 병풍 뒤에 모신 시신을 다시 접했다. 궁금하기도 하고 언제나 나를 귀여워해 주시던 모습이 떠올라 증조부의 팔을 붙잡았을 때의 차가운 느낌에 화들짝 놀란 경험을 하였다. 이후 아주 오랫동안 매일 밤만 되면 죽음이 두려워 바로 잠에 들지 못하였고, 겨우 잠이 들면 집안 사람들의 장례를 치르는 꿈을 꾸며 괴로워하다가 깨어나 울거나 뒤척거리기를 반복하였다.

세월이 흘러 대학교 1학년 때 학교 정문을 들어설 때 마른벼락을 맞은 듯한 통증을 느끼고 클럽 방에 뛰어들어가 아무 생각 없이 손이 움직이는 대로 적었던 "모든 존재는 육체와 정신과 영혼으로 구성되어 있다. 피로를 느끼는 육체와 정신은 사라지지만 처음부터 있었고 영원불멸의 영혼은 사라지지 않는다. 이것은 인간만이 아니라 모든 존재에게 똑같이 적용된다"라고 적힌 문장을 접하였다. 너무나 충격적인 경험이어서, 이것이 죽음의 공포로부터 벗어날 수 있는 해답일 것이라고 생각했다. 그런데 "정신도 사라진다"라는 내용은 수용할 수 없었다. 하지만 이런 신기한 경험이 무작위적으로 일어나지 않았을 것이고, 이 문장의 진위에 대한 해답을 찾아내기로 작정하고 철학과 종교 분야의 저서와 경전들을 섭렵하기 시작했다.

대학 졸업 후 대우조선을 거쳐 삼성전자를 다니면서도 시간이 나는 대로 관련 서적들을 연구하며 정리하여 2010년 『영(靈)과 영(零), Soul and Zero』라는 비교종교학의 일종인 저서를 출간하였다. 같은 해 가을 한국어로 번역되기 전 영문으로 된 스티브 호킹의 저서 『위대한 설계』를 읽어 본 후 자연법칙 속에 그동안 내가 찾기 위해 노력했던 질문에 대한 답이 있다는 확신을 갖게 되었다. 회사 생활을 그만두고 대학교의 시간강사로 근무하던 시절이었는데, 그때는 연세대학교 원주분교에서 강의를 하고 있었다. 학교 도서관의 책을 마음껏 빌려볼 수 있어서 자연과학 분야의 저서들을 섭렵할 수 있었다. 그리고 2014년 "무유(Nosome, Nothing but Something 의 준말)"라는 영문 원고를 완성할 수 있었다. 해외 출판의 가능성을 타진하며 세월을 보내다가 2022년 1월에 『하나님과의 대화(Conversation with Oneness God)』라는 통섭(統攝, consilience)을 다루는 책을 먼저 출간하였다. 구약성경이 유대 민족이 지어낸 신화에 불과하며 예수가 새로운 복음을 전하기 위해 구약성경을 비판하며 내세운 새로운 신[나는 신성(神性)으로 해석함]이 자연법칙과 일치되는 가르침이었다는 내용을 소개하였다. 그리고 이런 가르침이 로마 제국과 로마교황청에 의해 변질된 오류를 지적하며 자연법칙 속에서 예수의 참 가르침을 찾자는 취지에서 "성령으로 들여다본 신통섭의 솔루션"이라는 부제목을 달았다.

2022년 6월 페이스북에 '신통신통회'라는 그룹 방을 개설하여 그동안 파악한 내용을 많은 사람과 공유하며 서로의 의견을 교환하는 활동을 벌이는 한편, '무유'라는 영어 원고를 한글로 번역하는 작업을 진행하였다. 종교 관련 질문에 대한 해답을 제시하는 마지막 퍼즐이 될 '무유'를 스스로 번역하는 기나긴 시간을 보내고 이제 한글로 번역한 원고를 마치게 되었다.

16세기 개신교 종교개혁은 로마 가톨릭 교회의 조작된 교리와 잘못된 관행에 대항하는 마틴 루터(1483~1546), 존 칼뱅(1509~1564)과 다른 성직자들에 의해 시작되었다. 잘못 해석된 교리, 의식, 면죄부 판매, 교회 사면과 직분을 사고파는 성직 매매는 이 시기 개혁가들 사이에서 불만의 원인이었다. 개혁가들의 가장 뛰어난 업적은 라틴어 성경을 일반인들이 이해할 수 있는 자국 언어로 번역하여 성경의 내용을 공유하도록 한 것이었다. 당시까지 교회는 라틴어 성경만을 고집했고, 성직자만이 성경을 소유할 수 있었다. 성직자 이외의 사람이 개인적으로 사본을 소유한 혐의로 유죄 판결을 받으면 사형에 처해질 수 있었다.

당신은 멋지게 늘어선 열주의 그늘에서 비참하게 죽는다. 당신이 감상하던 고귀하고 빛 바랜 그림과 수십 개의 고대 조각품은 당신에게 좋은 저녁 식사도 좋은 침대도 제공하지 못한다. 부유함은 주인을 위한 것이고 빈곤은 당신의 몫이다. 고대 로마에서 살던 노예의 운명이 당신의 삶보다 백배는 더 나았다. 그는 많은 재산을 가질 수 있었다. 당신은 농노로 태어나 농노로 죽고, 당신이 누릴 수 있는 유일한 기름은 죽을 때 가는 길을 위해 제공되는 마지막 성유(聖油)뿐이다. 몸과 영혼이 노예 상태로 사는 당신은 폭군과 같은 주인이 당신이 믿는 종교의 교리를 담고 있다고 말하는 경전을 자국어로 읽을 기회조차 주어지지 않은 채 살다가 죽어야 했다.[1]

비록 불완전했지만 종교개혁은 일반 대중의 독해력 향상과 새로 발명된 인쇄술의 상용화를 통한 성경의 보급으로 말미암아 촉발될 수 있었다. 그러나 16세기 종교개혁가들은 성경에 넘쳐나는 거짓 주장을 반박하는 데 필요한 문헌 분석 능력, 고급 과학 지식이나 관련된 고고학적 자료가 부족했기 때문에 소위 성서라 불리는 책에 남아 있는 많은 조작과 터무니없는 내용을 알아차리지 못했다. 그들은 다른 종류의 해석을 허용하지 않았고 성경의 표현을 엄격하게 고수하였다. 이런 맥락에서 보면 진정한 종교개혁은 일어날 수 없었고, 개혁은 당대에 일어났던 사건으로 기억될 뿐이었다. 엄밀히 말하면 종교개혁은 진정한 종교개혁이 아니라 그러한 아류로 발생한 다양한 개혁 중의 하나에 불과하였다.

개신교회는 모든 분파에서 '마녀와 악마가 인간을 점유하고 통제한다'는 교리를 그대로 받아들였고, 이를 더욱 발전시켰다. 기독교의 기본 교리를 루터보다 더 강력하게 주창한 성직자가 없었다. 그는 일부 성직자들보다 더 강력한 치료법을 알고 있는 것처럼 행동했고, 사탄의 영향으로 비롯된 신도들의 어리석음에 대한 그의 공포가 너무 커서 어리석은 아이를 사탄의 직계 자손으로 매도하며 죽이라고 조언했다. 악마가 인간에게 영향을 끼친다는 이런 생각은 그의 대화와 설교에 자주 등장하였고, 이후 루터교회 전체로 퍼져 나갔다. 칼뱅도 동일한 이론을 고수했으며, 루터보다 더 잔인한 성

---

[1]   *A Treatise on Toleration and other Essays*, Voltaire, 1994, p. 94

격의 그는 강력한 권한을 움켜쥐고 훨씬 더 가혹한 조치를 취하였다.[2]

그 이후로 과학 분야에서 많은 새로운 발견이 이루어졌으며, 이로 인해 종교 경전의 표현과 해석에 대한 문제점이 드러났다. 그러나 이런 발견은 많은 사람에게 알려지지 못했다. 이로 인해 관련된 기독교의 유신론적 교리와 합리적이고 논리적인 비교를 통한 대안이 제시되지 않아 종교개혁 이후의 정상적인 논리로 발전하는 데 상당한 시간을 허비하였다.

사랑의 하나님에 대한 믿음과 사후의 더 나은 삶에 대한 희망을 가진 기독교로 인해 멸망한 찬란했던 고대 문명은 갈망하는 인간의 마음에 신선하고 강한 자극을 제공했다. 교황청이 주도하는 교회는 진정한 기독교 교리를 측은한 풍자만화로 변질시켰고, 그리스 철학자들이 수집한 지식의 보물을 무자비하게 흩뿌리는 악행을 저지르며, 믿음에 빠진 대중의 무지를 통해 세상을 지배하였다. 종교개혁은 이런 정신적 노예의 사슬을 끊고 이성이 다시 한번 권리를 확보할 수 있도록 도왔다. 그러나 새로운 시대에도 이전 시대와 마찬가지로 생존을 위한 위대한 투쟁은 도덕적 질서를 정립하지 못한 채 영원한 변동을 반복하고 있다.[3]

저서 『영과 영(靈과 零)』(2010)을 지인에게 전달할 때 "모든 존재가 하나라는 진리를 깨우치고 사랑의 원심력을 키워 나가자"라는, 그리고 『하나님과의 대화』(2022)에서는 "모든 존재가 하나(임이)라는 진리를 깨우치

---

[2] *History of the Warfare of Science with Theology in Christendom*, Andrew Dickson White, 2010, Volume 1, part 2, p.s 178-9

[3] *The Riddle of the Universe*, Ernst Haeckel, 1934, p. 222

고 사랑의 원심력을 키워 나가자"라는 증정사를 썼다. 이 둘의 차이는 (임이)라는 것뿐이다. 삶과 죽음이라는 가장 기본적인 질문에 대한 해답을 찾기 위해 50년 가까운 연구를 통해 이 명제를 도출하였다. 이 책에서 이 명제를 증명하기 위해 인류 사상과 과학 분야의 역사적 발견을 활용하여 기존 종교 교리에 대한 대안적 신학 이론을 제시하기 위해 최선을 다하였고, 앞으로 계속 발전시켜 나갈 것이다. 우리보다 앞서 살았던 많은 훌륭한 지식인의 견해와 오늘날 이용 가능한 과학적 이론을 참조할 것이다.

우리가 정령 숭배적 단계에 이어 종교적 단계, 그리고 다시 과학적 단계로 이어지는 우주에 대한 인간 사고의 진화에 대한 설명을 받아들일 준비가 되어 있다면, 이런 여러 단계를 통해 '생각의 전능성'의 변천을 따라가는 것은 어렵지 않을 것이다. 정령 숭배 단계에서 인간은 스스로에게 전능함을 부여했다. 종교적 단계에서 인간은 그것을 신에게 양도하지만 자신의 소원에 따라 다양한 방식으로 신에게 영향을 미칠 수 있는 힘을 보유하고 있기 때문에 이를 포기하지 않았다. 우주에 대한 과학적 관점은 더 이상 인간의 전능함을 인정할 여지가 없으며, 인간은 자신의 왜소함을 인정하고 죽음과 자연의 다른 필수 요소에 체념적으로 복종하도록 요구하고 있다. 그럼에도 불구하고 전능에 대한 원시적 믿음의 일부는 현실의 법칙을 고려한 인간의 정신력에 대한 믿음 속에 여전히 남아 있다. [4]

플라톤의 『국가론』에 유명한 우화가 나온다: "소크라테스는 세상을 지하 동굴에 비유하고, 이곳에 사는 인간을 다리와 목이 쇠사슬에 묶여

---

[4] *Totem and Taboo*, Sigmund Freud, 1950, p. 110

빛을 등지고 자신과 서로의 그림자만 보고 살아가는 죄수들과 비교한다. 이들에게 진실은 말 그대로 이미지의 그림자에 불과하다. 훗날 죄수 중 한 명이 풀려나서 실제 사물을 있는 그대로 보게 된다. 소크라테스는 "실제 경험을 한 이 사람은 이제 자신의 포로 생활과 그림자 이미지에 대한 연구를 동정과 모욕으로 생각하지만, 동굴에 남은 사람들은 주변 사물에 대한 자신들의 관점이 바뀔지도 모른다는 이유로 자신의 상황을 바꾸려는 사람을 비난하고 죽일 준비가 되어 있다"라고 묘사한다. [5]

현재 우리의 상황은 깨달음에 필요한 '빛'이 다양한 과학적 발견으로 구멍이 뚫린 틈새를 통해 비추고 있음에도 불구하고 여전히 플라톤이 묘사한 지하 동굴의 상황과 비슷해 보인다. 2024년 대선에서 트럼프가 재선되었다. "트럼프는 2020년 미국 대선에서 미국을 위대하게 만들자는 기치를 내세우고, 자신만이 그런 역할을 수행할 수 있다며 공정한 선거 결과에 불복하였다. 그러면서 자신을 지지하는 시민을 특별하다고 추켜세우며 의사당으로 나아가라고 선동하여, 민주주의의 표상인 국회의사당이 유린당했다. 트럼프나 그의 사주를 받고 의사당에 난입하여 폭력을 행사한 사람이나 이를 옹호한 사람이 바로 악마고 사탄이다. 잘못된 교리를 내세우고 사람들을 현혹하는 자 또한 악마나 사탄일 수밖에 없다. … 2020년 미국 대선과 관련하여 미국의 하원이나 상원에서 선거인단 투표 결과가 뒤엎어질 정도의 반대표가 나왔더라면, 트럼프 또한 히틀러와 같은 독재의 길을 답습했을 것이다. 자신과 가족의 안전을 위해 반대표를 던진 의원의 숫자가 하원의 경우 100명을 훌쩍 넘은 사실은, 미국의 민주

---

[5] *The Republic*, Plato, 1986, 514-7, p.s 253-257, abbreviated

주의도 한순간에 무너질 수 있음을 분명히 보여 주었다. … 히틀러를 악
마로 만든 사람들은 단지 유대 민족만이 아니다. 독일 국회에서 히틀러의
정책을 아무 비판 없이 승인하고 이를 실행에 옮기도록 도와준 의원들이
현장에서 실행에 옮긴 사람들보다 더 나쁜 사람들이다."[6]

한편, 대한민국에서는 윤석열 대통령이 2024년 12월 3일 비상계엄을 선
포한 후 혼돈의 상황이 펼쳐지고 있다. 이런 반헌법적이고 불법적인 조치와
관련하여 여당 국회의원 108명 중 12명의 이탈표가 나와 대통령에 대한 탄
핵안이 가까스로 통과되었다. 하지만 이들 대다수는 똘똘 뭉쳐 자신들의
기득권의 명맥을 유지하기 위해 허황된 보수 가치와 논리를 내세우며, 탄핵
에 반대하기 위해 안간 힘을 쓰고 있다. 이런 행동으로 인해 민주주의의 근
간이 허물어지고, 국가를 전쟁의 위험과 악의 구렁텅이로 몰아넣을 수 있
고, 사회 혼돈이 지속될 것이 자명하다. 하지만 신화적 요소로 만들어진 구
약성경에 기반한 교리로 무장하고, 예수의 가르침에 반하는 적그리스도 성
향을 보이는 미국이나 한국의 일부 위선적 성직자나 이들에 의해 세뇌된
사람들로부터 이성적이고 합리적인 판단을 기대하는 것은 어려워 보인다.

이들은 "모든 인간이 하나(임이)라는 진리를 깨우치고 서로 존중하고
사랑하며 지상의 천국을 구축하자"라는 이성적이고 합리적인 예수의 가
르침을 무시하고, 종교는 종파 논리, 정치는 진영 논리에 빠져 자신들이
누리는 기득권의 가치를 보호하고자 하는 근시안적 사고에 매몰되어 아
직도 사회의 악으로 남아 21세기에도 지속적으로 사회를 차별과 갈등의

---

[6]   *하나님과의 대화*, 김병윤, 북스타, 2022, 386-387

장으로 몰아넣고 있다. 이들은 보다 넓은 시각으로 바라보며 국민이나 다른 존재들과 공존공영해야 한다는 생각을 하지 못하고, 집단이기주의에 빠져 자신의 집단이 아닌 대상은 보복하거나 배제해야 한다는 그릇된 사고를 갖고 행동한다. 그리고 이런 현상은 정치와 종교가 태생적으로 설정했던 공조가 타파되지 못하고, 자신들의 기득권을 향유하기 위해 존속해 오고 있기 때문이다. 예수의 참 가르침에 어긋나는 교리를 개발하면서 중세 암흑기를 주도해 온 가톨릭은 이슬람교나 개신교와 더불어 이단이라는 비난으로부터 자유로울 수 없을 것이다.

(기독교가 우세를 떨치고 있는 대한민국과 –저자 주) 미국의 일부 지역에서는 과학이 무엇보다도 풍부한 자금력을 바탕으로 든든한 조직을 만들어 정치권과 결탁한 반대 세력의 비난을 받는 상황에 처해 있으며, 진화론의 가르침은 최전선의 참호 속에 갇혀 있다.[7]

공자의 『대학』에 "팔조목(八條目)"이 나온다. 이중 후반부에 나오는 수신, 제가, 치국, 평천하[修身(마음과 행동을 바르게 닦아), 齊家(집안을 정돈하여 바르게 하고), 治國(나라를 다스리고), 平天下(천하를 평정한다)]라는 네 가지에 대해서는 널리 알려져 있다. 하지만 전반부에 나오는 격물, 치지, 성의, 정심[格物(사물의 이치를 연구하여 '존재의 본질을' 이해하고), 致知(지식과 진리를 깨우치고), 誠意(뜻을 성실히 하고), 正心(마음을 바르게 가진다)]라는 네 조목에 대해서는 그렇지 못하고 있다. 후반부의 것은 전반부의 기본이 갖추어진 후에 올바로 수행될 수 있다. 전반부를 통해 "모든 존재

---

7)   The God Delusion, Richard Dawkins, 2008, p. 91

가 하나(임)라는 진리를 깨우치고 사랑의 원심력을 키워 나가는" 자세를 갖춘 후 후반부의 실천을 해야 한다는 것이다. 이것은 결국 우리의 사고가 진리에 근거한 것이어야 한다는 것이다. 마찬가지로 종교의 교리나 철학적 논리 또한 이런 식으로 정리되어야 한다는 것을 의미한다.

이제는 우리가 살고 있는 음울하고 지성적이지 못한 상태에서 벗어나 앞으로 전진해야 할 때이다. 이를 위해 종교개혁을 뛰어넘는 종교혁명을 일으켜 전 세계 종교를 하나로 통합하는 작업이 이루어져야 한다. 이를 통해 그동안 볼테르가 언급한 노비나 플라톤이 말했던 지하 동굴의 죄수처럼 살아가는 사람들의 삶이 헛되이 낭비되는 일이 없어야 한다.

우리는 모두 하나라는 개념에 기반한 사랑, 즉 상호 사랑의 확장을 통해 부처가 언급한 불국토나 예수가 주창한 지상의 천국과 같은 상태인 영계(지상 낙원이나 유토피아)를 건설해야 한다. 우리 모두가 하나라는 진리를 찾기 위한 여정을 떠나 지상의 영계 건설이라는 목표를 어떻게 달성할 수 있는지 살펴보는 여행을 떠나도록 하자.

동방의 모든 언어와 마찬가지로 히브리어가 페르시아어에서 빌려온 '지상 낙원'이라는 단어는 원래 아케메니데스 공원을 가리키는 말로, 모든 사람의 꿈을 요약한 것이다: 지상에서 누렸던 매혹적인 삶을 영원히 지속할 수 있는 유쾌한 정원. 그러나 예수는 모든 환상에서 벗어나 천 년 꿈도, 키메라 낙원도, 하늘의 표징도 없이, 그의 의지의 의로움과 그의 영혼의 시로 하늘의 재림을 재현하고 그의 마음속에 진정한 하나님의 왕국을 새롭게 창조할 것이라고 말하였다![8]

---

[8]   *The Life of Jesus*, Ernest Renan, 1863, p.s 186-7

이 책에서 밝힌 이론은 대부분 이용 가능한 오늘날의 왜곡된 신학 이론이나 관행과 상충되는 부분이 많다. 또한, 인용한 과학적 이론에 대한 나름대로의 해석은 앞으로 더 구체적인 이론이 등장함에 따라 바뀌어야 한다. 누구든지 논리의 모순을 발견하거나 합리적이고 논리적인 변화 가능성을 발견한 사람이라면 이의를 제기하거나 수정을 제안할 수 있다. 이 책에서 활용된 것보다 더 낫고 확실한 정보가 있다면 언제든지 공유해 주기 바란다.

마지막으로 1976년에 마른벼락 경험을 통해 규명해야 할 질문을 던져 주고 이를 추구하는 과정에서 언제나 동반자로 함께했던 그래서 성직자가 아닌 내가 『하나님과의 대화』에서 감히 '성령'이라는 단어를 사용할 수 있도록 용기를 북돋아 준 부처, 예수는 물론이고 이 책을 완성하는 데 도움을 준 동학의 최시형을 비롯한 모든 성현과 과학자에게 감사 말씀을 드린다. 그리고 몸소 죽음의 공포를 체험하게 한 증조모 이우실 님, 증조부 김처홍 님, 물심양면으로 도움을 준 아내 박미정, 친구 공유상, 구본걸, 권석만, 권영욱, 김남수, 김봉곤, 김영경, 김정기, 김종범, 노영민, 박영국, 박영민, 박혜성, 박호식, 서남주, 송승철, 염동현, 오병선, 윤방섭, 이서환, 이영범, 이우열, 양현승, 이차남, 이현, 장순천, 최성균, 최연현과 선배 김준경, 김한조, 민용호, 신민형, 유희동, 이만식, 정현혁, 조정현, 최용훈, 한국현 및 신통신통회 회원 여러분과 운영위원께도 감사의 말을 전한다. 그리고 『하나님과의 대화』에 이어 이 책의 출간을 흔쾌히 결심해 주신 출판사 박정태 회장님을 비롯한 임직원 여러분의 헌신적 협조에 진심으로 감사드린다.

무유
(無有, Nosome)

무유(無有)는 '아무것도 아닌 어떤 것'의 줄임말로, 인간의 지각과 관찰을 넘어서는 특성을 가진다. 의식 영역에서는 아무것도 아닌 것처럼 보이지만 의식의 너머에 존재하며, 우주 만물을 존재하게 만드는 무엇이다. 그것은 태초부터 지금까지 단 한 번도 원래의 상태를 바꾼 적이 없다. 그로부터 파생된 존재들이 수많은 돌연변이와 전이를 겪었음에도 불구하고 항상 원초적인 성격을 유지한다. 창조주, 절대자, 신, 영혼, 정신, 도(道) 또는 지수화풍(地水火風), 기(氣)나 에너지로 불릴 수 있지만, 이런 표현은 무유의 본질을 모두 설명하기에는 충분하지 않고 단지 한 단면을 보여줄 뿐이다. 그것은 아무것도 없는 곳에 존재하는 특정 상태를 의미한다. 우주를 하나의 원자로 치면 무유는 원자 속의 한 줄기 빛이라고 할 수 있다.

무유(Nosome)는 역학적 개념의 공(空), 존재론적 개념의 무(無), 기하학적 개념의 영(零)이 합쳐진 공무영(空無零: 8장 2절의 [그림 59] 이후의 내용 참조)의 속성을 가지며 형상형성 잠재력(entelechy)을 보유한다.

모든 존재는 무유의 속성인 불성, 신성, 천성을 지니고 있으며 이를 제대로 깨우치고 지금의 형상을 속박하는 집착이나 구분의 사슬을 끊고 극복할 수 있어서 모두가 해탈이 되고, 신성의 자녀가 되고, 천성과 하나가 되면 이승은 불국토, 지상의 천국, 극락세계나 영계(靈界, 나의 주장, 5장 2절 [그림 40] 참조)로 변할 것이다. 이것은 공무영의 의미를 제대로 알고 수용할 수 있는 마음가짐을 갖춰야만 가능해진다. 그렇게 되면 "모든 존재가 하나(임이)라는 진리를 깨우치고 사랑의 원심력을 키워 나가자"라는 의미를 수용할 수 있게 될 것이다.

1장

무유(無有, Nosome)

"우리가 커튼 뒤쪽을 들여다볼 수 없다는 것을 인정한다면, 거기에 아무것도 없다고 어떻게 확신할 수 있을까?"[9)]

2010년에 출간한 『영과 영』의 원고를 작성하면서 인식의 범주를 뛰어넘는 특정 존재를 표현하기 위해 널리 사용되는 '영혼(Soul)'이라는 단어를 사용했다. 책을 출간한 후 양자역학, 진화론, 화학, 생물학, 신경학, 우주론, 심리학 등 새로운 분야를 탐구하는 데 몰두했고, 궁극적으로 '무유'라는 단어가 영혼을 대체할 적합한 단어라고 판단했다. 이 용어가 흔히 '영혼'이라고 불리는 개념을 더 설득력 있게 표현한다고 생각한다.

노자는 어떤 대상, 특히 추상적이거나 형이상학적인 대상의 진정한 의미를 말로 전달하는 것이 어렵다는 점을 인정하면서 "말할 수 있는 도(道)는 영원한 도가 아니다. 이름을 붙일 수 있는 이름은 영원한 이름이 아니다"라고 말한다.[10)]

---

9) *TIME*, January 4, 1993, Science, God and Man, p 42

10) *Tao Te Ching*, Stephen Mitchell, 1988, chapter 1

무유(無有)는 '아무것도 아닌 어떤 것'의 줄임 말로, 인간의 지각과 관찰을 넘어서는 특성을 가진다. 의식 영역에서는 아무것도 아닌 것처럼 보이지만, 의식의 너머에 존재하며 우주 만물을 존재하게 만드는 무엇이다. 그것은 태초부터 지금까지 단 한 번도 원래의 상태를 바꾼 적이 없다. 그로부터 파생된 존재들이 수많은 돌연변이와 전이를 겪었음에도 불구하고 항상 원초적인 성격을 유지한다. 창조주, 절대자, 신, 영혼, 정신, 도(道) 또는 지수화풍(地水火風), 기(氣)나 에너지로 불릴 수 있지만, 이런 표현은 무유의 본질을 모두 설명하기에는 충분하지 않고 단지 한 단면을 보여 줄 뿐이다. 그것은 아무것도 없는 곳에 존재하는 어떤 것을 의미한다. 우주를 하나의 원자로 치면 무유는 원자 속의 한 줄기 빛이라고 할 수 있다.

무유라는 것과 관련하여 중국의 철학자 장자(기원전 369?~286)는 일찍이 다음과 같은 글을 남겼다. '天門者無有也. 萬物出乎無有. 有不能以有爲有. 必出乎無有. 而無有一無有. 聖人藏乎是'(장자, 경상초 23:12) "천문이란 무 자체이며 만물은 이 무(無)에서 생겨난다. (모든 형체를 지닌) 유(有)는 본래부터 (형체를 갖추고 있었던) 유가 아니고 무(라는 장연의 도)에서 비롯되었다. 그리하여 (여기에서) 모든 것이 무이며 유는 하나도 없다. 성인은 이런 경지에 몸과 마음을 맡기고 있다."[11]

여기에서 앞의 두 구절은 "하늘의 문은 무유다. 만물은 무유에서 생겨난다"로 해석할 수 있다. 이 경우 무유는 하나의 단어로 '없으면서도 있고, 있으면서도 없는' 상태를 의미한다.[12]

---

[11] 장자, 안동림 역주, 현암사, 1993: 578-9
[12] *하나님과의 대화*, 김병윤, 북스타, 2022, p 408-409

아낙사고라스(Anaxagoras, 기원전 500~428년)는 "모든 것은 모든 것에서 나온다"라고 말했다. 이것은 모든 물질이 동등한 것으로 구성되어 있으며 어떤 물질이든 다른 물질에서 추출할 수 있고, 따라서 기본 물질이 무한히 많다는 것(또는 어떻게 보느냐에 따라 전혀 없을 수도 있음)을 의미한다. 그는 모든 사물이 무수히 많은 무한히 작은 '입자'로 이루어져 있으며, 이 입자를 재배열하면 다른 물질이 생성된다는 일종의 원시 원자 가설을 제시함으로써 이런 생각을 정당화했다. 따라서 물질의 특성은 어떤 기초단위 물질의 특성에 의존하는 것이 아니라 이런 물질의 특정 배열에 따라 달라지며, 이 물질은 그것으로 만들어진 물질과 완전히 다른 모습이다. [13]

1.1. 진동

우주를 원자라고 가정하면, 무유는 부화된 원자 속을 스쳐 지나가는 한 줄기 빛과 같다. 즉 원자 공간에서 특정 위치가 없으며 시간과 공간을 포함한 모든 구속으로부터 자유롭다. 피타고라스의 단자처럼 원 중심에 점이 있는 잘 알려진 원자의 기호나 일반적으로 이해하는 원자의 개념과 달리, 무유는 [그림 1]의 진동이나 에너지를 띠는 파형 위의 한 점, 즉 깨진 원자 내의 한 줄기 빛이다.

---

[13] *The Fifth Essence*, Lawrence M. Krauss, 1989, p 11

[그림 1] 무유 higgs boson particles
출처: https://ko.wikipedia.org/wiki/%ED%9E%89%EC%8A%A4_%EB%B3%B4%EC%86%90

　　고대 오르페우스교는 삼라만상의 기원에 대해 "태초에 형태가 없는 무한한 것이 존재했으며, 이를 '끊임없이 흐르는 무한한 깊이의 바다'라고 부른다. 그 안에 모든 것이 함께 섞여 있다. 자발적으로 형성되는 소용돌이 과정에서 그것은 계란의 형태를 취한다. 이 세계의 알은 주변의 공기(허공)를 빨아들여 임신한 후 '수컷-암컷'이라는 양성의 생명체를 낳는다(짝수-홀수 '피타고라스의 열 가지 대비되는 짝'에서 홀수는 '수컷', 짝수는 '암컷'과 연관됨). 오르페우스는 빛나고 불타는 모습 때문에 '빛나고, 나타난다'라는 뜻의 파네스(중앙의 불)라는 이름이 더해졌다. 이것이 '삼라만상의 기원'이다. 이후 (세상의) 질서정연한 배열이 뒤따른다"라고 설명했다.[14]

　　무유의 유일하고 확실한 특징은 진동이다. 진동은 모든 존재의 기본 특

---

[14]　　*Pythagoras*, Christoph Riedweg, 2008, p 88-89

성이며, 진동에서 주파수, 소리, 열, 빛, 결합, 분리, 수정이 나온다. 진동이 없다면 시간과 공간을 포함한 그 어떤 것도 존재할 수 없다. 모든 존재는 물론 우주 전체가 진동으로 가득 차 있으며, 진동은 사방으로 뻗어 나간다.

최근에 밝혀진 바에 따르면, 특히 이집트의 고대 사상가들은 창조의 주요 기관이 창조주의 손과 손가락이 아니라 그의 목소리라고 주장한다. 따라서 전능자에 의한 지구와 천체의 기원에 관한 이전의 더 조악한 믿음이 "그가 말하니 만물이 만들어졌다"라는 더 인상적인 '말에 의해 존재하게 되었다'는 생각과 섞여 있었다. [15]

신약성경에는 설득력 있는 매우 간략한 천지창조 이야기가 있다: "태초에 말씀이 계시니라 이 말씀이 하나님과 함께 계셨으니 이 말씀은 곧 하나님이시니라"(요한복음 1:1)라는 것이다.

도(道)는 비어 있지만 무한한 능력을 지닌 풀무와 같다. 그것을 더 많이 사용할수록 더 많은 것을 만들어 내고, 그것에 대해 더 많이 이야기할수록 덜 이해하게 된다. 중도를 지켜라(도덕경 5장).

조화로운 소리를 내는 영혼은 결코 그것을 구성하고 있는 현의 긴장과 이완, 진동이나 기타 정서와 어긋나는 음을 낼 수 없으며, 영혼은 단지 따라갈 뿐이지 현을 주도할 수 없다. [16]

---

[15] *History of the Warfare of Science with Theology in Christendom*, Andrew Dickson White, 2010, Volume 1, part 1, p 2

[16] *Euthyphro, Apology, Crito, Phaedo*, Plato, 1988, p 112

위의 문장은 무유의 자연스러운 특성을 실제적으로 표현하고 있다. 목소리와 말은 진동을 의미하며, 그 자체가 신과 함께 있었고 신 자체가 진동이다. 고대 그리스 철학자 류키포스와 데모크리토스는 리듬이 곧 형상이라고 단언했다. 이런 주장은 현대 양자물리학에서 언급하는 끈의 진동과 잘 어울린다. 끈 이론은 원시 원자가 점이 아니라 무한히 작은 진동하는 끈이라고 설명한다.

요약하자면, 우리는 발달을 분자에서 세포, 조직, 기관으로 확장하며 성장하는 동안 상호작용하는 효과의 '교향곡'으로 폭넓게 특징지을 수 있는데, 그 '멜로디'는 다양한 발달 경로이지만 전달되는 '음표'는 유전자에 기록되어 있으며 그것이 진화되어온 과정은 유전적으로 해독되어야 한다. [17]

이 진동은 영점장이나 절대 진공 상태와 같은 가혹한 조건에서도 멈출 수 없다. 이 진동은 조건과 관계없이 언제나 다른 모든 존재와 서로 방출하고 교환할 수 있다. 이 진동은 불멸불변(不滅不變)의 특성을 갖는다.

분자는 스스로 진동하거나 회전한다. 모든 물질의 분자는 고체, 액체, 증기 등의 상태와 관계없이 끊임없이 진동한다. 절대 영하의 온도에서도 진동이 멈추지 않는데, 이를 영점 진동이라고 한다. [18]

자연의 네 가지 힘인 전자기력, 강력, 약력, 중력도 모두 무유로부터 나왔다. 이 네 가지 힘은 모두 진동이며 서로 밀접하게 연결되어 모든 존재

---

[17] *Evolution*, Third Edition, Monroe W. Strickberger, 2000, p 362
[18] *Newton Highlight*, Visual Chemistry, 2012, p 52

를 생성한다. 진동으로부터 시간과 공간은 물론이고 모든 무기물과 유기물이 나오고 그 진동은 절대로 멈추지 않는다.

교향곡이 서로 다른 악기들이 연주하는 모든 음을 아울러 아름다운 소리를 내듯이 우리 몸은 유전자에 기록된 전체 악보에 따라 각 세포 안에서 커지고 꺼지는 유전자(또는 원자)들이 합주한다. 이 화음은 무유의 끈의 진동을 결합하여 표현된다.

우리 몸의 모든 원자는 약 10^{16}Hz로 진동하고 있다. 생물학적 세계는 리듬으로 가득 차 있다. 망막의 간상세포와 원뿔세포는 10^{15}~10^{14}Hz에서 진동하는 빛에 반응한다. 뇌 조영도에서 흔히 볼 수 있는 뇌의 전기 활동은 10^{1}Hz 즉 0.1초의 주기를 가지며, 심장은 약 10^{0}Hz 즉 1초에 한 번씩 뛰고, 호흡은 6초에 한 번씩 이루어진다. 심지어 간단한 화학 용액도 나름의 화음에 따라 저절로 진동할 수 있다. [19]

색은 생명체가 인식할 수 있는 특정 수준의 다양한 진동을 가지고 있다. 파장이 다른 빛은 다른 색감을 만들어 낸다. 적색광은 약 690밀리미크론(mμ), 주황색 630mμ, 노란색 590mμ, 녹색 510mμ, 파란색 460mμ, 남색 430mμ, 보라색은 400mμ의 파장을 가진 횡단 전자기파다. 이런 종류의 진동이 망막에 닿으면 보는 사람은 해당 색의 감각을 느낀다. 어류, 파충류, 조류는 4가지 종류의 광수용체 세포를 가지고 있는 반면, 대부분의 포유류는 2가지 종류만 갖도록 퇴화되었다는 점이 흥미롭다. 그러나 인간은 3종류의 광수용체 세포를 가지고 있어 색을 명확하게 구분할 수 있어서 다행이다.

[19] *Rhythms of Life*, Foster and Kreitzman, 2004, p 38-39

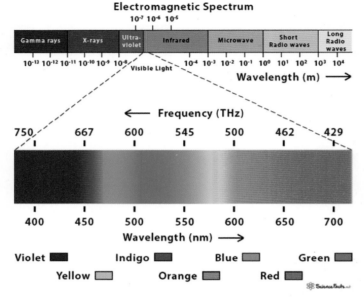

[그림 2] 색상 주파수 color frequency spectrum
출처: https://www.sciencefacts.net/visible-light.html

　곤충은 색각이 좋지만 전체 스펙트럼이 빨간색에서 벗어나 자외선 쪽으로 치우쳐 있다. 사람과 마찬가지로 곤충도 노란색, 녹색, 파란색, 보라색을 볼 수 있다. 그러나 곤충은 우리와 달리 자외선 영역까지 잘 볼 수 있지만, '인간' 스펙트럼의 끝에 있는 빨간색은 보지 못한다. 새는 스펙트럼의 빨간색 끝을 잘 볼 수 있다. 많은 꽃은 사람의 눈으로는 식별할 수 없는 자외선 색소로 꽃에 그려진 작은 활주로 표시를 통해 꿀벌이 무사히 착륙할 수 있도록 안내한다. [20] (4장 1절 [그림 34] 참조)

---

[20]　　*The Greatest Show on Earth*, Richard Dawkins, 2009, p 51

소리는 진동의 일종인 주파수를 통해 전달된다. 청력이 좋은 평균적인 사람은 20Hz에서 20KHz에 이르는 주파수의 초당 주기(cp)를 들을 수 있다. 우리가 구분할 수 없는 다양한 주파수가 존재하지만, 다른 존재들은 인간의 인식 범위 내에 있는 주파수보다 훨씬 더 많거나 훨씬 적은 주파수를 사용하고 인식할 수 있다. 또한, 많은 생명체가 공유하고 통신에 활용할 수 있는 중첩 대역이 존재한다.

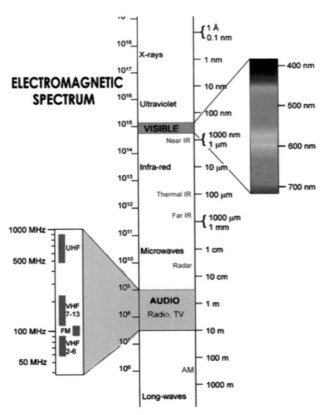

[그림 3] 소리 주파수 sound frequency

출처: https://www.researchgate.net/figure/Electromagnetic-spectrum_fig2_340720566

　모든 동물에게 소음을 구별할 수 있는 귀가 매우 중요하다는 것은 누구나 인정하는 사실이며, 음표에 민감해야 한다. 갑각류는 다양한 길이의 청각을 위한 털을 지니고 있으며, 이 털은 적절한 음을 치면 진동한다. 모기의 안테나 털에서도 비슷한 현상이 관찰된다. 많은 관찰자가 거미가 음악에 이끌린다는 것에 동의한다. 일부 개가 특정 음색을 들을 때 울부짖는다는 사실도 잘 알려져 있다. 물개는 음악을 좋아했던 것으로 보이며, 물개의 음악에 대한 애정은 "고대인들에게 잘 알려져 있었으며 오늘날 사냥꾼들이 종종 이용하고 있다." 따라서 인간은 물론이고 다른 동물의 경우에도 음표를 인식하는데 전혀 어렵지 않을 것 같다. [21]

　촉각, 후각, 미각도 감각을 느끼는 대상의 특정 진동에 의해 감지될 수 있다. 모든 존재는 부화한 원자가 진동하는 것처럼 진동하고 있다. 배아학자들이 척수(cord) 또는 척색(notochord)과 같은 단어를 음악의 화음처럼 사용하는 것이 흥미롭다. 이는 무유의 본질적인 특성인 끈의 소리를 반영한 것일 수 있다. 자연의 법칙은 진동에 의해 제어되어야 하며, 그중 많은 부분이 우리의 인지 능력을 넘어선다.

　이론적으로 계산해 보면 신경섬유는 아날로그 부호로만 작동하는 것이 아니라 디지털 부호 없이는 작동하지 않는다는 것이 입증되었다. 신경 자극은 기관총에서 발사되는 총알과 같다. 강한 메시지와 약한 메시지의 차이는 자극의 강도가 아니라 그 빈도에 있다. 노란색을 보고, 바다 소리를 듣고, 테레빈유 냄새를 맡는 등 이런 감각 인지의 차이는 우리의 신경

---

[21]　*The Descent of Man*, Charles Darwin, 2009, p 454

계에서 총성이나 충동을 평가하는 과정을 통해 처리된다. 우리가 귀를 대고 뇌의 내부 소리를 들어보면 전쟁터 같을 것이다. [22]

공룡을 포함한 모든 자연의 역사는 박테리아의 유전자뿐만 아니라 인간의 유전자에도 고스란히 기록되어 있다. 모든 존재는 진동을 통해 밀접하게 연결되어 있으며 끊임없이 소통하고 있다. 다세포 유기체에서 생물의 생체 시계를 조절하는 일주기(日週期, circadian) 조직은 뇌뿐만 아니라 몸 전체에서 발견된다. 일부 생물학자들은 심장이나 다른 중요한 장기 이식을 통해 사람의 성격까지도 전달될 수 있다고 주장한다. 이는 다세포 유기체의 세포가 동기화된 패턴을 통해 생명체의 필수 기능을 제어한다는 것을 시사한다.

심장 박동과 노래, 수면과 각성 주기, 몇 주, 몇 달, 심지어 몇 년 단위로 측정되는 번식 주기 등 곤충이 하는 일의 대부분은 리듬을 따른다. 하지만 이런 모든 생체 리듬은 세포 리듬, 생리적 리듬, 게이트 리듬, 반복 리듬 등 크게 네 가지로 구분할 수 있다. 이 네 가지 중 특히 후자의 두 가지만이 프로그래밍 행동과 관련된다. 먹이를 먹는 주기와 운동하는 주기가 일반적인 사례다. 이런 반복적 행동은 야행성인 꼬마꽃벌이 둥지 짓기 행동으로 보여 주는 음력 주기처럼 비교적 긴 주기로 반복될 수 있다. 그러나 일반적으로 반복적인 행동 리듬은 약 24시간의 주기를 가지므로 라틴어의 약을 뜻하는 circa와 하루를 뜻하는 dien에서 유래한 일주기(日

---

22) *Mind*, Life, and Universe, Magulis and Punset, 2007, Interview with Richard Dawkins, p 226

週期) 리듬이라고 한다. [23]

동물은 특정 장소로 이동했다가 다시 집으로 돌아와 새끼를 낳고 번식하는 성향이 있다. 먹이 사냥, 사회화, 짝짓기, 의사소통, 번식, 양육 과정에서 사용되는 동물의 생존을 위한 탐색 기술은 태양, 달, 별의 빛에 의존하는 것처럼 보인다. 또한, 시각, 후각, 청각, 미각, 촉각, 지구 자기장, 생명체와 무생물의 전기장, 자기장, 중력장 등을 이용하는데, 이 모든 것이 특정 종류의 진동이다. 즉, 진동은 모든 생명체의 생존을 위한 필수요소다.

새는 시간뿐만 아니라 날짜도 인지한다. 솔새는 겨울에 남쪽으로 이동한다. 이 작은 새들은 별을 이용해 항해하지만 별은 공간적 차원의 정보만 제공할 뿐이다. 이 새들은 시간적 신호도 필요로 한다. 언제 남쪽으로 날아가야 하는지, 얼마나 멀리 가야 하는지, 얼마나 오래 머물러야 하는지, 그리고 언제 다시 북쪽으로 돌아와야 하는지를 알아야 한다. 이를 놓쳐 너무 일찍 또는 너무 늦게 날아가거나, 너무 멀리 날아가거나 충분히 멀리 날아가지 못하여 남하하는 동안 다른 솔새들을 놓치면 좋은 먹이터를 확보하거나 개체 수를 보호할 기회를 얻지 못하게 된다. 돌아오는 여정에서 시점을 놓친 솔새는 좋은 둥지나 좋은 짝을 구할 수 없게 된다. [24]

매년 겨울 서리가 내릴 무렵 미국 북서부와 캐나다 동부에 사는 제왕나비는 멕시코 중부의 산악 지대로 3,500킬로미터의 여정을 떠난다. 요한 에이랍의 순록처럼 이 곤충은 언제 떠나야 할지를 알고 수천 킬로미터를

23) *Insect Behavior*, Robert & Janice Matthews, 1978, p 59
24) *Rhythms of Life*, Foster and Kreitzman, 2004, p 30

날아가 사방으로 몇 미터가 되지 않는 자신이 머물 장소까지 놀랍도록
정밀하게 이동한다(Froy 외, 2003).

[그림 4] 제왕나비 monarch butterly
출처: https://tierrasmayas.com/la-migracion-de-la-mariposa-monarca/

1.2. 시간과 공간

시간과 공간도 시공간의 한계를 초월하는 무유의 효과로 나타난다. 진
동이 없으면 시간도 공간도 존재할 수 없다. 시공간은 무한하며 시작도 끝
도 없다. 무유의 관점에서 보면 시공간을 분리하거나 구분할 의미가 없다.

맥스웰의 전기와 자기 이론에 따르면, 시간이 3차원의 공간과 분리되어 따로 존재할 수 없다. 오히려 시간과 공간은 서로 얽혀 있다. … 물리학자들은 이런 공간과 시간의 결합을 '시공간'이라고 하는데, 시공간에는 네 번째 방향이 포함되므로 이를 4차원이라고 한다. … 일반 상대성 이론의 중력 개념은 뉴턴의 중력 개념과 다르다. 오히려 시공간이 이전에 가정했던 것과 같은 평면이 아니라 그 내부의 질량과 에너지에 의해 구부러지고 왜곡된다는 파격적인 논리에 근거한다. [25]

특정 경계를 지어 시간과 공간을 정의하려는 시도는 잘못이다. 정확한 상황을 증명할 증거가 아직껏 밝혀지지 않고 있다. 미래의 과학자들이 우리가 인식할 수 있는 영역에 쓰여진 유전자 부호를 해독해야만 그 실체가 드러날 수 있다. 이것은 중력장으로 이루어진 진동 차원(振動次元)의 문제다.

예전에 세상과 인간 간의 상호작용을 관찰하여 정립된 개념이나 단어는 그 의미를 명확하게 규정하지 못하기 때문에 우리가 세상을 살아가는 데 별다른 도움이 되지 못한다. 우리는 그것들이 광범위한 내적 또는 외적 경험에 다소간에 적용될 수 있음을 알지만 실제적으로는 적용 가능성의 한계를 정확히 알지 못한다. 이것은 '존재'나 '공간과 시간'과 같은 아주 단순하고 일반적인 개념에서도 마찬가지다. 따라서 순수이성으로 절대적인 진리에 도달할 가능성이 전혀 없다. [26]

시간과 공간이 무한하다면 특정 경계 안에 있다고 주장하는 것은 어

---

[25]   *The Grand Design*, Stephen Hawking, 2010, p 99-100
[26]   *Physics and Philosophy*, Werner Heisenberg, 2007, p 66

불성설이다. 시간은 절대적인 개념이 아니라 상대적인 개념이다. 하루살이의 일생은 거북이나 소나무의 일생과 비슷하다. 모든 존재는 수명에 관계없이 자신의 주기를 완성한다. 마찬가지로, 태어날 때 죽은 아기의 일생은 130년 동안 살다가 죽은 노인의 일생과 비슷하다. 이런 시간 차이는 크게 보일 수 있지만 무한한 시간이라는 측면에서 보면 미미한 수준이다. 여기서 길고 짧음은 아무런 의미가 없다. 그것은 시간차에 관계없이 자신의 차례를 완료하는 일종의 순환일 뿐이다. 그리고 이것은 이전에도 여러 번 순환해 왔고 앞으로도 영원히 순환할 것이다.

호킹은 빅뱅 이전에 사건이 있었더라도 빅뱅 시점에서 예측 가능성이 무너지기 때문에 빅뱅 이후에 일어날 일을 결정하는 데 사용할 수 없다고 주장했다. … 우리와 관련해서, 빅뱅 이전의 사건은 어떠한 결과에도 영향을 줄 수 없기 때문에 과학적 우주 모델의 일부분을 구성해서는 안 된다. 따라서 우리는 그것들을 모델에서 배제하고 빅뱅에서 시간이 시작되었다고 보아야 한다. [27]

관찰자가 없으면 원자 내의 전자가 모습을 드러내지 않고 확률로 분포하듯이 관찰자가 없는 시간은 의미가 없다. 시간이 없다면 모든 물질과 사건은 스냅숏과 같은 현상에 불과하다. 존재들이 활동, 노화, 심지어 휴식과 같은 물리적 변화를 겪는 동안 시간은 그 존재가 어떤 모습으로 변하는지에 영향을 준다. 하지만 그 영향은 향후에 벌어질 사건에 파장으로 영향을 줄 수 있다.

[27]   *A Brief History of Time*, Stephen Hawking, 1998, p 53 & 59

예수의 탄생은 역사상 단 한 번 일어난 사건이지만, 그것은 항상 영원 속에 존재해 왔다. 이 사건을 마주하는 평신도가 독특한 역사적 사건이 일어난 시간을 뛰어넘는 영원한 사건의 정체성을 이해하기란 매우 어렵 겠지만, '시간'은 상대적인 개념이며 모든 역사적 과정의 과도기 상태인 바르도에서나 신성한 힘의 총체인 플레로마에서 '동시'에 존재한다는 개념 으로 보완될 필요가 있음을 알아야 한다. 영원한 과정으로서 플레로마 에 존재하는 것은 시간 속에서 비주기적 순서, 즉 불규칙한 패턴으로 여러 번 반복되어 나타난다. [28]

공간은 무한하고 헤아릴 수 없으며 그 자체로 존재한다. 공간에 아무 것도 없기 때문에 공간을 비어 있다고 생각하는 것은 잘못이다. 공간은 진동으로 가득 차 있기 때문에 아무것도 없더라도 빈 공간은 없다. 우주 는 물질의 존재 여부와 상관없이 존재한다. 빅뱅 당시에도 무한한 공간이 존재했고 지금도 여전히 존재한다.

양자 이전(이나 힉스 이전)의 물리학에서는 입자가 없고 모든 장(場, 필 드)의 값이 균일하게 0이면 공간의 한 영역이 완전히 비어 있는 것으로 간 주했다. 이제 양자 불확정성 원리에 비추어 이 고전적인 비어 있음의 개념 을 생각해 보자. 만약 어떤 장이 소실되는 값을 갖고 유지한다면, 우리는 그 값이 0이고 그 값의 변화율도 0이라는 것을 알 수 있다. 하지만 불확정 성 원리에 따르면 이 두 가지 속성 모두를 확실하게 밝혀 내는 것은 불가 능하다. 대신 어떤 장이 특정 순간에 0이라는 확실한 값을 갖는다면 불확

---

28)   *The Portable Jung*, Joseph Campbell, 1976, p 567

정성 원리에 따르면 그 변화율은 완전히 무작위적으로 결정된다. 그리고 변화율이 무작위적이라는 것은 이어지는 찰나에 장의 값이 완전히 빈 공간이라고 생각되는 곳이 무작위로 위아래로 흔들린다는 것을 의미한다. [29]

빅뱅 당시의 초기 물질에서 알 수 있듯이 원자 하나의 내부 공간조차도 무한이며 측정할 수 없다. 먼지의 폭, 너비, 높이를 거대한 바위의 폭, 너비, 높이와 비교하는 것은 어불성설이다. 하지만 이들은 외형적 크기의 차이와 관계없이 상대적으로 동일하다. 이들은 본질적으로 동일해야 한다. 원자나 우주는 당신과 동일하다. 당신을 포함한 모든 존재는 전체의 일부이자 전체의 전부이며 우주의 주인공이다.

통일신라 시대의 의상조사(625~702)가 법성게(法性偈)에서 "일중일체다중일 일즉일체다즉일 일미진중함시방(一中一切多中一 一卽一切多卽一 一微塵中含十方), 하나하나 속에 모든 것이 있고, 모든 것 속에 하나하나가 있다. 하나가 곧 모든 것이고, 모든 것이 곧 하나이다. 하나하나 티끌이 우주를 머금었다"라고 언급했다. 그의 심오한 통찰력을 엿볼 수 있다.

따라서 영혼의 부분들은 서로 같은 종류이며 전체와 같은 종류다. 그들은 서로 분리될 수 없다는 점에서 서로 같고, 나눌 수 없다는 점에서 전체와 같다. [30]

태초 이전부터 존재했고 지금도 존재하며 영원히 존재할 것이며 시간

---

[29]   *The Fabric of the Cosmos*, Brian Greene, 2005, p 330
[30]   *De Anima*, Aristotle, 1986, 411b

과 공간의 개념을 초월하는 무유 자체는 영원불멸의 형상형성잠재력
(entelechy)을 가지고 있으며, 동시에 여러 장소와 여러 시간에 동시에 존
재할 수 있다.

두 사물은 엄청난 공간으로 분리되어 있음에도 불구하고 완전히 독립
적으로 존재하지 않을 수 있다. 어떤 사람들은 이것을 "모든 것이 다른
모든 것과 연결되어 있다"거나 "양자역학은 우리 모두를 하나의 우주 전
체에 얽혀 놓았다"라고 해석하기도 한다. 결국 빅뱅 당시 모든 것이 한 곳
에서 생겨났으며, 우리가 지금 서로 다르다고 생각하는 모든 장소가 태초
에는 같은 장소였다고 믿기 때문에 이런 추론이 가능하다. 그리고 동일
한 칼슘 원자에서 나온 두 개의 광자처럼 모든 것이 태초에 동일한 어떤
것에서 나왔기 때문에 모든 것은 다른 모든 것과 양자역학적으로 얽혀
있어야 한다. [31]

양자물리학자들은 전자 입자가 관찰자가 감지하기 전까지는 확률로서
어느 곳에나 존재할 수 있다는 사실을 밝혀냈다. 이는 전자가 한 장소에
서 순간적으로 나타나거나 사라질 수 있을 뿐만 아니라 여러 다른 장소에
동시에 존재할 수 있음을 보여 준다. 관찰자가 전자를 감지하면 전자의 파
동이 갑자기 줄어들고 바늘 모양의 파동에서 부드러운 파동으로 바뀐다.
전자가 감지되더라도 전자는 다양한 확률을 잃지 않는다. 모든 양자역학
적 확률 파동은 공간 전체로 확장되며, 이로 인해 비국소성, 동시성과 불
확정성이라는 양자물리 원리가 나타난다.

---

[31]   The Fabric of the Cosmos, Brian Greene, 2005, p 122

양자역학의 불확정성 원리는 입자의 위치와 속도와 같은 두 가지 속성의 정확한 값을 동시에 모두 완벽하게 예측할 수 없다는 것을 의미한다. [32]

시간이 흐르며 일어난 모든 사건은 세포나 DNA와 같은 특정 장소에 저장된다. 인간 유전자에서 뉴클레오타이드 서열은 단백질을 만드는 최종 RNA를 형성하기 위해 서로 결합하는 5%의 엑손과 단백질 생성물을 만들지 않고 RNA 접합에 의해 제외되는 스페이서 영역을 포함한 95%의 인트론으로 구성된다(뉴턴 하이라이트, DNA, 62-63쪽). 인트론에는 최소한의 기본적인 생존 전략 그리고 더 나아가 다른 존재와 소통하고 공존하는 최선의 방법을 포함한 각각의 또는 모든 존재의 역사, 우주의 역사에 대한 기록이 저장되어 있을 수 있다. 여기에는 각 존재의 도덕적 규범이 포함될 수 있다. 이 영역은 심리학에서 잠재의식 또는 무의식 영역으로 정의될 수 있으며, 방대한 양의 자료를 포함하고 있다. 우리의 의식, 잠재의식, 무의식에는 과거의 모든 사건이 기록되어 있기 때문에 과거를 있는 그대로 돌아보는 것이 가능할 수 있다.

---

[32]   *A Brief History of Time*, Stephen Hawking, 1998, p 188

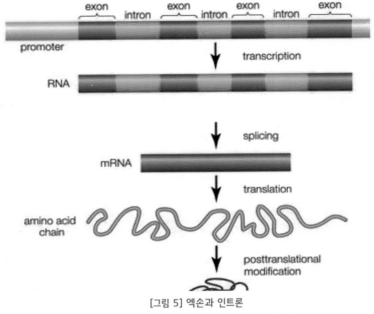

[그림 5] 엑손과 인트론
출처: https://vs-9.com/material/test/show_test.php?id=3903

　　모든 원형(元型)의 집합체인 무의식은 모든 인간 최초 경험의 시점으로 거슬러 올라가는 저장소다. 사실 무의식은 일종의 버려진 쓰레기더미처럼 죽은 퇴적물이 아니라, 보이지 않는 방식으로 개인의 삶을 결정하는 반응과 적성이 살아 있는 시스템이며, 보이지 않기 때문에 더욱 효과적이다. 원형은 본능이 취하는 형태에 불과하기 때문에 거대한 역사적 편견, 말하자면 선험적 역사적 조건일 뿐만 아니라 본능의 원천이다. 본능의 활동적인 샘에서 창조적인 모든 것이 흘러나오므로 무의식은 단순히 역사에 의해 조건화된 것이 아니라 창조적 원동력의 원천이다. 무의식은 마치 자연처럼 엄청나게 보수적이지만 창조 행위에서 자신의 역사적 조건을 초월한다. 따라서 이런 보이지 않는 결정 요인에 어떻게 하면 가장 잘 적

응할 수 있을지가 항상 인류의 화두로 등장하는 것은 당연하다. [33]

DNA에 저장된 내용은 너무 방대해서 인간이거나 아메바에 상관없이 이들의 세포 하나에 저장된 정보를 모두 읽어 내는 것은 상상을 초월하는 작업이다. 컴퓨터 프로그램은 0과 1이라는 두 자리 부호만 사용하여 엄청난 정보를 생성해 내지만, 생명체는 이중 가닥 DNA의 4자리 암호인 A(아데닌), T(티민), C(시토신)와 G(구아닌)를 사용하여 정보를 생성하며, 이 조합은 특정 단백질을 형성하는 아미노산 서열을 결정한다. 단일 가닥 RNA도 4자리 부호의 암호를 갖고 있지만, DNA와 달리 T(티민) 부호만 U(우라실)로 대체된다. 두 자리 부호인 컴퓨터가 아니라 네 자리 부호로 이루어진 기계의 정보 처리 능력은 얼마나 강력하고 정확할까?

---

[33] *The Portable Jung*, Joseph Campbell, 1976, p 44

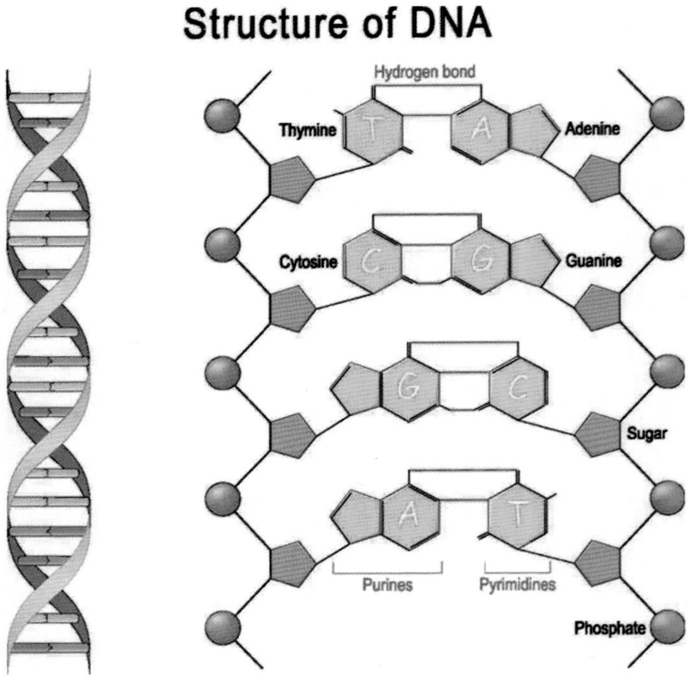

Structure of DNA

[그림 6] DNA 구조 아데닌
출처: https://www.studyread.com/nucleic-acid-chemistry-structure/

　핵은 모든 동식물 세포의 특질이다. 각 핵에는 브리태니커 백과사전 30권을 모두 합친 것보다 더 많은 정보 내용이 디지털로 암호화된 데이터베이스를 담고 있다. 이 수치는 신체의 모든 세포를 합쳐서 나온 것이 아니라 각 세포의 정보량이다. … (인간의) 신체에 있는 세포의 총수는 약 10조 개다(저자 주: 30조 개). 스테이크 한 조각을 먹으면 브리태니커 백과사전 1,000억 권(저자 주: 3,000억 권) 이상에 해당하는 양의 정보를 섭취하는 것이나 마찬가지다.[34]

---

[34]　　*The Blind Watchmaker*, Richard Dawkins, 1987, p 17-18

과학이 더욱 발전하면 인류는 과거에 일어난 사건들의 매 순간을 재생하여 숨겨진 기록을 해독하고 이해할 수 있게 될 것인가? 가능한 일이다.

인류는 2050년이 되기 전에 (DNA의) 언어를 읽어 낼 수 있을 것이다. 우리는 과거에 존속했던 미지 동물의 게놈을 컴퓨터에 입력하여 동물의 형태뿐만 아니라 자연 선택을 받아 후손을 번식시킬 수 있었던 선조들이 살면서 경험한 포식자나 먹이, 기생충이나 숙주, 둥지, 심지어 희망과 두려움을 포함한 세부적인 삶의 모습을 재구성할 수 있을 것이다.[35]

하지만 현명한 사람은 현재의 시간이 얼마나 소중한지 알기 때문에 과거에 일어난 사건을 되돌아보는 일에 귀중한 시간을 허비하지 않을 것이다. 또한, 그들은 미래의 사건은 자신이 통제할 수 없으며 지금 이 순간 자신이 하는 일에 따라 미래가 올 것이라는 것을 알기 때문에 미래에 대해 걱정하지 않을 것이다. 과거에 집착하거나 미래에 대해 생각하는 사람은 현재 순간의 소중한 시간을 헛되이 낭비하며 사는 것이다. 엄밀히 말하면 과거도 미래도 없고 오직 현재만 있을 뿐이다. '지금 이 순간 최선을 다하며 살라'는 말은 지금 이 순간을 사는 우리가 지켜야 할 좋은 격언이다.

양자 이론의 대체 역사의 관점에서 보면, 우주는 단 하나의 존재나 역사만 있는 것이 아니라 양자 중첩이라고 불리는 모든 가능한 우주의 버전이 동시에 존재한다.[36]

[35]   *A Devil's Chaplain*, Richard Dawkins, 2004, p 113
[36]   *The Grand Design*, Stephen Hawking, 2010, p 58-59

엄밀히 말하자면, 가능한 방안(option)과 대안(alternative)이 너무 많기 때문에 미래를 예측할 수 없다. 미래를 정확하게 예측한다는 것은 아주 어려운 일이다.

양자물리학에 따르면, 우리가 아무리 많은 정보를 얻거나 강력한 계산 능력을 갖더라도 물리적 과정의 결과는 확실하지 않기 때문에 확신할 수 없다. 양자물리학은 자연이 법칙에 지배된다는 생각을 약화시키는 것처럼 보이지만, 그렇지 않다. 오히려 양자물리학은 어떤 시점의 시스템 상태가 주어졌을 때 자연법칙이 미래와 과거를 확실하게 결정하는 것이 아니라 다양한 미래와 과거의 확률을 결정한다는 새로운 형태의 결정론을 받아들일 것을 요구한다. [37]

때때로 우리가 우주의 미래나 개인의 운명을 예측하는 것처럼 보이지만, 이는 이전 사건과 현재 이용 가능한 정보를 바탕으로 회귀선을 그리는 것과 같다. 이것은 동전의 앞면과 뒷면을 예측하는 것과 비슷하다. 수천 번의 시도를 통해 놀랍도록 성공적인 예측을 하는 사람을 볼 수 있다. 이 게임을 하면 누군가의 예측 기록이 대단한 수준인 것처럼 보이지만, 이는 예측 기술이 없이도 가능한 수준일 뿐이다.

양자법칙에 따르면, 현재 상황을 가장 완벽하게 측정한다고 해도 미래의 특정 시점의 상황이 어떤 식으로 변할 확률 또는 과거의 특정 시점의 상황이 어떤 식으로 변했을 확률을 예측하는 것이 전부다. 양자역학에

---

[37] *The Grand Design*, Stephen Hawking, 2010, p 72

따르면 우주는 현재에 새겨진 것이 아니라 우연이라는 게임에 참여하고 있을 뿐이다. [38]

일부 과학자들은 우리 삶이 다양한 형태로 다른 우주에서 동시에 일어날 수 있다고 주장한다. 이를 다중우주(많은 우주 또는 평행우주) 개념이라고 하는데, 이는 가능한 모든 대체 가능한 역사와 미래가 실재하고 가능하다는 것을 의미한다. 시간 속의 각 사건이 전자파의 확률처럼 존재한다면, 과거의 사건은 관찰자의 조건에 따라 변경될 수 있고(지연 선택 실험), 미래의 사건은 행위자의 자유의지에 따라 변경될 수 있다는 의미다.

현존하는 우주 데이터를 설명하기 위한 최선의 우주론은 우리 자신이 평행우주로 이루어진 광대한 팽창 시스템 중 하나에 속해 있으며, 각 평행우주는 그 자체의 방대하게 채워진 평행우주 집단을 가지고 있다고 설명한다. 최첨단 연구에 따르면 평행우주뿐만 아니라 다수의 평행우주를 담고 있는 코스모스(Cosmos)가 존재한다. 우주의 실제 모습은 광활할 뿐만 아니라 풍부하게 펼쳐져 있음을 시사한다. [39]

그러나 다른 버전의 삶을 경험하기 위해 다른 우주를 찾을 필요가 없으며, 이 행성에 있는 다른 존재들의 삶을 보면서 다양한 종류의 삶을 음미할 수 있다. 당신은 우주의 일부일 뿐만 아니라 우주 전체다. 모든 존재는 우주의 소우주이며, 우주 자체는 다중우주의 하위 집합에 불과하다.

---

[38] *The Fabric of the Cosmos*, Brian Greene, 2005, p 11
[39] *The Hidden Reality*, Brian Greene, 2011, p 82

M-이론은 10^{500}개에 달하는 다양한 내부 공간을 허용할 수 있는 해법을 보여 주는데, 이는 각각 고유한 법칙을 가진 10^{500}개의 다른 우주가 존재할 수 있음을 의미하며, 그중 하나가 우리가 경험하고 있는 우주다. [40]

특정 존재는 특정 시간과 장소에서 진동파의 한 지점을 접촉함으로써 거대하고 끝없는 진동의 상호 연결된 특정 지점에 우연히 존재하게 된다. 이 존재는 확률적으로 진동하는 모든 장소와 시간에 동시에 존재할 수 있으며, 시공간에 관계없이 동일한 진동, 선, 표면이나 공간에 있는 다른 모든 존재와 즉각적으로 소통할 수 있다.

지난 수십 년 동안 수행된 일련의 실험에 따르면 우리가 여기서 하는 일(예: 입자의 특정 속성 측정)이 저기서 일어나는 일(예: 멀리 떨어진 다른 입자의 특정 속성 측정 결과)과 미묘하게 얽혀 있을 수 있으며, 여기에서 저기로 아무것도 보내지 않아도 그렇게 된다는 사실이 밝혀졌다. [41]

1.3. 무유와 불멸

모든 존재의 인과관계를 따라 내려가면 먼저 존재 그 자체, 두 번째 기관, 세 번째 세포, 네 번째 분자, 다섯 번째 원자, 여섯 번째 전자, 양성자,

---

[40] *The Grand Design*, Stephen Hawking, 2010, p 118-119

[41] *The Fabric of the Cosmos*, Brian Greene, 2005, p 80

중성자 등 원자의 세 가지 기본 형태, 일곱 번째 쿼크, 힉스 보존 입자 외, 그리고 마지막으로 무유를 만나게 된다.

양성자는 이런 간헐적인 가상 입자들로 가득 차 있으며, 실제로 이들이 양성자의 질량에 얼마나 기여할 수 있는지를 추정할 때, 쿼크 자체는 질량이 거의 없고 이 입자들이 생성하는 장(field)이 대부분의 에너지를 만들고, 이것이 양성자의 정지 에너지에 흡수되어 나머지 질량을 형성한다는 것을 알 수 있다. 동일한 현상이 중성자에도 적용되며, 당신의 몸은 양성자와 중성자로 구성되어 있으므로 당신에게도 동일한 현상이 마찬가지로 적용된다![42]

무유는 물질과 형상을 형성하는 에너지, 진동, 형상형성잠재력의 집합체이기 때문에 이것은 모든 존재의 육체와 정신의 생명수이며 각 존재의 에너지와 진동의 원천이다. 아인슈타인의 유명한 공식 $E = mc^2$과 플랑크 상수 $E = hf$에서 물질(m)이 진동(f)과 긴밀히 연관되어 있다는 것을 알 수 있다.

에너지는 쉽게 이해할 수 있다. 그러나 에너지와 물질은 증기와 얼음처럼 같은 것의 서로 다른 두 가지 상태다. 에너지 입자가 힉스 보존 입자와 같은 무언가와 작용할 수 없다면 행성, 태양, 은하, 성운, 달, 혜성, 개, 사람은 존재할 수 없다. 차갑고 영혼이 없는 우주는 어느 쪽이든 상관하지 않을 수 있지만, 우리에게는 아주 심각한 문제다. 유럽입자물리연구소

---

[42]   *A Universe from Nothing*, Lawrence M. Krauss, 2012, p 70

(CERN)의 두 실험 팀 중 한 팀을 이끌었던 물리학자 파비올라 지아노티는 "우리는 단지 쿼크와 전자, 그리고 수많은 빈 공간에 불과하다"라고 주장했다. [43]

무유는 항상 존재했고 존재하고 존재할 것이다. 빅뱅이 일어났을 무렵, 엄청난 에너지 폭발로 인해 무유가 산산조각 나면서 불균형이 일어나 물질이 형성되는 계기가 되었다. 이것은 무수히 많은 조각으로 부서졌지만 그 본질은 변하지 않는다. 모든 조각을 합쳐도 그 부피는 변하지 않고 그 합은 0이거나 무한대다.

우주 팽창이 물질과 방사선 밀도의 모든 작은 변동을 일으켰고 이것이 물질의 중력 붕괴를 초래하여 결국 은하, 별, 행성과 사람이 출현하였다. 그렇다면 우리 모두는 본질적으로 아무것도 아닌 것의 양자 요동으로 오늘날 여기에 존재하게 되었다고 말할 수 있다. 우리 모두가 별의 먼지이고, 우주 초기의 팽창이 일어났다면 우리 모두는 말 그대로 양자 무(無)에서 나왔다는 것이 정확한 표현이다. [44]

무유는 느낌, 생각, 열정, 선의나 악의와 같은 모든 신체적, 정신적 속성을 초월한다. 이것은 우리의 오감을 통해 보거나, 듣거나, 맛보거나, 냄새 맡거나, 느끼거나, 감지할 수 없기 때문에 육체적 존재가 아니다. 이것은 생각이나 성찰을 통해 이해할 수 없고 정신 활동의 전제 조건인 신체적 특징이 없기 때문에 정신적 존재도 아니다. 하지만 이것은 현재 자신

---

[43]   *Time*, titled The Cathedral of Science, July 23, 2012, p 30

[44]   *A Universe from Nothing*, Lawrence M. Krauss, 2012, p 98

을 형성하고 있는 물질이나 형상과 무관하게 모든 존재에 고루 존재한다.

다윈의 획기적인 저서 『종의 기원』의 일곱 번째 장은 본능에 관한 내용을 다룬다. 이 장에는 동물의 본능이 다른 모든 생명 과정과 마찬가지로 역사적으로 전개되어 온 일반 법칙의 적용을 받는다는 귀중한 증거를 제시한다. 특정 종의 특수한 본능은 적응에 의해 형성되었고, 이렇게 획득한 변형된 본능은 유전에 의해 후손에게 전달되었으며, 다른 모든 생리적 기능의 변형과 마찬가지로 본능의 형성과 보존에도 자연 선택이 동등하게 적용된다. 다윈은 이후 여러 작업을 통해 이 근본적인 생각을 발전시켜, 모든 유기체 세계에 걸쳐 구성원의 공통 기원에 의해 드러나는 '정신적 진화' 법칙이 동일하게 적용되며, 가장 단순한 단세포 유기체로부터 인간에 이르는 모든 유기체의 정신적 활동의 영역에도 동일하게 적용된다는 것을 알려 주었다.[45]

무유의 관점에서 보면 질적이나 양적 차이가 없다. 질적 차이는 물질의 기본 형태의 배열과 상대적 위치가 다르기 때문에 발생하는 것일 뿐이다. 무유의 자손인 쿼크와 렙톤, 원자, 분자, 무기물, 세포, 박테리아, 바이러스, 식물, 동물, 심지어 인류는 그 형태가 무엇이든 간에 동일한 특성을 갖는다. 무기물이든 유기물이든, 죽었든 살았든 모든 존재는 현재의 형태나 구성 요소에 관계없이 몸과 마음, 그리고 내재하는 무유로 구성되어 있다. 따라서 모든 존재가 동일한 진동의 원천에서 파생되었기 때문에 무생물도 특정 정신 능력을 지니고 있다. 그러므로 형태에 관계없이 동일한

---

[45]   *The Riddle of the Universe*, Ernst Haeckel, 1934, p 86

특성을 가져야 하며, 그 차이는 능력의 유무에 있는 것이 아니라 표현되는 정도의 차이일 뿐이다.

모든 살아 있는 세포는 정신적 특성을 가지고 있으며, 다세포 동물과 식물의 심리적 삶은 그 생명체를 구성하는 각 세포가 갖고 있는 정신적 기능의 총합일 뿐이다. 낮은 그룹(예: 조류와 해면)에서는 신체의 모든 세포가 동등한 비율로(또는 아주 약간의 차이로) 참여하고, 높은 그룹에서는 '분업'의 법칙에 따라 선택된 일부 세포만 '영혼 세포'의 역할을 한다.[46]

존재의 세 가지 구성 요소 중 육체와 정신은 피로를 느끼기 때문에 사라질 수밖에 없다. 정신은 육체와 상호 관계 속에서 생성되는 현상이므로 육체가 죽으면 정신도 따라 소멸된다. 육체와 정신은 피로를 느끼기 때문에 영원히 존속할 수 없으며, 이승에서의 삶이 끝나면 육체와 정신은 함께 소멸한다. 오직 시공간을 초월하고 시작과 끝이 없는 존재의 본질인 무유만이 영원히 존재한다. 무유는 특정 조건이 갖춰진다면 언제든지 고향으로 돌아갈 수 있다.

죽음이란 단순히 영혼과 육체가 분리되는 것에 불과한 것인가? 죽었다고 하는 것은 영혼이 그 자체로 존재하게 되는 상태이며 영혼이 육체와 분리되고 육체가 영혼과 분리되는 것, 그것이 바로 죽음이 아닐까?[47]

육체나 정신적 활동이 사라진 자신의 정체성을 받아들이기 어려운 것

---

[46]   *The Riddle of the Universe*, Ernst Haeckel, 1934, p 124-125

[47]   *Euthyphro*, Apology, Crito, Phaedo, Plato, 1988, p 76

이 사실이다. 하지만 그것은 받아들이지 않을 수 없는 엄중한 진리다. 이런 진리와 자신의 진정한 정체성인 무유를 받아들일 수 있다면, 이 사람은 완전히 해탈되었다고 할 수 있다. 무유가 자신의 고향으로 돌아갈 수 있다면 그것에 각인된 모든 역사를 음미할 수 있으며, 다양한 종류의 존재가 행한 이전의 행동과 정신 활동의 모든 세부 사항이 드러날 것이다. 자신의 기록을 재생하며 감상할 때 부끄럽지 않도록 올바르게 행동하고, 말하고, 생각하는 것이 좋을 것이다.

자라투스트라는 사람들에게 이렇게 말했다: "나는 너희에게 초인간을 가르친다. 인간은 극복해야 할 존재다. 극복하기 위해 너희는 무엇을 했는가? 지금까지 모든 존재는 스스로를 뛰어넘는 단계의 창조를 이뤄왔는데, 너희는 이 거대한 조류의 썰물이 되어 인간의 상태를 벗어나지 못하고 짐승으로 돌아가고 싶은가? … 너희는 벌레로부터 인간으로 진화했지만 여전히 너희 내부의 많은 부분은 벌레다. 한때 너희는 유인원이었는데 지금 이 순간에도 인간은 여전히 일부 유인원보다 더 못한 유인원에 가깝다."[48]

재생한 세포의 계획된 죽음을 '세포 소멸(apoptosis)'이라 하고, 재생되지 않은 세포의 죽음을 '세포 자살(apobiosis)'이라고 하는데, 이것이 우리가 알고 있는 실제 죽음으로 정의할 수 있다. 노화는 일반적으로 일생 동안 50~60회 반복되는 세포 분열로 인해 세포의 피로가 누적되어 세포가 유연성을 잃음으로써 발생하며, 자연사는 세포 분열의 소진으로 인해 발생한다. 무성 생식 유기체인 박테리아, 곰팡이, 히드라나 일부 식물은 죽

---

48)　*Thus Spoke Zarathustra*, Friedrich Nietzsche, 2005, p 11

음을 경험하지 않는다. 육체적 죽음은 성행위로 번식하는 유기체가 경험하는 현상이다. 그러나 엄밀한 의미에서 존재의 성적 습관과 상관없이 죽음이라는 것은 없다.

유전자의 또 다른 특이점은 노화되지 않는다는 것이다. 100만 년 된 유전자가 100년 된 것보다 죽을 가능성이 더 높아지지 않는다. 그것은 여러 세대에 걸쳐 몸에서 몸으로 도약하며 자신의 방식과 목적을 달성하기 위해 자신이 빌린 몸을 조작하고, 죽을 수밖에 없는 몸이 노쇠와 죽음에 빠지기 전에 그 몸을 버리고 지속적으로 다른 곳으로 이동한다. 유전자는 불사신, 아니 오히려 그런 명칭에 걸맞은 유전적 실체로 정의할 수 있다. 이 세상에 존재하는 개별 생존 기계인 인간은 수십 년 살 수 있을 것으로 보인다. 그러나 세상의 유전자들은 수십 년이 아니라 수천, 수백만 년 단위로 측정해야 하는 기대수명을 갖는다. … 유전자는 지질학적 시간의 주민이며 영원히 존재한다. … DNA 분자는 이론적으로 복제본의 형태로 또는 그 자체로 1억 년 동안 생존할 수 있다. 더욱이 원시수프의 오래된 복제기처럼 특정 유전자의 복사본이 전 세계에 배포될 수도 있다.[49]

위에 언급한 인간의 평균수명 이상의 수명은 분자와 관련이 있다. 분자는 모든 생명체와 무생물의 기본 요소인 원자의 조합에 불과하며, 그 기대수명은 우리의 예상을 넘어설 수 있다.

---

[49]   *The Selfish Gene*, Richard Dawkins, 2009, p 34-35

우리의 DNA는 살아 있는 화석이다. 현재 우리가 컴퓨터로 읽고 저장할 수 있으며 당신과 나의 몸을 구성하는 이 DNA는 약 40억 년 동안 돌연변이와 변화를 거듭하며 존재해 온 교과서다. DNA는 불멸의 분자로 항상 중단 없이 존재해 왔다. 이것은 놀라운 실재이다.[50]

양자물리학자들은 양성자의 평균적 수명을 약 10^{43}년으로 예측한다. 우주의 나이가 1.38×10^{10}년에 불과하다는 점을 감안하면 이는 매우 긴 수명이다. 이는 빅뱅 이후 우주의 존속 기간보다 7.2×10^{32}배 더 긴 시간이다. 물질의 기본 구성 요소가 양성자라면 양성자의 수명은 우리의 상상을 훨씬 뛰어넘는다는 것을 의미한다. 모든 존재는 죽어도 죽지 않고 다른 존재로 전이된다고 가정하는 것이 더 자연스러운데, 그 존속 기한은 거의 영원하다고 볼 수 있다.

약한 핵력과 전자기력을 강한 핵력과 결합하려는 '대통합 이론'은 여러 가지가 나와 있다. 이 이론들은 공통적으로 우리를 구성하는 기본 물질인 양성자의 수명이 대략 10^{43}년은 될 것으로 예측한다. 우주의 나이가 이제 10^{10}년밖에 되지 않은 것에 비하면 얼마나 긴 시간인지 알 수 있다.[51]

최근 과학자들은 양성자와 중성자조차도 '기본 입자'가 아니라 더 작은 입자인 쿼크로 구성되어 있다는 사실을 발견했다. 쿼크에는 여러 가지 종류가 있다. 위로, 아래로, 이상한, 매력적인, 아래, 위라고 부르는 여섯

---

[50] *Mind*, Life, and Universe, Magulis and Punset, 2007, Interview with William Haseltine, p 170
[51] *하나님과의 대화*, 김병윤, 북스타, 2022, p 403, 10^{32}를 10^{43}으로 바꿈

가지 "맛"이 있다. … 각 맛은 빨강, 초록, 파랑의 세 가지 '색깔'로 나뉜다.
… 양성자나 중성자는 각각의 색을 갖는 세 개의 쿼크로 구성된다. 양성
자는 2개의 위쪽 쿼크와 1개의 아래쪽 쿼크를 포함하고, 중성자는 2개의
아래쪽 쿼크와 1개의 위쪽 쿼크로 구성된다. 이제 우리는 원자는 물론이
고 원자 내부의 양성자와 중성자 모두 더 쪼개질 수 있다는 것을 알고
있다.[52]

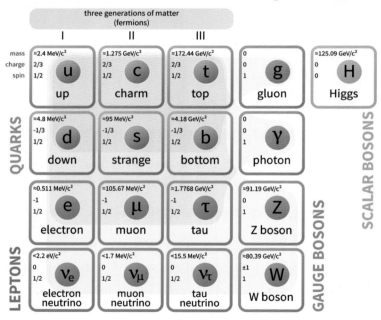

[그림 7] 소립자의 표준 모형 쿼크

출처: https://ecampusontario.pressbooks.pub/introhps/chapter/chapter-5-scientific-progress/

---

[52] *A Brief History of Time*, Stephen Hawking, 1998, p 67-68

최근 과학자들은 쿼크, 렙톤, 힉스 보존 입자와 같은 더 기본적인 입자를 발견했다. 과학자들이 첨단 과학 측정 기술로 쿼크와 렙톤의 수명을 알아낼 수 있다면, 이들의 기대수명은 양성자보다 훨씬 길어질 것이다.

우주의 힘이나 에너지의 총합은 우리 주변에서 어떤 변화가 일어나더라도 일정하게 유지되며, 이와 분리될 수 없는 물질의 속성처럼 영원 불멸하며 무한하다. [53]

그렇다면 무유의 기대수명은 얼마나 될까? 미래에 과학자들이 쿼크와 렙톤보다 더 기본적인 원소인 무유를 발견하고 그 수명을 측정한다면, 그 수명은 헤아릴 수 없을 정도로 영원할지도 모른다. 어쨌든 모든 존재의 기본 구성 요소는 그 이름이 무엇이든 간에 파괴될 수 없고 영원불멸의 특성을 갖는다는 것은 분명하다.

물질과 형상이 각각 특정 에너지를 갖는다는 것은 분명하다. 따라서 이런 추론에 따르면 물질에서 에너지가 잠재성보다 우선한다는 것이 분명해 보인다. 그리고 한 에너지는 시간적으로 다른 에너지보다 항상 선행하며, 이는 최초의 그리고 영원히 움직이는 원인에 이르기까지 변함없이 선행한다. 그러나 분명히 보다 엄격하고 중요한 의미에서 바라보면 에너지가 잠재력보다 먼저 존재한다. 왜냐하면 영원한 것은 사라질 수 있는 것들보다 물질에 먼저 존재하지만, 잠재성을 지니고 존재하는 것은 영원할 수 없기 때문이다. [54]

---

[53] *The Riddle of the Universe*, Ernst Haeckel, 1934, p 189
[54] *The Metaphysics*, Aristotle, 1991, 1050b, p 192

삶과 죽음의 구분은 일시적으로 존재하다 사라지는 존재의 현세의 삶에서 나타나는 형상의 차이만을 반영한 것이다. 삶과 죽음의 구분은 진동의 유무로 볼 수 있다. 잘 알고 있듯이 모든 존재의 기본 구성 요소인 진동은 멈추지 않는다. 따라서 존재의 본질이라는 무유의 관점에서 보면 삶과 죽음의 구분은 무의미하다.

인생은 여정이며 우리 모두는 여행자다. 우리의 일상에서 일어나는 모든 사건은 변화와 발전의 연속선상에 있다. 시간과 공간은 하나의 과정이다. 모든 개별 사건은 변화와 발전을 촉진한다. 우리는 변화에 대응하고 변화에 대처하는 가장 적합한 방법을 찾아야 한다. 고립된 변화에 대응하는 것은 약간의 성공으로 이어질 뿐이다. 전체적인 과정에서 일어나는 변화에 대응해야만 큰 성공을 거둘 수 있다. 이것이 성공의 열쇠다. [55]

---

55) *I Ching*, Alfred Huang, 2010. p 443

우주의 탄생

빅뱅이 일어난 상태의 특이점에는 현재 관찰할 수 있는 우주를 창조할 수 있는 엄청난 양의 에너지와 형상형성잠재력이 포함되어 있었다. 무유는 아무것도 없는 진공의 상태에서 최초로 일어난 미세한 파동의 상태로 물질과 반물질의 입자들이 상상할 수 없을 정도로 높은 온도와 압력으로 인해 파동의 형태로 나타났다가 다시 진공의 상태로 돌아가는 소용돌이 상태로 그토록 작은 점에 압축될 수 있었을 것이다. 이런 무와 공의 상태가 공존하는 무유에서 빅뱅이 발생하며 무와 공의 균형이 무너지면서 원자를 비롯한 만물이 영(零)으로부터 무한대로 생겨나는 환경이 조성된 것으로 볼 수 있다.

다른 존재를 생성하기 위해 무언가를 가정해야 한다면, 정신적 존재보다는 물질적 존재, 즉 우주의 정신이 아닌 무유를 우주의 시작으로 가정하는 것이 더 합리적이다. … 인과관계를 따라 최초의 동인(動因) 또는 궁극적인 원인을 찾다 보면 모든 존재의 창조자이자 전능자라고 불릴 수 있는 최초의 유기체 주범인 박테리아나 바이러스를 만날 수 있을 것이다. 박테리아는 소위 신이라고 불리는 존재가 가지고 있는 '전지'하고, '전능'하며, '어디에나 편재'하고, '불변'하고, '불멸'하는 특성을 고루 갖추고 있다. 당신이 박테리아를 모든 존재의 창조자, 즉 신으로 받아들이는 것에 불편함을 느낄 수도 있다. 그렇다면 시간을 거슬러 올라가 최초의 무기물인 원자나 그 이하의 소립자에서 멈출 수 있다. 여전히 원자나 소립자를 '신'이라고 부르는 것이 싫다면 무유에서 여정을 마무리할 수 있다. 바로 이 무유가 소립자, 원자, 분자, 박테리아, 그리고 모든 생명체를 생성한 것이다.

2장

우주의 탄생

"일어날 수 없었던 일은 일어나지 않았고, 일어날 수 있었던 일은 기적이 아니다. … 따라서 기적은 없다."

- 키케로 -

인류는 자연이라고 부르는 것이 작용해야 하는 어떤 법칙을 스스로 생각해 왔으며, 기적은 그 법칙의 작용과 효과에 반하는 어떤 것이다. 그러나 우리가 이런 법칙이나 일반적으로 자연의 힘이라고 불리는 것을 전체적으로 이해하지 못하면, 우리에게 경이롭거나 기적적으로 보일 수 있는 모든 것이 자연의 자연적 작용력 안에 있는지, 아니면 그 너머에 있는지 또는 그 반대인지 판단할 수 없다. [56]

생명의 기원은 원자의 끈 소리와 자연환경 사이에서 이루어진 신비로운 조화의 결과물이다. 이 조화는 순수한 진동에서 원자를, 원자에서 무생물과 물질을, 무기물에서 유기물을 생성한다. 언젠가 과학자들이 원자소리와 자연의 소리, 이 두 가지의 조합을 공명시키는 방법을 찾아내어

---

[56]   *Thomas Paine Collection*, Thomas Paine, 2007, p 348

존재의 기원을 온전히 입증할 수 있기를 바란다.

스티븐 호킹은 생명의 기원에 대해 다음과 같이 설명한다: "우리 태양은 초기 초신성의 잔해가 포함된 회전하는 가스 구름에서 약 50억 년 전에 형성된 2세대나 3세대 별이기 때문에 무거운 원소(예를 들면 탄소나 산소)가 약 2% 정도 포함되어 있다. 그 구름을 형성하던 대부분의 가스는 태양을 형성하거나 날아가 버렸지만, 소량의 무거운 원소들이 모여 현재 지구와 같은 행성으로서 태양 궤도를 돌고 있는 천체를 형성했다. 지구는 처음에 매우 뜨거웠고 대기가 없었다. 시간이 지남에 따라 지구는 냉각되었고 암석에서 가스가 방출되어 대기를 갖게 되었다. 이 초기 대기는 우리가 생존할 수 있는 환경이 아니었다. 산소는 없었고 생명체에 유독한 황화수소(썩은 달걀의 냄새를 내는 가스)와 같은 기체가 많이 포함되어 있었기 때문이다. 하지만 그런 조건에서도 번성할 수 있는 다른 원시적인 형태의 생명체가 존재하였다."[57]

1953년 시카고대학의 대학원생 밀러(Stanley Miller)는 태초의 지구와 같은 환경을 조성하고 시험을 통해 세포를 구성하는 단백질의 구성 요소인 다양한 종류의 아미노산 – 글리신, 알라닌, 아스파르트산, 글루탐산 – 을 포함한 유기 화학 물질이 형성되는 것을 시현하였다(6장 1절 [그림 42] 참조). 이후 지속적인 연구가 이루어지고 있는데 최근 미국 응용분자진화재단(FfAME)의 과학자들이 43억 년 전에 우주 충돌과 화산 작용으로 풍부했던 현무암 유리에서 리보핵산이 자연적으로 발생할 수 있다는 것을 밝

---

57) *A Brief History of Time*, Stephen Hawking, 1998, p 124

혀냈다. 단백질이나 유기물을 먹어 치우는 천적인 미생물이 전무했던 당시의 천혜적 환경에서 생명체의 근원인 DNA나 RNA가 형성될 수 있었고, 38억 년 전 이후 진화 과정을 통해 지상에 다양한 생명체가 출현했다(지식보관소 유튜브 http://youtu.be/nrkB2Ho3FpY?si=VCued9TbKUKagfID 참조). 그리고 운석이나 소행성에서도 생명체의 레고 조각이라고 할 수 있는 아미노산이 발견된 바 있다(日 "소행성 모래서 아미노산 발견 … 지구 외 첫 확인" / 연합뉴스).

1969년 9월 호주에 떨어진 머치슨 운석은 45억 년(실제로는 70억 년, 지구와 태양계보다 약 25억 년 더 오래된) 된 것으로 밝혀졌으며, 총 74종의 아미노산이 박혀 있었고 그중 8종은 지구 단백질 형성에 관여하는 아미노산이었다. … 머치슨 암석에는 또한 폴리올(polyol)이라고 불리는 복잡한 당류(糖類)가 포함되어 있는데, 이는 이전에는 지구 밖에서 발견되지 않았던 당류다. [58]

다른 존재를 생성하기 위해 무언가를 가정해야 한다면 정신적 존재보다는 물질적 존재, 즉 우주의 정신이 아닌 무유를 우주의 시작으로 보는 것이 더 합리적이다. 인류의 첫 조상은 태초의 원자로부터 전이된 다양한 종류의 박테리아나 바이러스였을 수 있다. 그리고 이들이 다른 생명체를 형성하면서 오랫동안 그들과 공존하고 있다. 이들은 오늘날까지 진화해 오면서 우리가 원하든 원하지 않든 우리 육체에 동거하고 있다. 인과관계를 따라 최초의 동인(動因) 또는 궁극적인 원인을 찾다 보면 모든 존재의

58)   *A Short History of Nearly Everything*, Bill Bryson, Broadway Books, New York, 2003, ps 292-293

창조자이자 전능자라고 불릴 수 있는 최초의 유기체 주범인 박테리아나 바이러스를 만날 수 있을 것이다.

미토콘드리아는 다른 인체 세포다. 각 세포 안에는 세포의 에너지를 생성하는 미토콘드리아라는 매우 중요한 박테리아의 군집이 있다. 미토콘드리아는 신체의 나머지 부분에 자신이 생성한 모든 에너지를 공급한다. … 미토콘드리아는 매우 흥미롭게 나타났다. 약 20억 년 전 초기 미토콘드리아는 자유롭게 활동하는 박테리아였다. 그런 다음 그들은 마침내 우리 세포를 생성시킨 세포에 둘러싸여 세포 내부에서 공생 관계의 삶을 시작했다.[59]

박테리아는 소위 신이라고 불리는 존재가 가지고 있는 '전지'하고, '전능'하며, '어디에나 편재'하고, '불변'하고, '불멸'하는 특성을 고루 갖추고 있다. 박테리아를 모든 존재의 창조자, 즉 신으로 받아들이는 것에 불편함을 느낄 수도 있다. 그렇다면 시간을 거슬러 올라가 최초의 무기물인 원자나 그 이하의 소립자에서 멈출 수 있다. 여전히 원자나 소립자를 '신'이라고 부르는 것이 싫다면 무유에서 여정을 마무리할 수 있다. 바로 이 무유가 소립자, 원자, 분자, 박테리아, 그리고 모든 생명체를 생성한 것이다.

---

[59] *Mind*, Life, and Universe, Magulis and Punset, 2007, Interview with Douglas Wallace, p 183

2.1. 빅뱅

지배적인 우주 생성 모델인 빅뱅 우주론에 따르면, 우주는 한때 매우 뜨겁고 밀도가 높은 상태였으며 약 138억 년 전에 급속히 팽창하였다. 이 급격한 팽창으로 인해 갓 생성된 우주가 냉각되었고, 그 결과 지금까지 지속적으로 팽창하는 상태를 유지하고 있다.

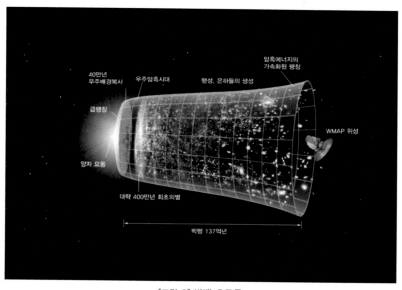

[그림 8] 빅뱅 우주론

출처: 한국천문연구원 천문우주지식정보 – https://astro.kasi.re.kr/learning/pView/6381

안드레이 린데의 혼란스러운 우주 팽창 모델에 따르면, 관측 가능한 우주는 길이가 10^{-33}cm(플랑크 상수로 불림)보다 훨씬 더 작은 크기의 초기 덩어리에서 생겨났을 것이며, 에너지 밀도는 아주 높아 cm³당 약 10^{94}

그램 수준인데, 이를 합치면 아주 작은 약 10^{-58}의 총질량(소위 플랑크 질량)을 가졌을 것이다. 급팽창이 일어나는 시점에서의 초기 덩어리 중량은 먼지 한 톨에도 미치지 못하는 무게였다.[60]

빅뱅 당시에는 인지할 수 없는 진동을 가진 무유만 존재했다. 진동하는 소리를 공명시킬 공간이 없었기 때문에 아주 조용했다. 진동이 없었다면 생명도 없었을 것이다. 진동이 우주와 생명의 탄생을 일으켰다. 이 태초의 진동이 원자를 비롯하여 인간에 이르기까지 모든 존재를 생성했다.

우주는 기초 입자들이 격렬하게 상호 작용하는 짧고 밀도 높은 혼돈, 즉 전형적인 양자역학적 상태인 빅뱅으로 시작되었다. 이후 우주가 팽창하고 냉각되면서 원시 원자라고 불리는 물질 자체, 초기별 형태의 물질 집합체 등 구조가 나타나기 시작하여 현재 우주의 모습을 만들어 냈다.[61]

빅뱅 당시 일어난 폭발이 진동을 무한한 공간으로 뿜어내면서 진동하는 힘 간의 간격으로 인해 비대칭이 발생하여 원시 원자가 생성되었다. 원시 원자들은 서로 결합하여 분자로 합쳐지고, 더 나아가 별과 행성으로 합쳐져 현재의 우주를 형성했다.

하지만 과학자들은 1970년대부터 초기의 뜨겁고 밀도가 높은 빅뱅에서 물질과 반물질이 같은 양[저자 주: 두 물질을 합하면 영(零)이 됨]으로 시작하여 초기 우주에서 반물질보다 물질이 약간 더 많은 자그마한 비대칭을 형성함으로써 '무에서 유가 창조'되는 그럴듯한 양자 과정이 가능하다는 것을 이해하기 시작했다. … 초기 우주에서 존재했던 모든 반물질

---

60) *The Fabric of the Cosmos*, Brian Greene, 2005, p 524, Note 11-2

61) *Physics and Philosophy*, Werner Heisenberg, 2007, Introduction p XIX

은 물질과 더불어 소멸될 수 있었지만, 남은 소량의 물질은 소멸시킬 반물질을 잃어버렸기 때문에 남아 있었을 것이다. 그러면서 이것이 오늘날 우리가 우주에서 볼 수 있는 별과 은하를 구성하는 모든 물질을 만들어 냈을 것이다.[62]

빅뱅 이론과 우주의 초기 팽창은 우주의 기원이 된 물질이 얼마나 작았는지를 명확하게 묘사한다. 이 작은 원시 원자로부터 무기물이나 유기물 등 모든 존재가 생성되고 진화하여 현재의 우주를 형성하였다. 가장 먼저 생성된 원소는 소량의 헬륨과 리튬과 더불어 생성된 수소였다. 결국 수소 구름이 중력으로 합쳐져 별이 형성되었고, 더 무거운 원소들은 별 내부나 초신성의 형성 과정을 통해 합성되었다.

A.G. 케언즈 - 스미스는 최초의 복제자인 우리 조상이 유기 분자가 아니라 광물, 작은 점토 조각과 같은 무기 결정체였을지도 모른다는 흥미로운 제안을 하였다.[63]

무한소점(또는 특이점)은 사실 점이 아니라 형상형성잠재력이 다른 시공간 차원으로 접혀 있는 지점이며, 그로부터 원시 원자가 형성되고 모든 존재를 생성한 무유는 바로 그 지점에 존재한 무엇인가로 가정할 수 있다. 우주는 아무것도 아닌데 무엇인가인 무유로부터 생성된 것이다.

아낙시만데르는 "삼라만상을 생성하고 소멸하게 만드는 무한으로부터

---

[62] *A Universe from Nothing*, Lawrence M. Krauss, 2012, p 27

[63] *The Selfish Gene*, Richard Dawkins, 2009, p 21-22

시작하여 무한으로 연결되는 '영원한 움직임'이 존재한다"라고 주장했다. … 현대 물리학자들은 모든 기본 입자와 그 속성을 도출할 수 있는 물질의 기본 운동 법칙을 수학적으로 규명하려고 시도하고 있다. 이 기본 운동 방정식은 알려진 형상 자체의 파동, 또는 양성자나 중간자 파동, 그리고 이미 알려진 기본 입자의 파동과 전혀 상관관계가 없는 본질적으로 다른 성질의 파동으로 표현할 수 있다. 첫 번째 경우는 모든 색다른 기본 입자의 속성을 어떤 식으로든 '근본적인' 몇 가지 기본 입자의 속성으로 환원할 수 있다는 의미이며, 실제로 과거 20년 동안의 이론물리학은 대부분 이 연구 방식을 따랐다. 두 번째 경우는 모든 색다른 기본 입자를 에너지나 물질이라고 부르는 보편적인 속성으로 환원할 수는 있지만, 어떤 입자가 다른 입자보다 더 근본적인 입자로 선호될 수 없다고 생각한다. 물론 후자의 견해는 아낙시만데르의 법칙에 해당하며, 나는 현대 물리학에서 이 견해가 옳다고 확신한다.[64]

빅뱅이 일어난 상태의 특이점에는 현재 관찰할 수 있는 우주를 창조할 수 있는 잠재력을 엄청난 양의 에너지와 형상형성잠재력이 포함되어 있었다. 무유는 아무것도 없는 진공의 상태에서 최초로 일어난 미세한 파동의 상태로 물질과 반물질의 입자들이 상상할 수 없을 정도로 높은 온도와 압력으로 인해 파동의 형태로 나타났다가 다시 진공의 상태로 돌아가는 소용돌이 상태로 그토록 작은 점에 압축될 수 있었을 것이다. 이런 무와 공의 상태가 공존하는 무유에서 빅뱅이 발생하며 무와 공의 균형이 무너지면서 원자를 비롯한 만물이 영(零)으로부터 무한대로 생겨나는 환

---

[64] *Physics and Philosophy*, Werner Heisenberg, 2007, p 35-36

경이 조성된 것으로 볼 수 있다.

대통일 이론에 따르면, 네 가지 힘 중 (저자 주: 중력을 제외한) 강력, 약력, 전자기력 세 가지가 모두 하나의 통합된 힘을 구성하였으며, 빅뱅 후 10^{-35}초 이전에 존재했던 태양 중심 온도의 약 수십 해(垓) 배인 10^{28}도 이상인 극한 조건이었을 때 이 세 가지 힘은 모두 하나로 통합되어 있었다고 한다. 이런 주장을 하는 물리학자들은 이 온도 이상에서는 광자, 강력의 글루온, W나 Z 입자 모두가 관측 불가인 상태에서 서로 자유롭게 특성을 교환할 수 있는 약전자기(electroweak) 이론보다 더 강력한 게이지 대칭 상태가 된다고 설명한다. [65]

특이점은 균질하고 등방성이었으며, 빅뱅 당시 온도는 약 10^{32} 켈빈(Kelvin)이었던 것으로 추정된다. 같은 공간에 얼음보다 물, 물보다 증기, 증기보다 플라즈마가 더 많은 것처럼, 극도로 뜨거운 온도는 작은 공간에 엄청난 양의 물질을 담을 수 있는 능력을 가졌을 것이다. 초기 상태는 증기나 기체보다 훨씬 밀도가 높은 특정 플라스마 상태여야 최근 빅뱅 이전에 우주에 존재했던 모든 존재를 담아낼 수 있다. 빅뱅 직후 우주는 엄청나게 팽창했고 자연스럽게 온도가 매우 빠르게 냉각되었다. 빅뱅 후 약 37만 년이 지나 온도가 3,000 켈빈 이하로 냉각되었을 때 마침내 빛이 나타나 우주 공간을 여행할 수 있게 되었다. 영원히 존속하는 최초의 빛은 어둠으로부터 나온 것이다.

---

[65]   *The Fabric of the Cosmos*, Brian Greene, 2005, p 267

(빅뱅이 일어나고) 약 37만 년 후, 우주가 태양 표면 온도의 절반인 약 3,000K로 냉각되었을 때, 우주의 단조로움은 중대한 사건이 벌어지면서 막을 내렸다. … 온도가 3,000K 이하로 떨어지자 빠르게 움직이던 전자와 핵의 속도가 급속히 줄면서 원자 안에서 합쳐졌고, 전자는 원자핵에 포획되어 궤도로 끌려 들어갔다. 이것이 중대한 사건이다. 양성자와 전자는 전하가 같지만 서로 반대되기 때문에 원자 결합은 전기적으로 중성이다. 그리고 전기적으로 중성인 복합체의 플라즈마는 뜨거운 칼이 버터를 뚫듯이 광자를 통과시킬 수 있기 때문에 원자의 형성으로 우주의 안개가 걷히고 빅뱅의 빛나는 메아리가 방출될 수 있었다. 그때 최초로 나타난 광자가 우주 공간을 떠다니고 있다.[66]

우주가 열려 있는지, 평평한지, 닫혀 있는지에 대한 논쟁이 계속되고 있다. 우주가 닫혀 있다고 가정하는 것이 자연스러운데, 이는 현재 약 70억 년 전부터 공간 팽창 속도로 지속적으로 우주가 팽창하고 있지만, 미래에는 결국 디플레이션 방식으로 축소할 것이라는 것을 의미한다.

우주가 팽창한다는 것은 미묘한 의미를 담고 있다. 예를 들자면, 우주가 팽창하고 있다는 것은 집을 더 넓게 하는 방식으로 우주가 팽창된다는 것을 의미하지 않는다. … 우주가 확장하는 것은 공간 자체가 아니라 우주 내의 두 점 사이의 거리가 커지는 것이다. … 1931년 케임브리지대학의 천문학자 아서 에딩턴(Arthur Eddington)은 우주를 팽창하는 풍선의 표면으로, 모든 은하를 그 표면의 점으로 시각화했다. 이 그림은 멀리

---

[66]   *The Hidden Reality*, Brian Greene, 2011, p 44-45

떨어진 은하들이 가까운 은하들보다 더 빨리 사라지는 이유를 명확하게 설명한다.[67]

우주의 기본 상태는 팽창과 수축을 반복하며 끊임없이 유동하고 있다. 몸과 호흡의 변화처럼 현상 유지라는 것은 없다. 빅뱅 이전에도 그런 빅뱅을 추적할 수 있는 물리적 증거를 남기지 않았음에도 불구하고 수많은 빅뱅이 있었을 것으로 생각한다. 자연법칙에 따르면 행성과 우주를 포함한 모든 존재는 변화하며 순환한다. 언제 팽창이 멈추고 수축이 시작될지 말하기는 어렵지만 그러한 주기는 계절의 변화와 같이 확실하다.

러시아의 물리학자이자 수학자인 알렉산더 프리드먼(Alexander Friedman)의 우주 모델은 영(零)의 크기에서 시작하여 중력의 끌림에 의해 속도가 줄어들 때까지 팽창하다가 결국 스스로 붕괴하게 된다. (프리드먼 모델의 가정을 만족하는 아인슈타인 방정식들 중에 두 가지 다른 유형의 해법이 있는데, 하나는 속도는 약간 느려지지만 영원히 팽창이 계속되는 우주이고 다른 하나는 팽창 속도가 0을 향해 느려지지만 결코 영에 도달하지 못하는 우주다).[68]

이 우주는 미래의 예측할 수 없는 어느 시점에 수축하기 시작하여 다음 빅뱅을 위해 다시 붕괴할 것이다. 이 수축 단계는 현재 진행되는 팽창 단계와는 완전히 다를 것이다. 시간은 일방통행이므로 결코 역방향으로 움직이지 않는다. 이후의 수축 단계에서도 팽창 단계와 마찬가지로 정방

[67] *The Grand Design*, Stephen Hawking, 2010, p 125
[68] *The Grand Design*, Stephen Hawking, 2010, p 127

향으로 움직이는 시간 흐름을 가질 것이다. 먼 미래의 어느 날 엔트로피가 너무 많이 소멸되어 밀도가 거의 0이 되거나 온도가 너무 낮아지면 우주는 가장 최근의 빅뱅을 포함한 과거의 수많은 빅뱅과 같은 상태로 다시 줄어들기 시작할 것이다.

과학 이전의 가장 오래된 우주론 중 하나인 힌두교 교리는 주기 안에 둥지를 틀고 있는 복잡한 우주론적 주기를 제시하는데, 일부 해석에 따르면 수백만 년에서 수조 년까지 이어진다고 한다. 소크라테스 이전의 철학자 헤라클레이토스(Heraclitus)와 로마의 정치가 키케로(Cicero)까지 거슬러 올라가는 서양의 사상가들도 다양한 순환 우주 이론을 제시하였다. 우주는 불에 휩싸였다가 꺼져가는 불씨로부터 새롭게 태어난다는 주장은 우주의 기원과 같은 고상한 문제를 생각하는 사람들 사이에서 인기 있는 시나리오였다. 기독교가 확산되면서 천지창조를 단 한 번의 사건으로 보는 개념이 점차 우위를 점했지만, 순환 이론은 산발적으로 지속적인 관심을 끌었다. … 알렉산더 프리드만은 1923년 러시아에서 출간된 자신의 인기 저서에서 "아인슈타인의 중력 방정식에 의거하여 자신이 제시한 우주론적 해법 중 일부는 우주가 팽창하여 최대 크기에 도달하고 이후 수축하여 한 '점'으로 줄어들었다가 다시 팽창하는 진동하는 우주"라고 언급한 적이 있다. [69]

다음 빅뱅이 일어나기 전에 여기저기에서 블랙홀이 생성되고 이들이 가장 가까운 블랙홀과 매우 빠르게 합쳐져 점점 더 커질 것이다. 그러다가

---

[69]   *The Hidden Reality*, Brian Greene, 2011, p 138-139

결국에는 하나의 거대한 블랙홀이 생성되어 모든 존재는 일부 과학자들이 주장하고 있듯이 우리가 경험하고 있는 우주를 창조해 낸 '빅뱅'과 동일한 조건의 부화된 원자와 같은 무유의 상태로 감아 들어가게 될 것이다.

우리은하와 같은 큰 질량 분포는 불안정하기 때문에 결국 우리(거대) 은하 자체가 붕괴하여 거대한 블랙홀을 형성할 것이다. 이것은 슈바르츠 실드(Schwarzschild) 해법이라고 불리는 아인슈타인 방정식의 정적(static) 해법으로 설명된다. 그러나 우리은하가 붕괴하여 거대한 블랙홀을 형성 하는 데 걸리는 시간은 우주의 나머지 부분이 모두 사라지는 시간보다 훨씬 더 길 것이다. [70]

호킹은 나름대로의 계산을 통해 블랙홀에서 멀리 떨어진 관측자는 최 종적으로 '피곤해진' 복사 온도가 블랙홀의 질량에 반비례한다는 것을 발견할 것이라고 언급했다. 우리은하 중심에 있는 블랙홀과 같은 거대한 블랙홀의 온도는 절대 영도의 1조분의 1 미만이다. 우리 태양 질량을 가 진 블랙홀의 온도는 100만분의 1도 미만으로, 빅뱅이 남긴 2.7도의 우주 배경복사와 비교해 봐도 아주 미미한 수준이다. 블랙홀의 온도가 가족의 저녁 식사를 준비할 수 있을 만큼 충분히 높아지려면 질량이 지구의 약 1만분의 1이어야 하는데, 이는 천체물리학 기준으로 보면 너무 작다. [71]

우주 전체가 빅뱅 당시와 같이 부화된 원자와 같은 수준으로 압축될 것이며, 이런 일이 언제 발생할지 정확히 예측할 수 없지만, 분명 일어날

---

[70]   *A Universe from Nothing*, Lawrence M. Krauss, 2012, p 115

[71]   *The Hidden Reality*, Brian Greene, 2011, p 285-286

것이라고 생각한다. 음양의 원리와 들숨과 날숨이 반복되는 것이 자연스러운 법칙이라면 시간의 길이에서 차이를 보이겠지만 결국 커지게 된 것은 작아지게 될 수밖에 없기 때문이다.

이와 같이 (모든 것이) 궁극적으로 무(無)로 돌아간다는 아주 극단적인 버전의 논리는 피할 수 없을지 모른다. 일부 끈 이론을 옹호하는 과학자들은 복잡한 수학적 계산을 근거로 빈 공간에서 양의 에너지를 갖는 우리와 같은 우주는 안정적일 수 없다고 주장한다. 결국 우리 우주는 공간과 관련된 에너지가 음의 에너지가 되는 상태로 붕괴해야 한다. 그러면 우리 우주는 재붕괴되어 다시 우리가 존재하기 시작했던 상태인 내부의 한 점, 즉 양자 안개 상태로 돌아갈 것이다. 이런 주장이 맞는다면 우리 우주는 아마도 처음 시작했을 때처럼 급작스럽게 사라질 것이다. [72]

또 다른 빅뱅이 일어나면 어떻게 될까? 현재의 우주 역사가 다시 반복될까, 아니면 새로운 역사가 쓰일까? 하이젠베르크(Heisenberg)의 불확정성 원리와 "우주는 단 하나의 역사를 가진 것이 아니라 각각의 가능성을 가진 모든 가능한 역사를 가지고 있다"라는 파인만(Feynman)의 '역사 합계(sum over histories)'를 고려할 때, 다음 빅뱅은 새로운 존재에 의해 완전히 새로운 역사를 쓸 것이다. 다음 빅뱅에서 현재의 자신을 발견하지 못할 수도 있지만, 다음 주기의 모든 존재의 삶은 이번 주기와 마찬가지로 당신의 삶 중의 하나일 것이며 당신은 그러한 새로운 삶의 일부가 될 것이므로 아쉬워할 이유가 없다.

---

[72] *A Universe from Nothing*, Lawrence M. Krauss, 2012, p 180

2.2. 창조론

인류는 오랫동안 만물이 어떻게 존재하게 되었는가에 대한 해답을 찾아왔다. 만물의 출현과 관련하여 초자연적인 힘에 의한 창조와 원시적이고 단순한 존재로부터의 진화라는 두 가지 견해가 제시되었다. 전자는 신화, 대다수의 종교계, 일부 과학자나 소수의 철학자들이 지지하고 후자는 대부분의 철학자들이나 과학자들이 지지한다. 플라톤은 신의 존재를 인정했지만, 한편으로는 현대 과학자들이 알아낸 것처럼 모든 존재가 무생물체로부터 자연스럽게 나타났다는 주장을 지지했다는 것이 흥미롭다.

내가 전하려는 의미를 좀 더 명확하게 설명하겠다. 그들은 불, 물, 흙과 공기는 모두 자연적으로 그리고 우연에 의해 존재하게 되었지 누군가가 기교를 부려 만들어진 것은 하나도 없으며, 다음 순서로 나타난 지구, 태양, 달, 별과 같은 것들은 분명히 무생명체들에 의해 창조되었다고 한다. 물질을 구성하는 원소들은 뜨거운 것과 차가운 것, 건조한 것과 촉촉한 것, 부드러운 것과 딱딱한 것, 그리고 필요에 의해 형성된 다른 모든 반대 속성을 갖는 것들이 우연히 또는 그들 나름대로의 기호에 순응하는 내재된 힘에 따라 개별적으로 행동한다. 이런 식으로 우주가 창조되었고, 하늘에 있는 모든 물체, 모든 동물과 모든 식물, 그리고 모든 계절의 변화 등은 그들이 말하는 것처럼 정신의 작용이나 어떤 신이나 기교에 의해서가 아니라, 내가 말했듯이 자연적으로 그리고 우연에 의해 이런 원소로부터 나와 존재하게 되었다.[73]

---

73) *Laws*, Plato, 2000, 889, p 233

아리스토텔레스는 창조론이나 진화론 중 어느 쪽도 지지하지 않았다. 그러나 그는 형상형성잠재력이 어디에나 존재하며 모든 존재가 출현하도록 작용했다고 생각했다.

아리스토텔레스에게 있어서 물질은 존재하지 않는 것이 아니며 이미 존재할 수 있는 잠재적인 능력을 갖기 때문에 자연 현상이 무작위로 작용할 수 없다. 자연에서 일어나는 모든 것은 이미 잠재적으로 존재하고 있어야만 한다. 달리 말하자면, 그것은 이미 다른 형상으로 존재하고 있어야만 한다. 자연에 존재하는 수많은 종(種)은 무작위적으로 또는 초월적 이성이 창조에 개입하여 나타난 것이 아니다. 자연의 종은 적절한 물질이 자연에 존재하는 매개체나 이미 그 형상을 형성할 잠재력을 갖는 존재로부터 차용하여 나타난 것이다.[74]

흥미로운 것은 플라톤이 남자는 흙으로 빚어져 나타나고 이후에 여자가 나왔다는 생각을 가지고 있었는데, 이는 마치 창세기 2장 4절 이후의 남유다국에서 믿던 여호와가 창조하는 과정과 흡사해 보인다.

플라톤은 "그리고 신이 뼈를 아주 현명하게 합성했다. 흙을 순수하고 매끄러워질 때까지 체로 친 후에 그것을 반죽하고 축축하게 하여 골수를 만들었다. 그리고 이것을 불에 넣은 후에 물에 집어넣는 것을 반복하여 특정 원소를 다른 원소로 바꾸어 어느 쪽에도 용해되지 않도록 만들었다. … 그러므로 영혼이 가장 많이 들어 있는 뼈(머리와 척추의 뼈)들은

---

[74]   *Columbia History of Western Philosophy*, Richard H. Popkin, 1999, p 59

가장 적은 살로 감쌌고, 영혼이 가장 적게 들어 있는 뼈들은 가장 많고 밀도가 높은 살로 감쌌으니, … 우리를 지은 사람들은 언젠가는 남자 중에서 여자와 다른 모든 동물이 생겨나야 한다는 것을 알고 있었으며, 또한 많은 생명체가 여러 가지 목적으로 손톱의 도움을 필요로 할 것이라는 것을 이해했기 때문에 사람이 태어날 때 손가락과 손톱의 초보적인 구조를 심어 주었다"라고 말했다. [75]

중세 암흑기에는 인간의 몸 가운데 부활할 육신에 절대적으로 필요한 무게가 나가지 않고, 썩지 않고, 타지 않는 뼈가 존재한다고 믿었다. [76]

구약성경의 신화적 묘사는 독창적이지 않다. 이집트, 아시리아, 바빌로니아, 그리스에서도 비슷한 종류의 신화가 널리 퍼져 있었다. 천지창조 후반부 이야기는 인간을 진흙으로 반죽했다는 플라톤의 천재적인 통찰력과 아프리카 에페족의 다음 신화를 포함한 고대인들의 신화를 표절한 것으로 보인다.

기독교 창세기의 천지창조에 대한 이야기는 결국 아프리카 에페족이 창작한 초기 신화를 짜깁기하여 만들어 낸 것이다. 전통적인 여성상을 갖는 달이 지고한 신이 인간을 창조하는 작업을 도왔다. 창조한 후 신이 사람들에게 타후 나무의 열매를 먹지 말라고 명령하지만, 한 여인이 불복하고 열매를 따 먹는다. 달이 그녀의 행동을 보고 지고한 신에게 보고하

75) *Timaeus*, Plato, 2005, 76 E, p 193, 197, 203
76) *History of the Warfare of Science with Theology in Christendom*, Andrew Dickson White, 2010, Volume 1, part 2, p 125

자, 신이 인간에게 죽음이라는 벌을 내린다. [77]

구약성경의 창조 이야기는 "태초에 하나님이 천지를 창조하시니라 땅이 혼돈하고 공허하며 흑암이 깊음 위에 있고 하나님의 영은 수면 위에 운행하시니라 하나님이 이르시되 빛이 있으라 하시니 빛이 있었고"(창세기 1:1-3)로 시작한다. 그런데 지구가 형성되는 시점에 우주는 이미 80억 년 이상 빛으로 가득 차 있었다. 어떻게 이 시기가 빛의 창조 시기가 될 수 있었을까? 빛이 자유롭게 움직이기 시작한 것은 빅뱅 이후 약 37만 년 후부터다(2장 1절 빅뱅 참조). 게다가 형태도 없고 텅 빈 지구에 어떻게 물이 존재할 수 있었을까?

창세기에는 인간의 창조에 관한 두 가지 이야기가 있다. 하나는 1:1에서 2:3까지로, 창조 여섯째 날에 [북이스라엘국(기원전 922-722년)에서 믿던 신들인] 엘로힘과 그들의 동반자들이 자신들의 형상을 반영하여 남자와 여자를 동시에 창조하였다는 내용이다. 이 창조에서 엘로힘은 넷째 날에 해와 달과 별을 만들었다. 어떻게 해와 달이 없이 사흘 밤낮이 있었을 수 있었는지는 엘로힘만이 알고 있는 가장 큰 비밀일 수 있다. 반면에 이어지는 두 번째 이야기인 2:4~2:25에는 다른 생명체가 만들어지기 전에 남유다국(기원전 722?-587년)에서 믿던 유일신 여호와가 아담을 흙으로 지었다고 한다. 그리고 이브는 아담의 갈비뼈를 변형시켜 마지막으로 만들어 냈다고 주장한다. 첫 번째 주인공 엘로힘 판의 창조 순서는 물, 땅, 식물, 물고기와 새, 동물, 인간인 반면, 두 번째 주인공 여호와 판의 이야기

---

[77]   *Evolution vs. Creationism: An Introduction*, Eugenie C. Scott, 2004, p 53

는 땅, 물, 남성, 식물, 동물과 새(물고기가 빠짐), 여성의 순으로 이야기를 전개한다. 전반부는 물에서 생명체를 생성하고 후반부는 땅(대지)에서 생명체를 생성한다.

이처럼 천지창조의 두 부분에는 창조의 순서, 즉 인간 창조의 시점과 인간 창조의 방법에서 차이가 있다. 또한, 히브리어로 하나님을 지칭하는 데 사용되는 단어도 두 부분에는 차이가 있다. 앞부분에서는 '신들'(엘로힘)이라는 용어가 34번 사용되지만, 뒷부분에서는 '신들의 여호와'가 20번 등장한 반면 엘로힘은 3번만 나온다. 원죄와 여성의 복종 개념을 담고 있는 후반부 이야기는 여성이 결혼한 남성에게 순종해야 한다는 '하늘의 권위'를 제공하기 위해 후대의 유대인들이 조작한 것처럼 보인다.[78]

일부 기독교 신학자, 사제, 목사들은 구약성경이 지구를 구형으로 묘사하고 있다고 주장한다. 표준 킹제임스버전(KJV) 성경에는 구, 구형, 지구, 구형, 타원주, 타원형 등의 단어가 나오지 않는다. 구약성경이 지구의 구형 모양을 드러낸다고 말하는 것은 또 다른 조작일 뿐이다. [그림 9]가 구약성경에 묘사된 우주의 모습을 정확하게 묘사하고 있다.

평평한 지구 옹호론자에게 성경의 많은 구절은 여호와가 지구를 공이 아닌 동전 모양, 즉 평평하고 가장자리가 둥근 모양으로 창조하였다는 것을 암시한다. 지구의 원반 같은(구형이 아닌) 모양은 지구의 '원'(이사야 40:22)을 언급하는 성경 구절을 반영하며, 지구를 항해하고 출발점으로 돌아오는

---

[78]   *The Woman's Bible*, Elizabeth C. Stanton, 1999. p 17

것은 지구의 가장자리까지 항해하여 한 바퀴 돌기만 하면 되는 일이었다.
… 19세기 평평한 지구론의 부흥을 이끈 영국인 사무엘 버리 로보텀
(Samuel Berley Rowbotham)은 『지구는 구형체가 아니다』라는 책의 기념비
적인 재판(再版)본의 마지막 장에서 76개의 성경 구절을 인용했다
(Schadewald 1987: 27). 이 중 다수는 '땅끝'(신명기 28:64, 33:17, 시편 93:3,
135:7, 예레미야 25:33)이나 '사분면'(요한계시록 20:8)이 인용되었다. [79]

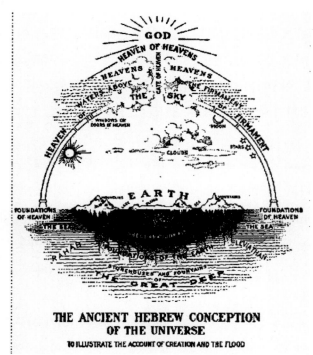

[그림 9] 구약성경에 묘사된 우주의 모양
20세기 초에 그려진 고대 우주론의 개념화. 초기 유대인들은 우주의 중심인 원반 모양의
지구가 하늘 기둥에 의해 지탱되고 있는 돔 모양의 하늘로 구성된 우주를 생각했다.
G. L. 로빈슨의 『이스라엘의 지도자들』(뉴욕: 협회 출판부, 1913), 2쪽.
출처: 국립과학교육센터(NCSE) - http://www.ncseprojects.org/image/ancient-hebrew-cosmology

---

[79]   *Evolution vs. Creationism: An Introduction*, Eugenie C. Scott, 2004, p 58

대부분의 기존 종교들은 창조론적 견해를 지지하고 자신의 신을 창조자로 지정한다. 그들은 초자연적 창조자나 통치자가 자연과 인간의 조건에 속하거나 지배를 받는다고 가정한다. 종교는 종종 인간 중심적 관점에 기반을 두고 있는데, 이는 인간과 같은 신이 창조한 우주에 대한 독특한 경향을 강조하며, 신은 인간을 자신의 형상, 즉 완벽한 존재로 창조했기 때문에 대부분 인간을 선호한다고 믿는다.

진화론이 종교를 대체할 수 없다는 것은 사실이지만, 일부에서는 진화론을 종교로 만들려고 시도한다. 하지만 인간은 만물의 영장이고 하나님의 형상대로 만들어졌으며 나머지 피조물은 인간이 착취할 대상이라는 메시지를 담고 있는 구약성경의 메시지에 비해 진화론은 인간과 나머지 자연과의 관계에 대해 보다 긍정적인 메시지를 담고 있다. 이런 관점을 완전히 버리려면 오랜 시간이 걸리겠지만, 그 노력의 결과는 매일 눈에 더 거슬릴 것이다. 진화론의 메시지는 우리가 특별하지 않다는 것이다. 우리는 동물이며 흰개미나 쥐와 동일한 혈통을 가지고 있다. 우리는 사회적 포유류이며, 따라서 우리의 목적은 단순한 번식만이 아니라 인종적 자부심이나 애국심, 사회를 개선하기 위한 노력이라고 하는데 이것이 개코원숭이의 부족 충성심보다 더 칭찬받을 만한 것은 아니다.[80]

창조론적 관점조차도 동시대의 과학적 지식에 근거하고 있다는 점이 흥미롭다. 자연 현상과 당시의 과학적 발견 사이의 간극을 메우기 위해 신학 이론은 지속적으로 발전해 왔다. 이집트, 바빌로니아와 페르시아 신

---

80)   *Evolution*, Colin Patterson, 1978, p 178-179

학은 구약성경으로 발전했고 힌두교, 조로아스터교, 불교는 신약성경에 영향을 끼쳤으며 신의 이름이 구약의 여호와로부터 신약의 신으로 진화하는 식으로 종교는 항상 진화하고 있다.

우리 시대 영국 교회의 한 저명한 성자는 기독교인들에게 "영아를 도살하라고 명령하는 사무엘의 여호와와 그의 모든 행위에 부드러운 자비를 베푸는 시편 기자의 하나님, 항상 회개를 반복하며 살던 족장들이 믿던 여호와와 사랑에 변함이 없고 보복의 조짐도 없는 과거나 현재나 영원히 동일하게 임하는 사도들의 신, 한낮에 시원한 동산을 거닐던 구약성경의 여호와와 아무도 보지 못했고 볼 수도 없는 신약성경의 신, 제사 기구와 집기에 대해 매우 까다로웠던 레위기에 등장하는 여호와와 인간의 손으로 만든 성전에 거하지 않는 사도행전에 나오는 신, 이집트 왕의 마음을 강퍅하게 만든 여호와와 모든 사람을 구원하는 신, 자신을 사랑하는 자에게만 자비로운 출애굽기의 여호와와 자신에게 감사하지 않는 자나 악한 자에게도 친절하게 대하는 신성한 아버지와 같은 존재인 예수가 믿던 신으로의 변화가 일어난 것을 기뻐하라"고 권유했다.[81]

일부 기독교인들은 여호와를 영원한 지혜(logo)로 찬양하고 있다. 그러나 예수가 분명히 지적했듯이 그는 영원한 지혜가 될 수 없으며, 기껏해야 일시적이거나 불쾌한 지혜일 수밖에 없다. 여호와는 자신의 형상대로 인간을 창조한 것으로 알려져 있다. 그러나 오늘날 우리와 같은 인간은 태양계가 형성된 지 46억 년이 지난 약 20만 년 전에 지구에 나타나기

---

[81]   *History of the Warfare of Science with Theology in Christendom*, Andrew Dickson White, 2010, Volume 1, part 1, p 275

시작했다. 기독교인들이 주장하는 것처럼 그가 지적인 설계자라면, 성경에서 자신이 스스로 가장 완벽하고 가장 사랑스러운 피조물이라고 주장한 현대 인간을 자신의 형상대로 처음에 창조했을 것이라고 가정하는 것이 합리적이지만, 실제는 이 주장과 철저히 모순된다.

고인이 된 웨스트민스터 학장 아서 스탠리 박사(Arthur Stanley, 1815~1881)는 "성경과 과학의 조화를 위한 두 가지 방식이 과거로부터 있어 왔고 지금도 이어지고 앞으로도 이루어질 수 있겠지만, 지금까지의 시도는 예상했던 대로 완벽하게 실패했다. 방식의 하나는 성경의 단어를 자연적인 의미와 다투지 말고 과학적인 용어로 설명하도록 압박하는 노력이다"라고 말했다. 그러면서 최초의 사례로 알려진 레위기 11장 6절에 '아니다(not)'라는 단어를 끼워 넣은 것[82]을 언급한다. "이것은 과학의 요구를 충족시키기 위해 성경을 위조한 최초의 사례이다. 그리고 이후 창세기 1장을 지질학의 최신 결과와 외관상 일치하도록 왜곡하려는 다양한 노력이 뒤따랐다. 하루는 하루가 아닌 하루를, 아침과 저녁은 아침과 저녁이 아닌 것을, 대홍수는 대홍수가 아닌 것을, 그리고 방주는 방주가 아닌 것을 의미한다고 주장한다."[83]

2,000년 전에 현명하고 분명하게 그리고 격렬하게 구약성경과 그 주인공 여호와를 마귀(요한복음 8장 44절)로 치부하며 거부했던 위대한 성인 예수가 살해되고 자신이 철저히 배척하려고 했던 그 책의 두꺼운 겉표지

---

[82] *The rabbit*, though it chews the cud, does (not) have a split hoof: chewing the cud like cow do is also another error which could not be corrected due to sacrilege

[83] *History of the Warfare of Science with Theology in Christendom*, Andrew Dickson White, 2010, Volume 1, part 1, p 212

밑에 묻힌 사건은 인류에게 커다란 손실이 아닐 수 없다. 부처의 실제 가르침이 왜곡되어 부처의 진정한 가르침이 훼손된 것도 안타까운 일이다. 예수는 여호와나 구약성경의 내용이 잘못된 것을 파악하고 새로운 복음을 전하려고 모든 인간에게 내재하는 신성(神性, God)을 찾아 신의 자녀가 되라는 가르침을 전하였다. 이를 구분하지 못한다면 당신은 천주교인이나 개신교인은 될 수 있지만 예수 그리스도(Christ)의 이름이 들어가 있는 기독교인(Christian)은 될 수 없다.

'기독교'라는 단어 그 자체가 잘못되었다. 지금까지 실제로 기독교인은 단 한 명뿐이었고 그는 십자가에서 죽었다. '복음전도사(evangel)'는 십자가에서 죽었다. 이 사건 이후로 '복음전도사'를 언급하는 것은 이미 그가 한때 존재했다는 사실을 부인하는 것이다: '나쁜 복음', 재앙(dysangel).[84]

진화와 관련된 몇 가지 분쟁이 발생한다. 진화론을 폄훼하기 위해 창조론자들은 진화론의 내용이 빈약하며 확증된 사실이 아니라고 주장한다. 이런 류의 활동은 교회가 여전히 국가의 교육과 정치 시스템에 막대한 영향력을 행사하는 미국과 한국에서 흔히 볼 수 있다. 예수의 질책에 귀를 기울이는 것이 좋을 것이다: "보라, 네 눈 속에 들보가 있는데 어찌하여 형제에게 말하기를 나로 네 눈 속에 있는 티를 빼게 하라 하겠느냐?"(마태복음 7:3) 여기에서 구약성경에 나오는 창조에 관한 부조리를 모두 나열하기에는 공간이 부족하다. 창세기를 읽어 보면 현명한 사람이라면 누구나 그 오류를 인식할 수 있을 것이다.

---

[84] *Twilight of the Idols and The Anti-Christ*, Friedrich Nietzsche, 2003, p 39

다윈과 그의 후계자들이 발견했듯이, 모든 자연 현상은 사전에 기획되지 않은 자연적인 힘에 따라 진화하여 마침내 인간이 세상에 나타났다고 보는 것이 지극히 자연스럽다. 합리적인 사람이고 예수의 주장에 동의한다면 여호와를 무덤에 안치하고 예수가 주창한 신(성)을 따르거나 개인적이고 영적인 목적을 충족하기 위한 신을 찾는다면 다른 신을 찾는 것이 바람직할 것이다.

생명체는 명백한 원인이 없이 그리고 신의 개입이 없이 자발적으로 발생했다는 생명의 기원에 대한 믿음이 고대 그리스에 널리 퍼져 있었다. 탈레스, 아낙사고라스, 엠페도클레스, 데모크리토스, 아리스토텔레스 등 모두가 이 믿음을 지지했다. 성 어거스틴은 자발적 발생이 하나님의 뜻이라고 선언하고, 이 이론을 기독교 교리로 채택했다. 데카르트(Descartes)와 같은 철학자들과 하비(Harvey), 리우벤훅(Leeuwenhoek)과 같은 생물학자들도 이 이론을 지지했으며, 이런 지지는 19세기까지 이어졌다.[85]

---

[85]   *Evolutionary Biology*, Eli C. Mikoff, 1984, p 404

2.3. 진화론

우리 은하계에 속한 태양계는 약 46억 년 전에 출현했다. 그 이전에는 가스나 용해된 고체와 같은 우주 입자의 움직임으로 인한 거대한 혼돈의 상태였다. 크고 작은 입자들의 지속적인 충돌과 특정 입자들의 합성으로 항성인 별(태양), 지구를 포함한 행성과 달들을 만들었다. 지구는 소행성, 유성, 혜성과의 수많은 충돌을 경험했으며, 이로 인해 지구에 얼음물이 유입되어 약 38억 년 전 지구에 유기체가 살 수 있는 환경이 조성되었다.

45억~38억 년 전 유성이 지구를 맹렬히 폭격하면서 초기 생명체가 나타났다가 죽기를 반복했을 가능성이 있다. 생명체는 44억 년에서 38억 년 전 사이에 처음 생겨났다. 생명체는 한때 그럴 것이라고 생각했던 것처럼 평온하고 온화한 조건에서 생겨난 것이 아니라, 화산 폭발로 가득 차고 혜성과 소행성의 위협을 받는 행성의 지옥 같은 하늘 아래에서 생겨났다. 실제로 외계에서 온 침입자들은 생명체에 필요한 원료를 가져다 주었을 수도 있다.[86]

---

[86] *TIME*, October 11, 1993, How did Life begin? p 70

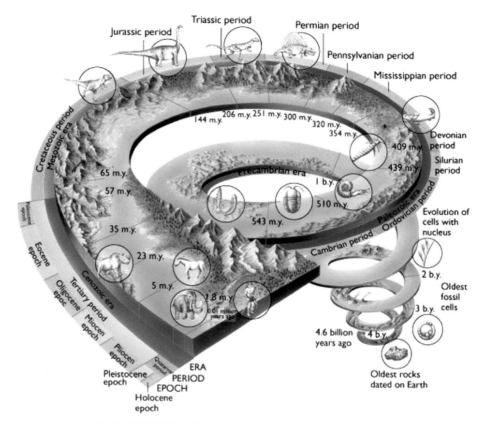

[그림 10] 지질학적 시간으로 따지면 지구는 46억 년 전에 생성되었다.
생명체는 캄브리아기나 그보다 조금 이른 시기에 풍부하고 복잡해졌다.
최초의 척추동물은 이 시기에 출현하여 지속적으로 진화해 왔다.

출처: 마운드 동굴, 위스콘신주 – http://www.caveofthemounds.com/geotimeline.htm

원시 생명체는 매우 척박한 조건에서 생성되었다. 최초의 생명체는 바다에서 생겨났을 수 있다. 심해 열수 분출구는 해저 표면의 틈새인데 고열과 유황 화합물이 분출되어 생명체가 대사하고 번식할 수 있는 에너지를 제공한다. 지구 중심부의 마그마는 풍부한 미네랄을 함유한 물을 데웠고 이로 인해 열수 분출구 주변에서 작은 유기 생명체가 번성할 수 있었다.

아주 거대한 소행성을 제외한 다른 우주 물체들 중 어디에서 생명체가 생겨나고 비교적 안전하게 생존할 수 있을까? 이에 대한 해답을 찾기 위해 많은 연구원이 심해에 존재하는 기이한 굴뚝과 같은 구조물을 들여다보고 있다. 이 굴뚝은 해저의 균열부에 위치하고 있으며, 용암이 들끓는 지하 공간과 연결되는 곳인데 이를 열수 분출구라고 한다. 열수 분출구의 일부 균열된 공간을 통해 차가운 물이 유입되고 다른 균열 공간을 통해 뜨거운 물이 솟구치는 지하 간헐천이 형성된다. … 과학자들은 이곳에서 거대한 튜브 모양의 벌레와 눈먼 새우를 포함해 기이한 생물로 가득 찬 광범위한 생태계를 발견하고 깜짝 놀랐다. 더욱 흥미로운 사실은 분출구 주변에서 먹이사슬의 첫 번째 주자가 되는 유황을 먹는 미생물의 RNA를 분석한 결과, 이들이 지구에 나타난 최초 생명체의 생명 유지를 위한 연결고리 역할을 하고 있음을 밝혀낸 것이다.[87]

약 38억 년 전, 최초의 생명체인 유박테리아(eubacteria)가 지구에 나타났다. 시아노박테리아(cyanobacteria)로 불리는 청록색 박테리아가 번성하기 시작하면서 이들이 광합성을 통해 산소를 생성하자 공기 중 산소 함량이 1% 미만에서 현재 수준인 21%까지 증가했다. 공기 중 산소 농도의 증가 이후 단순한 원시 박테리아들의 결합으로 다양한 식물과 동물이 출현하기 시작했다. 유박테리아가 출현하고 약 18억 년이 지난 지금으로부터 약 20억 년 전에 진핵(eukaryotic)세포가 등장하였으며 이는 곰팡이, 식물, 동물과 같은 대형 유기체가 출현하는 발판이 되었다. 식물의 엽록체와 진핵 해조(algae)는 남세균으로부터 진화되었으며, 동물의 미토콘

87)   TIME, October 11, 1993, How did Life begin? p 72

드리아는 단백질 박테리아(proteobacteria)로 불리는 보라색 박테리아에서 진화했다. 엽록체와 미토콘드리아는 원핵(prokaryotic)세포에서 유래했으며 원핵세포의 DNA를 보유하고 있다.

미토콘드리아와 엽록체는 서로 다른 종류의 박테리아로부터 파생되었는데 육안으로 볼 수 있는 생명체가 존재하기 수십억 년 전에 이들은 각자가 상호 보완적인 화학적 마법을 부리는 기술을 구축했다. 후에 이 둘은 화학적 기술을 사용할 수밖에 없는 상황에 처했고, 이들은 지금 우리가 보고 만질 수 있을 만큼 크고 복잡한 생명체의 - 엽록체는 식물, 미토콘드리아는 식물과 동물 - 세포 내부의 용액 안에서 번식하고 있다.[88]

지구의 생명체는 38억 년 전부터 지구를 뒤덮고 있다. 하지만 약 6억 년 전까지만 해도 지구에는 조류, 곰팡이, 해면, 플랑크톤과 같은 단세포 유기 생명체만 번성했다. 화석 분석을 통해 약 6억 년 전에 다세포 동물과 성생식(性生殖) 동물이 물속에서 살기 시작했음을 알게 되었다. 벌레 모습을 지닌 동물 푸니시아(Funicia)도 그중 하나였다. 이후에 더 복잡한 동물이 나타나기 시작했다.

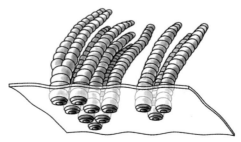

[그림 11] 푸니시아

출처: http://twitter.com/YaProbDidntKnow/status/854065144577523714

---

88) *The Greatest Show on Earth*, Richard Dawkins, 2009, p 377

요약하자면, 초기 동물(후생동물, metazoan)은 식물보다는 곰팡이와 더 밀접한 관련이 있는 단세포 동물이었다(Wainwright et al, 1993). 해면과 자포동물(산호, 말미잘, 해파리)이 후생동물목의 가장 아래에 위치하고, 편형동물이 그다음이고, 이어서 선충류인 극피동물(성게, 불가사리)과 더불어 척색동물(척추동물, 창고기, 피낭동물) 그룹으로 이어져 왔음이 배아학적 증거를 통해 밝혀졌다. 그리고 나머지 무척추동물(절지동물, 연체동물, 다양한 벌레문)의 대부분은 '캄브리아기 대폭발' 시점에서 아직 밝혀지지 않은 별 먼지들의 분자 단위 차이로 인해 나타났다. 과거 캄브리아기로 들어서던 시점인 약 5억 4,500만 년 전에 다양한 동물의 종들이 급격하게 늘어났다. [89]

캄브리아기(5억 4,300만~5억 1,000만 년 전)에는 다섯 개의 눈과 소방호스 같은 주둥이를 가진 아노말로카리스(Anomalocaris, 이상하게 생긴 새우)로 불리는 오파비니아(opabinia)가 바다에 처음으로 등장한 대형 포식자였다. 오파바니아는 공격적이고 전술이 아주 뛰어난 사마귀 새우의 조상처럼 생겼다. 당대에 견고한 외골격과 5,000개 이상의 렌즈가 들어 있는 섬세한 눈 덕분에 지구상에서 가장 성공적인 생물 중 하나였던 삼엽충이 많이 출현했다. 이때부터 공격자와 방어자 간의 군비 경쟁이 극적으로 확대되었다. [90]

[89] *Evolution and the Molecular Revolution*, Charles R. Marshall, J. William Schopf, 1996, p 68

[90] David Attenborough's First Life broadcasted on BBC in November 2010

[그림 12] 오파비니아와 삼엽충
출처: 'Opabinia regalis' Art by PLASTOSPLEEN, on DeviantArt
https://www.deviantart.com/plastospleen/art/Opabinia-regalis-565077002
오마이뉴스(2001.03.26) - 고생대 화석 '삼엽충' 모습
https://www.ohmynews.com/NWS_Web/View/img_pg.aspx?CNTN_CD=IA000023921

콘웨이 모리스가 바늘처럼 날카로운 다리로 춤추는 동물이라고 주장하여 신뢰하기 어려웠던 할루키게니아(Hallucigenia), 두 줄의 직립 비늘이 달린 기발한 갑옷을 입은 것 같이 생긴 민달팽이 위왁시아(Wiwaxia)가 등장하였고 카메라 셔터처럼 빠르게 닫히는 턱 사이로 가시가 달린 부속물을 이용하여 먹이를 잡아 입에 넣고 깨부수는 무시무시한 포식자 아노말로카리스(Anomalocaris)도 등장하였다.[91]

[그림 13] 위왁시아
출처: https://www.reddit.com/r/whatsthisbug/comments/155qvc2/wiwaxia/?rdt=52530

---

91)   *TIME*, December, 4, 1995, When life exploded, p 68

대기가 우호적으로 변화하면서 한때 주로 물에서 살던 동물들이 육지를 탐험할 수 있게 되었고, 이 생물들은 지구에서 새로운 삶의 터전을 마련하게 되었다. 동물들은 새로운 환경에 적응하기 위해 몸의 모습과 기능을 수정해야 했다. 이런 적응 과정을 통해 다양한 새로운 종들이 생겨났고, 결국 지구에는 다양한 종류의 동물들이 무리 지어 살게 되었다.

벨버웜(velverworm)은 유조동물(Onychophora)문에 속하며 애벌레처럼 생겼고 안테나와 발톱이 달린 다리가 있다. 약 5억 4,000만 년 전 물에서 나와 육지에 발을 디딘 최초의 생명체일 것이다. 최초의 척추동물인 피카이아(Pikaia)라는 물고기는 약 4억 8,000천만 년 전에 출현했다. 이 물고기가 제대로 된 최초의 척추동물로 추정된다. 이로부터 모든 종류의 동물인 양서류, 파충류, 조류, 포유류, 심지어 인류까지 등장하게 되었다.[92]

[그림 14] 벨버웜 velverworm
출처: https://www.idntimes.com/science/discovery/dahli-anggara/potret-hewan-partenogenesis-c1c2

---

[92]   David Attenborough's First Life broadcasted on BBC in November 2010

공룡은 약 2억 2,000만 년 전에 등장했다. 파충류에서 조류로 넘어가는 시조새(Archaeopteryx)는 약 1억 5,000만 년 전에 출현했으며, 조류는 약 1억 년 전에 등장하기 시작했다. 공룡은 약 6,500만 년 전에 멸종했다. 커다란 소행성과의 충돌이나 거대한 화산 폭발로 인한 온도 변화로 멸종한 것으로 추정된다. 공룡의 멸종으로 지구상에는 포유류와 조류가 번성할 수 있는 공간이 조성되었다.

[그림 15] 시조새

출처: https://www.sciencephoto.com/media/888331/view/archaeopteryx-illustration

영장류는 공룡이 멸종한 시대인 약 6,500만 년 전에 등장했다. 유인원과 인간의 혈통은 600만 년에서 400만 년 전 사이에 갈라졌다. 2000년 아프리카의 케냐에서 발견된 오로린 투게넨시스(*Orrorin tugenensis*)라는 화석이 610만 년에서 570만 년 사이에 등장한 가장 오래된 인류를 닮은 종이며, 1994년 9월, 에티오피아 아라미스에서 발견된 화석인 아르디피테쿠스 라미두스(*Ardipithecus ramidus*)는 440만 년 전에 존재했던 두 번째로 오래된 종으로 추정된다. 다음으로 '루시'라는 이름으로 불리는 오스트랄로피테쿠스 아파렌시스(*Australopithecus afarensis*)는 약 320만 년 전 화석이다. 직립 인류인 호모 에렉투스(*Home erectus*)는 약 100만 년 전에 지구를 돌아다녔고, 진정한 현대 인류인 호모 사피엔스 사피엔스(*Homo sapiens sapiens*)는 불과 20만 년이나 10만 년 전 사이에 아프리카에서 나타난 이후 전 세계로 이주한 것으로 파악하고 있다.

[그림 16] 오스트랄로피테쿠스 Australopithecus afarensis
출처: https://humanorigins.si.edu/sites/default/files/images/square/afarensis_JG_Recon_Head_CC_
side_r_sq.jpg

화석 기록이 풍부한 동물 그룹을 대상으로 분자유전학적 연대 분석과 방사성 연대 분석이라는 두 가지 방법을 동원하여 가계도가 분열된 연대를 측정함으로써 유전학 연대 분석의 임의적인 시점을 검증하고 동시에 실제 수백만 년 단위로 보정할 수 있다. 이를 통해 인간과 침팬지의 분리는 약 800만 년에서 500만 년 전에, 아프리카 유인원과 오랑우탄의 분리는 약 1,400만 년 전에, 유인원과 구세대 원숭이의 분리는 약 2,500만 년 전에 일어났음을 추정할 수 있다. [93]

진화는 원자의 진동이 가해지는 에너지양에 따라 특정 값만 가질 수 있다는 양자역학의 법칙을 따르는 것으로 보인다(5장 2절 그림 39 참조). 모든 물질과 마찬가지로 종은 가능한 한 오랫동안 변화를 피하려고 노력하며, 항상 비상시에 반응할 수 있는 잠재력을 비축하고 보존한다. 자연적 관성은 가장 경제적이고 보수적인 삶의 방식이며, 인류는 다른 생명체로부터 그런 삶의 방식을 배워야 한다. 풍부한 유전적 변이를 가능하게 만드는 형상형성잠재력은 DNA에 적절히 저장되어 있으며, 이 잠재력은 자신의 존재를 보존하는 것 이외의 다른 선택지가 없을 때, 즉 전체 종이 삶과 죽음의 선택의 기로에 섰을 때만 현실로 구체화된다.

지금까지는 일부 생물학자들만 유전자가 환경적 요구에 반응하여 돌연변이를 일으킬 수 있다고 생각했으나, 이제는 이미 내재하고 있는 변종 중에서 주로 선택한다는 것이 분명해졌다. 대부분의 개체군은 매우 다양한 형태를 지니고 있으며, 유전자의 최대 3/4에 이르는 위치에 두 개 이상

---

[93]   *A Devil's Chaplain*, Richard Dawkins, 2004, p 74

의 대립 유전자가 공존한다. 이처럼 엄청난 다양성을 저장하고 있는 개체군은 진화 압력이 가해지면 돌연변이에 의해 발생하는 새로운 변이를 마냥 기다리지 않고 선제적으로 대응할 수 있다.[94]

잘 존속해 온 종은 가능한 한 오랫동안 자신의 상태를 유지하려고 노력하며, 유전자 유산을 보호하기 위해서 꼭 필요한 경우에만 자신에게 유리한 변화를 허용한다. 하지만 내부나 외부 환경이 급격히 변화할 때는 대체로 잘 존속해 온 종은 '점프업(jump-up)' 대립 유전자를 촉발하여 변화에 최적인 자손을 동시에 낳기 시작한다. 이처럼 급작스럽고 급진적인 변화는 이런 유기체의 자손을 새로운 종이라고 부를 수 있을 만큼 극적인 유전적 특성의 적용을 요구한다. 옛 조상과 새로운 후손은 이런 획기적인 변이로 완벽하게 차별화된다. 이런 고통스러운 조치는 아무것도 없이 사라지는 것보다는 무엇이라도 남기는 것이 낫다는 것을 알기 때문에 이루어진다.

돌연변이는 유전 물질의 번식 과정에서 무작위로 발생하는 실수를 의미한다. 돌연변이는 특정 단백질을 암호화하는 DNA 서열, 염색체 내 유전자의 위치, 개체의 총 염색체 수나 개체의 핵형(核型) 수준에서 발생할 수 있다. 기본적인 발달이나 신체 기능을 방해하는 돌연변이는 일반적으로 매우 해로워서 돌연변이를 한 개체는 자연 선택에 의해 제거되며, 간혹 배아 상태에서도 제거된다. … 유전된 돌연변이의 대부분은 발생 시점의 적응에 전혀 또는 거의 영향을 미치지 않기 때문에 문제가 없는 것처

[94] *Evolution*, Third Edition, Monroe W. Strickberger, 2000, p 232

럼 보인다. 기능적 차별이 없기 때문에 보인자가 적응하는 데 영향을 받지 않는다. 중립 돌연변이는 자연 선택으로 제거되는 것을 피하기 위해 효율적으로 그런 변이를 나타내지 않고 감추며 존속한다. 하지만 달라진 환경 조건에서는 본래 중립 돌연변이였던 것이 보인자에게 상당히 유리하게 작용할 수 있다. 이런 이점 중에 적응력 향상이 포함된다면, 그 돌연변이가 선택되어 결국 개체군에서 빈도가 증가하면서 종의 분화로 이어질 수 있다.[95]

창조론자들은 화석을 무기(無機, inorganic)적 과정의 산물이라고 일축했다. 그들은 진화를 반박하기 위해 화석 기록의 공백과 오리의 몸에 악어의 머리가 달린 '악어오리(crocoduck)', 조류와 강아지의 형상을 갖는 '조류강아지(birddog)'나 반은 개구리이고 반은 원숭이인 '개구리원숭이(fronkey)'와 같은 과도기적 화석이 없다는 점을 지적했다. 창조론자들은 매번 진화론자들에게 그들의 주장을 반박할 수 있는 더 많은 증거를 제시하라고 요구한다. 하지만 그들은 화석화나 자연 선택 과정을 전혀 이해하지 못하기 때문에 이런 터무니없는 주장을 한다. 악어오리나 이와 유사한 생명체는 치열한 자연 생존 게임에서 선택 사항이 될 수 없으므로 출현할 가능성이 없다. [그림 17]에 등장하는 틱타알릭(Tiktaalik)이나 오리처럼 넓은 주둥이를 가진 '오리악어'라고 불리는 아나토수쿠스(Anatosuchus)처럼 완벽하게 기능하며 살았던 중간 화석들이 많이 발견되고 있다. 틱타알릭은 어류와 양서류 사이의 과도기적 존재로 약 3억 7,500만 년 전에 출현했다. 그 후 얼마 지나지 않아 양서류와 파충류가 번성하기 시작했다.

---

95) *Primate Behavioral Ecology*, Karen B. Strier, 2007, p 102-103

[그림 17] 틱타알릭: 캐나다 누나부트 엘스미어섬에서 틱타알릭 화석이 처음 발견된 위치를
보여 주는 지도와 함께 틱타알릭을 재구성한 모습. 틱타알릭은 헤엄치는 어류와 그 후손인
네발 척추동물, 즉 양서류, 공룡, 조류, 포유류, 그리고 인간을 포함하는 무리 사이의
진화적 전환을 보여 주는 여러 특징을 가지고 있다.
출처: 캘리포니아대학교 고생물학 박물관, 버클리 및 캘리포니아대학교 리전트
http://evolution.berkeley.edu/evolibrary/news/060501_tiktaalik

이누크티투트어로 '큰 민물고기'라는 뜻을 갖는 틱타알릭은 등에 비늘
이 있고 어류의 지느러미와 더불어 거미줄처럼 촘촘한 지느러미를 지니고
다른 물고기와 달리 목이 있어서 고개를 돌릴 수 있었다. 또한, 악어처럼
납작한 머리를 가지고 있으며 네발 동물처럼 위에 눈이 있다. 특화된 지느
러미는 어류의 지느러미와 네발짐승의 팔다리 중간 지점을 보여 준다. 이것
은 어류와 양서류 사이의 완벽한 연결 고리 모습을 보여 준다. 이 화석은
2004년 닐 슈빈(Neil Shubin)이 이끄는 연구팀이 발견했으며 2006년 4월에
발표되었다. 이 화석은 '루시'로 불리는 유명한 아프리카 유인원 오스트랄
로피테쿠스 아파렌시스만큼이나 우리 지구 역사의 일부를 보여 준다.[96]

---

[96]   *Your Inner Fish*, Neil Shubin, 2009, p 26-27.

창조론자들이 찾는 과도기적 동물인 오리너구리를 소개하고자 한다. 이 동물은 아직도 호주 지역에서 생존하는데, 알을 낳고 알에서 깬 새끼는 어미의 젖을 먹는 단공류 포유류의 일종이다. 조류와 포유류의 중간 종이라는 오해를 받지만 실제로는 파충류에 더 근접한 포유류다. 외모는 조류인 오리의 부리를, 꼬리는 포유류인 비버를, 발은 포유류인 수달을 닮았고 털이 부리와 발을 제외한 온몸을 감싸고 있다.

[그림 18] 오리너구리 How the Venomous, Egg-Laying Platypus Evolved
출처: nationalgeographic.com

일부 과학자들은 다윈의 이론이 생물학적이나 생화학적 연구 결과와 모순되기 때문에 세포의 기원, 즉 생명의 기원을 제대로 설명하지 못한다고 주장하며 지적 설계 이론을 지지한다. 그러나 이런 차이는 마이크로미터 단위인 분자 수준에서도 관찰된다. 이런 과학자들이 나노미터

$(10^{-9}m)$, 피코미터$(10^{-12}m)$, 펨토미터$(10^{-15}m)$, 아토미터$(10^{-18}m)$ 또는 궁극적인 플랑크 상수인 $(10^{-35}m)$와 같은 더 정밀한 측정 방법으로 세포 활동을 관찰한다면 자신들의 근시안적 의견을 더 이상 고집할 수 없을 것이다.

또한, 대부분의 종교계는 과학계가 밝혀낸 우주의 구성 물질이 5% 정도밖에 되지 않고 나머지는 규명되지 않은 암흑 물질과 암흑 에너지이기 때문에 자신들의 교리를 반박할 정도가 되지 않는다고 주장한다. 하지만 이미 밝혀진 부분에 비추어 보더라도 자신들의 교리 중 많은 부분이 잘못된 것임이 드러났다. 종교계는 더 이상 암흑의 커튼 뒤에 숨어서 자신들의 모순을 합리화하려는 의도를 버리고 입증된 자연법칙에 순응하여 잘못된 교리를 수정하는 열린 자세를 보여야 할 것이다.

최근까지는 우주가 주로 원자로 이루어져 있다고 널리 알려졌다. 천문학자들은 우주의 4.9%만이 수소와 헬륨과 같은 원자로 이루어져 있다는 사실을 발견하고 충격을 받았다. 사실 우주의 대부분은 암흑 물질과 암흑 에너지의 형태로 숨겨져 있다. … 우주의 26.8%는 암흑 물질로 이루어져 있다. … 그리고 우주의 68.3%는 암흑 에너지로 이루어져 있다.[97]

더욱이 지금까지 밝혀진 과학적 발견에 일부 모순이 있음에도 불구하고 과학적 주장은 폐쇄적인 종교적 교리, 특히 구약성경에 기록된 천지창조 이야기보다 실제를 아주 제대로 보여 주고 있다. 현대 과학의 발견에 대한 의문은 이론이 충분히 발전되지 못한 데서 비롯된 것이며, 대다수

---

[97] *The God Equation*, Michio Kaku, Anchor Books, a Division of Penguin Random House LLC New York, 2022, p 164

의 과학자들은 지적 설계자의 필요성에 굴복하거나 이를 요구하지 않고 지속적으로 이론을 발전시키고 있다. 인간은 시계는 물론이고 다양한 품종의 개, 고양이, 식물도 만들어 냈기 때문에 설계자로 불릴 수 있다. 생물학에서 최초의 설계자는 박테리아로 보이는데, 박테리아를 설계자라고 부를 수 있을까? 창조주나 설계자의 도움 없이 박테리아가 다양한 변형을 통해 인류로 진화했을 것이라고 보는 것이 훨씬 그럴듯한 주장이다.

1996년에 교황 요한 바오로 2세가 진화론을 수용하면서 설명한 유신론적 진화론의 천주교 버전은 다음과 같다. "신이 처음 창조를 하였고, 이후 진화가 일어났으며, 진정으로 인간은 보다 원시적인 형태를 가진 존재의 자손일 수 있지만, 인간의 영혼은 신의 작업을 통해 완성되었다."[98]

어떤 형태이든 유신론적 진화론은 대다수의 개신교 신학교에서 가르치는 창조 관련 견해이며, 천주교도 이를 옹호하는 입장이다. 창조론과 다윈이 주장한 진화론의 오랜 논쟁 끝에 천주교에서도 논리적인 진화론을 수용하였다. "천주교에서 진화론을 수용한 것은 바람직하지만, 이를 수용했다면 성경에 잘못 기술된 부분들을 들어내야 한다. 특히 구약성경에 문제가 되는 부분이 많다. 그렇다면 예수가 신약성경을 전하면서 구약성경을 배제하라고 주장한 논리에 따라, 구약성경을 기독교 성경에서 배제하는 것도 고려해 봐야 할 것이다."[99]

---

[98] *Evolution vs. Creationism: An Introduction*, Eugenie C. Scott, 2004: p 64

[99] *하나님과의 대화*, 김병윤, 북스타, 2022, p 41

3장

존재의 물리적 구성

모든 존재는 동일한 기원으로부터 진화하였다. 환원적 추론은 원시 수프, 원시 원자를 거쳐, 최종적으로 무유까지 거슬러 올라간다. 동물들의 배아, 특히 초기 배아 단계에서의 유사성은 모든 척추동물이 어류에서 유래했음을 분명히 보여 준다.

모든 척추동물의 배아가 초기 단계에서 새열과 꼬리를 공유하는 모습을 보이는데, 이는 포유동물이 어류와 같은 단계를 거쳤거나 어류를 공통 조상으로 공유한다는 것을 보여 준다. 또한, 인간이 꼬리 달린 동물의 후손이거나 개, 원숭이와 공통 조상을 공유하고 있음을 확인시켜 준다.

모든 양서류, 파충류, 조류와 포유류는 물에서 뭍으로 올라온 초기의 네발 달린 동물인 사지상강(四肢上綱)의 후손이다. 지구에 발을 디딘 최초의 척추동물은 물에서 사는 조상의 구조와 유사한 네 개의 다리를 가졌는데, 두 개는 앞지느러미, 두 개는 뒷지느러미로 이루어져 있었다. 이빨은 어류의 딱딱한 비늘에서 나온 것처럼 보인다. 이것은 우리가 어류의 후손이라는 것을 의미한다.

3장

존재의 물리적 구성

"어느 누구도 마음으로 자연의 깊이를 헤아릴 수 없으며 심지어 무의식의 깊이까지도 헤아릴 수 없다. 그러나 우리는 무의식이 결코 쉬지 않는다는 것을 알고 있다. 잠자는 동안에도 꿈을 꾸기 때문에 무의식은 항상 작동하는 것 같다."[100]

현존하는 종교의 대부분은 이해 불가한 초월적이며 불가사의한 존재가 있으며, 모든 것이 그의 뜻이니 따지지 말고 그대로 받아들이라고 주장한다. 하지만 현재 우리는 자연을 충분히 분석하고 자연과 인간을 선명하게 분리하는 것이 불가능하며, 우리는 자연의 일부이며, 자연은 우리의 거울상임을 알아냈다. 자신이 어떻게 존재하게 되었는가를 명확하게 규명하는 것은 완전한 깨달음에 이르고 스스로 절대자가 되는 가장 확실한 방법이다.

모든 사건의 진정한 발단과 원인이 완전히 감춰진 거대한 극장과 같은 이 세상에 우리가 놓여 있는데, 우리는 이를 예측할 수 있는 충분한 지혜

---

100) *The Portable Jung*, Joseph Campbell, 1976, p 126

도 없고, 끊임없이 위협받는 불운을 예방할 힘도 없다. 우리는 비밀스럽고 알려지지 않은 원인에 의해 인간 종들 사이에 분배되며 이것이 어떻게 작동되는지 거의 예상할 수 없고 책임질 수 없는 삶과 죽음, 건강과 질병, 풍요와 빈곤에 대한 불안에 떨며 계속 살아가고 있다. 따라서 이런 알려지지 않은 원인은 끊임없이 우리의 희망과 두려움의 대상이 되며, 우리의 열정은 사건이 어떻게 전개될지 불안한 기대로 끊임없는 경각심을 유지하며, 우리 상상력은 우리가 전적으로 의존하는 그 힘에 대한 개념을 정립하는 데 마찬가지 방식으로 활용된다. 인간이 가장 확실하며 현명한 철학적 분석으로 자연을 해부할 수 있다면, 그들은 이런 원인들이 자신의 신체와 외부 존재들을 구성하는 작은 부품들의 특정한 짜깁기와 조립에 불과하며, 그들이 그토록 염려하는 모든 사건이 규칙적이고 지속적으로 움직이는 기계에 의해 생성된다는 것을 발견할 수 있을 것이다. [101]

3.1. 자연 철학자들의 통찰력

그리스 철학자들이 이미 다양한 관점에서 무유와 유사한 개념에 대해 고민했다는 점이 흥미롭다. 그들의 발상 가운데 일부는 유전자와, 다른 일부는 분자와, 또 다른 일부는 원자와 관련이 있다. 부화한 원자인 무유는 피타고라스가 처음 언급한 이후 플라톤, 아리스토텔레스, 라이프니츠

---

[101]   *Dialogues and Natural History of Religion*, David Hume, 1998, p 141

가 지지한 단자(單子, monad), 데모크리토스가 처음으로 언급한 원자, 또는 현대에는 양자물리학에서 다루는 소립자와 같은 의미를 갖는다.

시로스의 페레키데스(기원전 6세기)는 땅이 만물의 근원이라고 선언했고, 이후 밀레토스의 탈레스(기원전 624~546)는 물, 아낙시만데르(기원전 610~546, 탈레스의 제자)는 무한(無限), 아낙시메네스(기원전. 585~528)와 아폴로니아의 디오게네스는 공기, 메타폰툼의 히파수스는 불, 콜로폰의 제노파네스는 흙과 물, 키오스의 오에노피데스는 불과 공기, 레기움의 히포는 불과 물, 오노마크로투스는 그의 저서 『오르피카』에서 불, 물과 흙; 엠페도클레스학파와 스토아학파는 흙, 물, 불과 공기(지수화풍, 地水火風)라고 주장했다. 그런데 왜 우리가 이런 위대한 철학자들조차 그들 중 일부가 언급한 신비한 '불확실한 물질'에 대해 정확히 이해하지 못하다고 자인한 것을 따져야 하는가? 소요학파의 아리스토텔레스는 흙, 물, 불, 공기, 그리고 '자전하는 본체(제5원소, 에테르 또는 상층 대기)'를, 데모크리토스(기원전 460~370년)와 에피쿠로스(기원전 341~270년)는 원자를, 클라조메네의 아낙사고라스(기원전. 500~428)는 동형체(같은 부분이나 균일한 물질을 가진 것), 크로노스로 불리던 디오도루스는 최소의 비합성체, 폰토스의 헤라클레이데스와 비시니아의 아스클레피데스는 균질의 덩어리, 피타고라스 학파는 숫자, 수학자들은 육체의 한계, 물리학자인 스트라토는 질(quality)을 근원으로 삼았다. [102]

---

102)   *Outlines of Pyrrhonism*, Sextus Empiricus, 1990, p 197-8

피타고라스(기원전 570?~480?)는 영혼은 영원불멸의 존재라고 생각했다. 그는 영혼은 일련의 윤회를 거치며, 숫자의 구성 요소가 모든 개체의 요소이며, 천상의 모든 것은 숫자로 조화를 이룬다고 믿었다. 피타고라스학파는 짝수와 홀수가 유한한 존재와 무한한 존재의 유형이며 암컷과 수컷의 속성을 지녀, 마치 음과 양의 결합으로 모든 존재가 창조된 것처럼 이 둘의 결합으로 전체 우주가 창조되었다고 생각했다.

피타고라스학파는 '단자(單子, 통일성)를 만물의 기원(원리)으로 규정했다. 그리고 단자로부터 무한한 한 쌍[이중성]이 나왔는데, 이 한 쌍은 원인으로 작용하는 단자에 종속된다. 단자와 무한의 한 쌍에서 숫자가 나왔고, 숫자에서 점이 나왔고, 그다음 점에서 선이 그리고 선에서 평면 도형이 나왔고, 평면에서 고체가 나왔고, 고체로부터 흙, 물, 불, 공기(지수화풍)의 네 가지 원소가 나왔다'[103]고 설명한다.

이들의 주장을 현대 물리학에 대입하면 단자는 초기 소립자를 한 쌍은 양자역학에서 언급하는 쿼크를 언급하는 것으로 볼 수 있다. 아리스토텔레스(기원전 384~322)는 모든 물질이 지수화풍의 네 가지 요소로 구성되어 있다고 믿었다. 그는 어떤 물질이든지 무한히 분해되어 마침내 더이상 분할되지 않는 상태에 도달할 수 있다고 생각했다. 이 상태가 물질의 알갱이인 단자이며, 점, 선, 면, 물체가 순차적으로 나타나게 만드는 가장 작은 점이다. 또한, 그는 모든 형상과 존재의 기원이 될 수 있는 형상형성잠재력을 언급하였는데 모든 존재가 무유로부터 파생된 것을 보면 무

---

[103]   *Pythagoras*, Christoph Riedweg, 2008, p 23

유가 본래 생명체를 창조할 수 있는 생명력을 내재하고 있다는 것으로 해석할 수 있다.

　그러나 실체는 둘의 결합(twofold)이기 때문에, 변화를 겪는 모든 것은 능력을 갖는 대상이 에너지를 갖는 대상이 된다. 예를 들면 능력이나 잠재력이 하얀 것에서 에너지가 하얀 것으로 바뀌는 것과 같이 바뀌며, 마찬가지로 증가와 감소도 이와 같이 변한다. 그러므로 우연에 의해 만물이 비실체로부터 생성될 수 있을 뿐만 아니라, 마찬가지로 실체로부터 만물이 생성되는 것이 가능하지 않은가? 나는 에너지나 활동의 비실체로부터 실체의 생성을 끌어내는 능력을 갖는 실체가 무엇인가에 대해 말한다. [104]

　데모크리토스가 현대에 사용되는 '원자'라는 용어를 처음 언급했지만 그의 원자의 특성은 피타고라스의 단자와 비슷하다. 만약 그리스 철학자들이 오늘날 이 주제를 다룬다면, 비실체를 양자역학에서 다루는 쿼크나 소립자라는 용어를 사용하며 설명할 것이며, 자신들이 언급했던 비실체가 최종적으로 무유라는 결론을 도출할 것이다.

　데모크리토스가 주장한 모든 원자는 존재의 속성을 지니는 것과 동일한 물질이지만 크기와 모양이 다르다. 그래서 원자는 수학적 관점에서는 나눌 수 있지만 물리적 관점에서는 나눌 수 없는 것으로 설명하였다. 원자는 움직일 수 있고 공간에서 서로가 각각 다른 위치를 차지할 수 있지만 다른 물리적 특성을 갖지 않는다. 색깔도, 냄새도, 맛도 없다. 우리가

---

[104]　*The Metaphysics*, Aristotle, 1991, 1069b, p 249

감각으로 인식하는 물질의 성질은 공간 내에서 원자의 움직임과 위치에 의해 형성된다. 같은 알파벳 글자로 비극과 희극을 쓸 수 있듯이, 같은 원자가 서로 다른 배열과 움직임을 통해 이 세상에서 벌어지는 아주 다양한 사건들을 구현할 수 있다. … 현대 물리학에서 데모크리토스의 원자와 비교되는 것이 있다면 양성자, 중성자, 전자 또는 중간자와 같은 기본 입자일 것이다. [105]

피타고라스와 아리스토텔레스의 단자, 아낙사고라스의 실체, 데모크리토스의 원자의 속성은 모두 무유와 닮았다. 그러나 엄밀히 말하면 단자는 세포, 실체는 분자, 원자는 단순한 원자에 더 가깝다. 반면 피타고라스나 라이프니츠의 단자는 무유와 같은 개념이거나 최소한 원자와 비슷하다.

플라톤(기원전 429~347년)은 근본적으로 육체와 영혼을 구분하고 여러 동물과 인간의 몸에는 피타고라스의 윤회 이론이 적용된다고 했다. 플라톤은 태어난 존재들 중에 가장 오래된 것이 영혼이라고 정의했다. 그는 영혼은 불멸하며 모든 육체를 지배하고 태양, 달, 별, 심지어 연(年), 월(月), 계절과 같은 무생명체까지 포함한다고 믿었는데, 그 이유는 이들이 지속적으로 스스로 움직이는 속성을 갖기 때문이다. 그는 이런 영혼들을 신들(gods)이라고 묘사했다. 플라톤의 영혼에 대한 정의는 형상형성잠재력을 통해 모든 존재를 생성하는 무유와 흡사하다.

정신적 활동의 모든 현상은 예외 없이 육체를 활동하게 만드는 물질인

---

[105]   *Physics and Philosophy*, Werner Heisenberg, 2007, p 40-43

원형질에서 일어나는 특정 물질 변화와 관련이 있다. 우리는 정신을 활동하게 만드는 필수불가결한 토대로 보이는 원형질의 일부에 '정신형질'(일원론적 의미에서 '영혼–물질')이라는 이름을 붙였다. 달리 표현하자면, 우리는 정신에 어떤 독특한 '본질'을 제공하지 않고 그것은 단지 원형질의 모든 정신적 기능이 합쳐진 개념으로 본다. … 우리가 '영혼'이라고 부르는 정신형질의 활동은 항상 신진대사와 관련된다.[106]

플라톤과 아리스토텔레스는 살아 있는 생명체는 정신이나 영혼을 가짐으로써 무생명체와 근본적으로 다르다고 믿었다. 여기에서 사용된 영혼이라는 용어는 이후 종교계에서 차용한 신학적 개념과 다른 의미를 갖는다. 한편, 아리스토텔레스는 한 걸음 더 나아가 세 가지 종류의 정신이 존재한다고 가정했다. 가장 낮고 보편적인 것은 식물, 동물, 인간과 같은 생명체의 영양분 섭취나 성장과 관련된 '식물적 영혼'이고, 동물과 인간에게는 움직임과 관련된 '동물적 영혼'이 있고, 오직 인간만이 지성이나 지혜와 관련된 '이성적 영혼'을 갖는다고 구분하였다.

데카르트는 플라톤과 마찬가지로 독자들에게 육체가 스스로 얼마나 많은 일을 할 수 있는지 알려주기 위한 교육적 목적으로 육체를 영혼과 분리하여 '구성'했다. 두 저자 모두 인간이 육체와 존재론적으로 분리된 영혼으로 구성된다고 보았다. 그러나 두 사람은 이렇게 제안된 이중성에 대해 서로 다른 견해를 가졌다. 데카르트는 『인간론』과 다른 저서에서 영혼의 유일한 기능은 인지적인 것으로 의식적 지각, 의지, 기억과 특히 이

---

[106]   *The Riddle of the Universe*, Ernst Haeckel, 1934, p 88-89

성을 포함한다고 주장했다. … 한편, 플라톤은 모든 그리스 철학자와 마찬가지로 영혼은 전체적인 삶의 원인으로 작용하는 일반적인 원인의 주체였다. 영혼과 육체의 결합에 관해 플라톤은 영혼이 우주와 개별 소우주인 인간의 몸을 구성하는 다각형 기본 입자에 결합되거나 '정박'한다고 주장했다. 데카르트가 생각한 둘의 연결 지점은 영혼과 동물 정령이 서로에게 영향을 주는 (척추동물의 뇌 속에 위치한 내분비기관인) 송과선(松果腺)이었다. [107)]

위의 설명으로 미뤄 본다면 플라톤과 데카르트(1596~1650)는 영혼이 정신과 동일한 특성을 지닌다고 생각했다. 하지만 플라톤의 경우는 영혼이 움직이는 존재인 동물에게, 데카르트의 경우에는 인간에게만 차별적으로 존재한다는 견해의 차이를 보였다.

데카르트는 동물과 인간의 정신 활동의 차이를 강조했다. 미덕의 바른 길에서 연약한 마음을 벗어나게 하는 데 있어서 짐승의 영혼이 인간의 것과 동일한 본성을 가지고 있다는 가정보다 더 강력한 것은 없다. 그렇다면 이승에서의 삶을 마친 후에 인간이 파리나 개미보다 더 희망을 갖거나 더 두려워할 것이 없다는 결론에 이르게 된다. 반면에 우리가 이 둘이 아주 다르다는 것을 알면, 영혼이 육체와 완전히 독립적인 특성을 가지고 있으며 결과적으로 육체와 함께 소멸되지 않을 것이라는 생각을 확고하게 할 수 있는 이유를 충분히 이해하게 된다. 그리고 마지막으로 영혼을 파괴할 수 있는 다른 원인이 관찰되지 않기 때문에 우리는 자연스럽

---

107)   *Treatise of Man*, Rene Descartes, 2003, p 37, commentary 64 by Thomas Steele Hall

게 영혼이 불멸할 것으로 판단하게 된다. [108]

　데카르트는 거듭해서 인간만이 진정한 '영혼'을 가지고 있기 때문에 감각과 자유의지를 지니고 있지만, 동물은 의지가 없는 자동 장치에 불과하다고 강조했다. 이원론자는 물질적 육체와 정신을 구분하는 반면, 일원론자는 정신은 신체적 행동에서 파생된 것이므로 몸과 분리되어 존재할 수 없다고 믿는다. 데카르트는 인간에 관해서는 이원론적 접근법을 취했지만 동물에 관해서는 일원론적 접근법을 취했다. 모든 존재가 무유를 공유하기 때문에 공히 일원론적 접근법을 적용해야 한다고 생각한다.

　동물은 느낌, 생각, 감정이 없는 단순한 기계에 불과할 뿐이었다. … 그러나 실제로 동물은 자신의 행동을 이해하고 감정을 전달하고 의사 결정을 내린다. 침팬지와 같은 일부 동물은 초보적인 정치와 문화를 가진 것으로 보인다. [109]

---

[108] *Discourse on Method & Meditations on First Philosophy*, Rene Descartes, 2007, p 47-48

[109] *Primates and Philosophers*, Frans de Wall, 2009, p 76. Appendix C

[그림 19] 도구 사용법을 자녀에게 전수하는 침팬지
출처: https://einquisidor.blogspot.com/2014/05/la-i-guerra-chimpace.html

하지만 데카르트는 동시대의 신학적 논쟁을 피하기 위해 자신의 진심을 숨기려고 했을 수도 있다. 교회의 절대 권력과 자신들의 교리와 모순되는 생각을 가진 지식인들에 대한 무자비한 박해를 가했던 것을 고려하면 그럴 개연성이 있다. 데카르트가 겨우 네 살이었을 때 다른 우주에 지적인 존재가 존재한다고 주장한 지오다노 브루노(1548~1600)가 화형을 당해 죽었다.

라이프니츠(1646~1716)는 1687년 10월 6일에 아르눌트에게 보낸 편지에서 "나는 성 토마스가 짐승의 영혼을 (저자 주: 인간의 영혼과) 따로 나눠 다룰 주제가 아니라는 것을 알았다고 생각한다. 우리 데카르트주의자들은 그들이 모든 영혼과 모든 진정한 실체적 형태는 파괴할 수 없고 불변해야 한다는 주장을 초월하는 생각을 갖는다. 데카르트가 모루스에게 보낸 편지에서 "짐승에게 영혼이 없다고 확신할 수 없다"라고 말했음에도

불구하고, 그들이 짐승의 영혼을 거부한 이유이다"라고 데카르트의 본심을 언급했다: [110]

라이프니츠는 육체의 개념을 자신의 모든 결정에 대한 선천적인 추론 능력을 지니고 있는 분할 불가능한 활성 물질, 형상형성잠재력이나 단자라는 개념으로 축약하였다. 피타고라스가 이미 언급했듯이 사실 육체는 간격(intervals)과 단자라는 두 가지 요소로 구성되지만, 피타고라스의 단자는 단순한 기하학적인 점을 의미하고, 라이프니츠는 활동이나 에너지가 방사되는 중심인 활동적인 점이라는 차이를 갖는다. 그는 기독교 교리에 반하여 짐승은 물론이고 에둘러 식물도 인간과 마찬가지로 단자(또는 무유)를 갖는다고 생각했다. 그는 대리석 판 자체도 무한한 수의 생명체의 덩어리라고 주장했다. 그는 사후 세계에 대한 자신의 견해를 박해가 두려워 이런 식으로 표현했다. 그가 21세기에 살고 있었더라면 다르게 표현하였을 것이다.

라이프니츠는 『단자론』 §70에서 "따라서 우리는 각 생명체에는 동물의 경우 영혼인 지배적인 생명력이 있지만, 이 생명체의 팔다리는 다른 생명체인 식물, 동물로 가득 차 있으며, 각 생명체에도 형상형성잠재력이나 지배적인 영혼이 있음을 알 수 있다"라고 기술했다(G VI 619/AG 222). … 마찬가지로 돌멩이나 소변 한 방울과 같이 무생물처럼 보이는 물질 덩어리도 더 많은 단자와 그 유기체에 지나지 않는 무한한 단자와 그 유기체의 결과일 것이다. 라이프니츠는 "모든 자연은 생명으로 가득 차 있

---

110) *Discourse on metaphysics and correspondence with Arnauld and Monadology*, Leibniz, 1902, p 219

다"(『자연과 은총의 원리』§1: G VI 598/AG 207)라고 하면서 "단자에 무한한 정도의 생명이 존재한다"라고 주장했다(『자연과 은총의 원리』§4: G VI 599/AG 208). [111]

데이비드 흄(1711~1776)도 인간, 동물, 식물의 유사성과 관련하여 비슷한 견해를 가졌다. 그는 처음에는 아담 스미스에게 그리고 나중에는 조카에게 사후에 출판해 줄 것을 부탁한 저서 『대화편』에서 진화의 개념을 언급했다. 그 또한 종교적 비판과 박해를 두려워했고, 불합리한 시대적 상황을 현명하게 벗어나려고 노력했다.

모든 인류 개개인이 공통으로 사용하는 자연스럽고 보편적이며 불변하는 언어가 있고, 이 언어로 쓰인 책이 자연적인 산물이어서 동물이나 채소와 같은 방식으로 후손의 번식이나 전파를 통해 스스로 영속한다고 가정해 보자. 우리의 열정을 의미하는 여러 단어가 공통 언어로 표현된다. 모든 잔인한 짐승도 제한적이기는 하지만 같은 종끼리는 이해할 수 있는 자연적인 언어를 갖는다. 그리고 가장 훌륭한 웅변이라고 하더라도 가장 거칠게 조직된 신체보다 한없이 적은 부품들과 조악한 장치들로 구성되기 때문에 『일리아드나 아이네이드』의 전파는 어떤 식물이나 동물의 전파보다 훨씬 쉽게 이루어질 수 있다. [112]

20세기와 21세기 대부분의 과학자와 심리학자는 정신 활동은 신체 활동과 분리될 수 없으며 사라질 운명임을 강조한다.

---

111)   http://plato.stanford.edu/entries/leibniz/

112)   *Dialogues and Natural History of Religion*, David Hume, 1998, p 55

추론하고, 사랑을 느끼고, 삶의 사건을 기억하는 등의 활동을 하는 불멸의 영혼이 형이상학적으로 뇌와 독립하여 존재할 수 있다는 개념은 관련 신경회로가 손상되면 살아 있는 사람의 이런 능력이 소멸된다는 점을 고려할 때 불가능해 보인다. … 정신이 뇌에 의존하는 구체적인 특성 또한 우리 각자의 내부에서 작용하는 통일된 자아가 있을 수 없음을 시사한다. 인간의 정신에는 분리 가능한 구성 요소가 너무 많고 각자가 독립적으로 파멸될 수 있기 때문에 말을 모는 기수 역할을 할 단일 개체가 존재할 수 없다. [113] 만약 이 말을 모는 개체가 있다면, 그는 어떤 모습도 갖지 못하고 뇌의 특정 부위에서 전기화학적 활동으로 인해 나타나는 지각, 인지, 감정, 의도의 세부 사항도 전혀 인지하지 못하는 존재일 것이다. 만약 이런 역할을 담당하는 '순수 의식'이 존재한다면, 그것은 대부분의 종교인이 '영혼'이라고 부르는 것과는 전혀 다른 모습일 것이다. 이런 식으로 어렴풋이 짐작되는 영혼이라면 인간의 뇌에 있는 것처럼 마찬가지로 하이에나의 뇌에도 존재할 수 있다(그리고 그럴 가능성이 높다). [114]

뇌 손상을 입은 환자는 움직임, 사고와 감정 측면에서 다양한 결함을 보인다. 이것은 정신 활동이 신체 상태에 의해 통제되는 것을 증명한다.

신경과학의 최근 실험 결과는 우리의 행동을 결정하는 것은 알려진 과학 법칙을 따르며 육체를 구성하는 뇌이며, 이런 법칙 외부에 존재하는 별개의 대리인이 아니라는 견해를 뒷받침한다. 예를 들어, 깨어 있는 상태에서 뇌수술을 받은 환자를 대상으로 시행한 연구 결과에 따르면 뇌의

[113]   *The Moral Landscape*, Sam Harris, 2010, p 159

[114]   *The Moral Landscape*, Sam Harris, 2010, note 4:66 p 235

적정한 부위를 전기적으로 자극하면 손, 팔, 발을 움직이거나 입술을 움직여 말하고 싶은 욕구를 환자에게 일으킬 수 있다는 사실이 밝혀졌다. 우리의 행동이 물리적 법칙에 의해 결정된다면 자유의지가 어떻게 작동할 수 있는지 상상하기 어렵기 때문에 인간은 생물학적 기계에 지나지 않으며 자유의지는 환상에 불과한 것 같다. [115]

상기 내용은 정신 활동이 신체적 자극과 밀접한 관련이 있고 서로 상응하며 공존한다는 것을 보여 준다. 많은 사람은 인간의 자유의지가 단지 환상일 뿐이라고 결론 내리는 주장에 대해 충격적이라고 생각할 것이다. 그러면서 인간은 다양한 방안과 대안 중에서 하나를 결정해야 하는 상황에 직면해서 자신이 어떤 행동을 선택할지 예측할 수 없기 때문에 당연히 자유의지를 가져야 한다고 반박할 것이다. 하지만 육체와 정신은 긴밀한 상관관계를 갖기 때문에 궁극적으로 정신 활동은 육체 활동이 멈추면서 동시에 사라지는 것으로 보는 것이 합리적인 추론이다. 이렇게 볼 때 피로를 느끼는 육체와 정신은 운명 공동체인 셈이다.

페레 테일하르트는 정신의 진화를 에너지 개념과 연결하고자 한다. 내가 그의 시도를 올바르게 이해한다면, 그는 두 가지 형태의 에너지, 즉 물리적 방법으로 측정하거나 계산할 수 있는 물리학적 관점의 에너지와 조직화된 단위의 복잡성에 따라 증가하는 '정신 에너지'(신경 에너지와 심리 에너지)가 나타나는 두 가지 형태를 구상하고 있다. … 나는 정신은 외부 세계나 생명체 내부에서 일어나는 사건에 대한 다양한 특성이나 양상을

---

[115]   *The Grand Design*, Stephen Hawking, 2010, p 32

갖는 정보를 수신하고, 그 정보를 다양하게 조직된 형태로 종합하고 처리하며, 현재와 미래의 행동을 지시하는 데 활용할 수 있는 복잡한 생명체의 조직에 의해 또는 그 내부에서 생성된다고 말하고 싶다. 달리 말하면, 장기, 뇌, 땀샘, 근육 등의 감각을 지닌 고등동물의 경우에 가능하다. 아마도 이렇게 복잡한 유기체는 진화 과정에서 자신의 구조가 다양한 외부 정보를 통합하고 내재화할 수 있게 되었을 때 출현했을 수 있다. 무생명체나 지각하지 못하는 존재는 이 정도의 정교함에 이를 수 없다. [116]

3.2. 구조적 비교

자유로운 사고를 지닌 그리스 철학자들은 과학적 발견이 매우 제한적이었지만 고도로 지적인 추측을 통해 진화의 개념을 알아냈다. 아낙시만드로스는 유아의 연약함을 근거로 이성적인 진화의 과정을 추론했다. 그는 어류와 같은 비늘 형태에서 육상 동물의 형태로 변화하는 과정에 대한 생각을 도출했다.

탈레스의 친구이자 학생이었을 아낙시만드로스(기원전 610년경~546년경)는 유아는 태어날 때 무기력하기 때문에 최초의 인간이 어쨌거나 유아의 모습으로 지구에 나타났다면 살아남지 못했을 것이라고 주장했다. 그

---

[116]   *Evolutionary Humanism*, Julian Huxley, 1992, p 206

가 인류의 진화에 대해 처음으로 추론하면서 인류는 새끼가 더 튼튼한 다른 동물로부터 진화했을 것이라고 추론했다.[117]

비교해부학은 가까운 종들 사이의 신체 구조가 배열 측면에서 매우 유사하다는 것을 밝혀냈다. 심지어 아주 먼 종들도 해당 부위 간에 상당한 유사성을 보인다. 이는 인간이 다른 포유류, 조류, 파충류, 양서류, 어류, 벌레, 식물, 심지어 박테리아에 이르기까지 공통 조상을 공유하고 있음을 보여 준다. 시간을 더 거슬러 올라가면 모든 존재는 원시 수프, 심지어 최초의 원자, 그리고 최종적으로는 무유와 연결된다.

우리가 어렴풋이 추정해 볼 수 있는 척추동물문의 왕국에서 가장 오래된 선조는, 현존하는 성게의 유충을 닮은 해양동물 집단인 것 같다. 아마도 이 동물들이 창고기목처럼 단순한 구조를 갖는 어류 집단으로 진화했을 것이다. 그리고 이런 경린어류로부터 남아메리카폐어와 같은 다른 물고기들로 진화했을 것이다. 이런 어류로부터 아주 작은 진화를 거쳐 양서류로 이어졌을 것이다. 우리는 조류와 파충류가 한때 서로 밀접하게 연결되어 있었으며, 단공류는 포유류와 파충류가 조금이나마 서로 연결되었음을 보여 준다. 그러나 현재로서는 포유류, 조류, 파충류로 나뉘는 세 가지 상위 연관되는 강(綱, class)이 양서류와 어류로 분류되는 두 가지 하위 척추동물강으로부터 어떤 혈통을 통해 파생되었는지는 아무도 알지 못한다.[118]

---

[117]   *The Grand Design*, Stephen Hawking, 2010, p 20

[118]   *The Descent of Man*, Charles Darwin, 2009, p 134-135

[그림 20] 단공류

출처: https://socientifica.com.br/enciclopedia/mamiferos/

모든 양서류, 파충류, 조류와 포유류는 물에서 뭍으로 올라온 초기의 네발 달린 동물인 사지상강(四肢上綱)의 후손이다. 지구에 발을 디딘 최초의 척추동물은 물에서 사는 조상의 구조와 유사한 네 개의 다리를 가졌는데, 두 개는 앞지느러미, 두 개는 뒷지느러미로 이루어져 있었다. 이빨은 어류의 딱딱한 비늘에서 나온 것처럼 보인다. 이것은 우리가 어류의 후손이라는 것을 의미한다.

인간이 어류로부터 진화했다는 것은, 태아의 초기에 물고기 아가미의 흔적이 나타나며, 양수의 성분이 바닷물과 같은 성분의 소금기를 띠고 있으며, 임신 기간 중 태아가 이 양수 속에서 아무 문제 없이 살다가 태어나는 과정을 보면 알 수 있다. [119] (3장 3절 그림 23과 24 참조)

---

[119] *하나님과의 대화*, 김병윤, 북스타, 2022, p 39

우리의 상부 팔과 다리의 첫 번째 부분은 3억 8,000만 년 된 물고기인 에우스테놉테론이 분명히 보여 준다. 틱타알릭은 손목, 손바닥, 손가락 부위 진화의 초기 단계를 보여 준다(2장 3절 그림 17 참조). 최초의 진짜 손가락과 발가락은 아칸토스테가와 같은 3억 6,500만 년 된 양서류에서 볼 수 있다. 마지막으로, 인간의 손이나 발에서 발견되는 손목과 발목 뼈의 완전한 형태는 2억 5,000만 년 이상 된 파충류에서 발견된다. 우리 손과 발의 기본 골격은 수억 년에 걸쳐 처음에는 어류에서, 나중에는 양서류와 파충류에서 나타났다.[120]

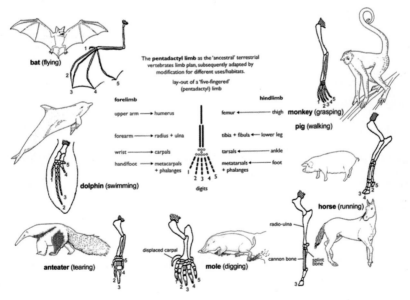

[그림 21] 사지 구조 비교: 기능은 다르지만 해부학적 구조는 비슷함. 박쥐, 두더지, 돌고래, 말의 사지는 각각 비행, 땅 파기, 수영, 달리기 등 다양한 기능을 수행하며, 표면적으로는 모두 다르지만 공통적이고 기본적인 해부학적 구조를 공유한다.
출처: 위키미디어 커먼즈 http://commons.wikimedia.org/wiki/File:Evolution_pl.png

[120]   *Your Inner Fish*, Neil Shubin, 2009, p 42

사자, 박쥐와 인간의 네 다리는 네 발 달린 조상의 후손이지만 사자의 경우는 빠르게 달리기 위해, 박쥐의 경우는 빠르게 날기 위해, 인간의 앞다리는 자유롭게 달리거나 기타 생산적인 용도로 변형되었다. 포유류인 박쥐의 경우 다른 동물의 팔과 손가락이 날개로 진화하였다. 날개는 비행을 할 수 있는 비막에 의해 서로 연결되고 다른 부위는 털로 덮여 있다. 이들은 출산할 때 산고를 겪다가 새끼를 날개로 받아내고 곤충을 포획할 때도 날개를 사용한다.

박쥐의 날개, 돌고래의 지느러미, 말의 다리의 뼈 구조가 사람의 손과 같거나, 기린과 코끼리의 목을 구성하는 척추뼈의 수가 같다는 사실과 그 밖의 무수히 많은 이런 사실은 느리지만 작은 연속적인 변형을 통해 유전된다는 이론으로 단박에 설명된다. 박쥐의 날개와 다리에 있는 형태의 유사성은 비록 다른 용도로 사용되기는 하지만 게의 턱과 다리나 꽃의 꽃잎, 수술, 암술과 마찬가지로, 각 강(綱, class)의 초기 조상에서 비슷했던 부분이나 기관의 점진적인 변형에 대한 우열 겨루기로 이해할 수 있다.[121]

다아시 톰슨의 변형 이론은 진화적 변화가 단편적인 것이 아니라 신체 형태의 조율된 변화라는 점을 꼼꼼하게 지적하고 있다. 그는 식물, 갑각류, 어류, 포유류의 기관이나 모습의 윤곽을 데카르트 격자 위에서 체계적으로 왜곡시키면서 이런 형태적 변화를 입증해 냈다.

[121] *The origin of Species*, Charles Darwin, 1999, p 391

아리스토텔레스도 다아시가 생명체 간의 구조적 유사성을 묘사한 것처럼 과잉과 결핍의 차이가 종(種) 간의 본질적인 차이를 만든다고 생각했다.

과잉이나 결핍의 차이를 제외하면, 하나의 동일한 속(屬)에 속하는 동물의 경우 신체 부위들은 모두 동일하며, 여기서 '속'이라고 하는 것은 예를 들자면 조류나 어류를 의미한다. 한편, 같은 속의 범주를 벗어나면 일반적으로 대부분의 부위들은 많거나 적음, 크거나 작음, 간단히 말해서 과잉 또는 결핍의 방식으로 차이를 나타낸다. '더 많다'와 '더 적다'는 '과잉'과 '결핍'으로 표현될 수 있다. [122]

---

[122]   *On Growth and Form*, D'Arcy Wentworth Thomson, 1992, p 1034-1035; Aristotle, Historia Animalium I, 1.

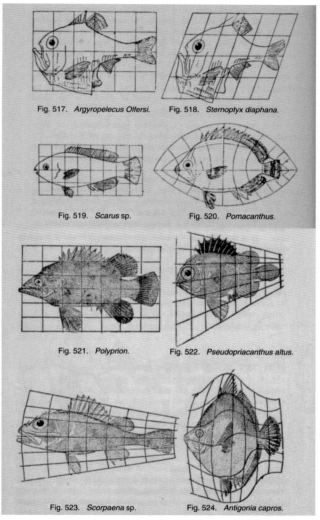

Fig. 517. *Argyropelecus Olfersi.*

Fig. 518. *Sternoptyx diaphana.*

Fig. 519. *Scarus sp.*

Fig. 520. *Pomacanthus.*

Fig. 521. *Polyprion.*

Fig. 522. *Pseudopriacanthus altus.*

Fig. 523. *Scorpaena sp.*

Fig. 524. *Antigonia capros.*

[그림 22] 형태적 변화: 데카르트 좌표를 변형하여 물고기의 형태적 변화를 나타낸 그림.
출처: 『현재 생물학』, 다아시의 책 17장 변형 이론에 관한 그림들[123]
http://www.cell.com/current-biology/retrieve/pii/S0960982211010062

---

[123]   *On Growth and Form*, D'Arcy Wentworth Thomson, 1992, p 1062-1063

나뭇잎과 과일을 수학적으로 그려서 같은 모양을 만들어 낼 수 있었다. ⋯ 우리가 소나 말의 다양한 품종이나 일족을 서로 비교할 때 손목에서 손가락 사이의 뼈(중수골)나 정강이뼈의 길이와 폭의 비율이 매우 중요하다. ⋯ 사람의 체형, 이목구비, 표정은 모두 각 부분의 상대적 규모에 약간의 변이를 가하면 변화하고 변형된다.[124]

이 이론은 전체 몸뿐만 아니라 모든 존재의 특정 부위에도 적용될 수 있다. 원래의 기관을 늘리고 압축하고 왜곡하는 약간의 조작으로 생명체의 모양이 완벽하게 일치하는 것을 보면 놀랍다. 무척추동물, 척추동물, 강장동물과 벌레와 같이 비약적 진화를 보인 존재들 사이에서는 이런 일치가 이루어질 수 없다. 그러나 모든 종류의 변형은 세포나 DNA의 진동 패턴을 따르는 것으로 보이며, 따라서 대칭을 이루는 존재만이 살아남고 계속 생존한 것처럼 보인다.

진화생물학에서 '유사성'이나 '닮음'이라는 개념에는 세 가지 요소가 있다. 하나는 수렴 진화에 의해 외부로 드러난 다른 모습의 유사성이다(예: 어류, 고래, 펭귄, 바다표범의 비슷한 몸 형태), 두 번째는 불변하는 조상의 초기 상동성의 보유로 인한 유사성(예: 개구리, 도마뱀, 고슴도치, 사람의 발가락은 5개인 반면, 말은 발가락이 1개, 사슴과 소는 2개, 코뿔소는 3개, 새와 공룡은 4개, 뱀과 고래는 없음), 세 번째는 발전되거나 파생된 상동성 특징의 유사성(유인원이나 사람의 꼬리가 없어진 것 같은 경우)이다. 전통적인 분류법에서는 수렴으로 간주되는 유사성은 무시하고 나머지

---

[124]   *On Growth and Form*, D'Arcy Wentworth Thomson, 1992, p 1053

3.2. 구조적 비교 | 123

두 가지 유형의 유사성을 사용한다. … 방금 언급한 예에서 사람, 고슴도치, 도마뱀, 개구리가 다섯 발가락을 갖는 것을 보면, 이 동물들은 공통 조상을 갖는 것으로 볼 수 있으며 네 발, 다섯 발가락 척추동물로 구성된 집단에 속한다.[125]

생명체는 항상 가장 잘 검증된 기능을 최대한 적게 채택함으로써 생존하기 가장 쉬운 방법을 찾는다. 야생 동물의 세계에서 이런 경향을 관찰할 수 있다. 포획 동물은 포식자에게 잡아먹히지 않기 위해 동료보다 한 걸음만큼 더 빨리 달리기를 원한다. 식물은 햇빛을 쉽게 받기 위해 다른 식물보다 1cm 정도 더 높게 자란다. 모든 생명체는 가장 경제적이고 보수적인 방식으로 환경에 적응하고 최소한의 에너지와 노력을 사용하여 가장 기초적인 생존 도구를 확보하는 모습을 보인다.

파충류의 아래턱에는 여러 개의 뼈가 있지만 포유류에게는 하나만 있다. 비포유류를 조상으로 둔 포유류는 턱뼈가 턱 뒤쪽에 위치한 작은 덩어리 형태로 변할 때까지 단계적으로 턱뼈를 줄였다. 포유류 귀의 '망치뼈'와 '모루뼈'가 이 작은 덩어리에서 나왔다. "어떻게 그런 변화가 이루어질 수 있었을까?" 창조론자들에게 물어봐라. 분명 뼈 하나가 완벽하게 턱에 있거나 귀에 있다고 할 것이다. 그러나 고생물학자들은 이중 턱 관절을 지닌 수궁류(포유류를 닮은 파충류)의 두 가지 과도기적 계통을 발견했는데, 하나는 오래된 방형골과 관절골(곧 망치뼈와 모루뼈가 될)로 구성된 것이고, 다른 하나는 (현대 포유류의 경우와 같이) 인상골과 치골로 구성된

---

[125]   *Evolution*, Colin Patterson, 1978, p 116

것이다. 이와 관련해서 원숭이와 같은 입 천장, 인간의 직립 자세, 같은 몸집을 가진 유인원보다는 크지만 우리보다 1,000cm³ 작은 두개골 용량을 가진 가장 오래된(저자 주: 390만~290만 년 전 멸종된 화석 고인류) 오스트랄로피테쿠스 아파렌시스(*Australopithecus afarensis*)보다 더 나은 과도기적 형태가 있을까? 만약 신이 고대 암석에서 발견된 여섯 가지 인간 종을 각각 만들었다면, 왜 두개골 용량이 커지고, 얼굴과 이빨이 줄어들고, 몸집은 커지는 등 점점 더 현대적인 특징을 갖도록 순차적으로 창조했을까? 신이 진화를 모방하여 창조한 후 그것으로 우리의 믿음을 시험하는 걸까?[126]

조나단 볼프강 폰 괴테(1749~1832)는 골 해부학을 연구하며 동물 조직의 통일성에 대한 확고한 신념을 갖게 되었다. 그가 원심력과 구심력을 언급하며 진화론을 설명했다는 점이 흥미롭다.

괴테는 인간의 골격이 다른 모든 척추동물의 골격과 동일한 기본 형태로 구성되어 있으며, "매우 일정한 특징에서 어느 한쪽이나 다른 쪽으로 다소 벗어날 뿐 원초적 계획에 따라 만들어졌으며, 여전히 매일 스스로를 발전시키고 개조하고 있다"라고 인식했다. 괴테에 따르면, 이런 리모델링 또는 변형은 유기체 내부의 구심력인 '규격 경향'과 외부의 원심력인 '변이 경향'이나 '변태 아이디어'라는 두 가지 강력한 건설적인 힘의 지속적인 상호작용에 의해 이루어진다. 전자는 오늘날 우리가 유전이라는 것에 해당하고, 후자는 현대 용어로 적응이라는 개념에 해당한다.[127]

---

[126]   *Stephen Jay Gould*, "Evolution as Fact and Theory," Discover 2 (May 1981): 34-37

[127]   *The Riddle of the Universe*, Ernst Haeckel, 1934, p 61

　오늘날 과학자들은 외형적 유사성뿐만 아니라 모든 존재의 내재적 유사성을 탐구하고 있다. 이들의 연구에 따르면, 유전자는 결코 소멸하지 않고 한 존재에서 자손이나 다른 존재로 전이되거나 변형된다는 사실이 분명하게 밝혀졌다.

　손을 만든 분자 공구상자의 발견으로 과학자들은 다윈의 위대한 통찰력을 더 깊이 이해할 수 있게 되었다. 독수리의 날개와 사자의 발이 겉으로 보기에는 달라 보이지만, 그것들의 차이는 이곳에 한 단백질이 조금 더 들어가고 저곳에 다른 단백질이 조금 덜 들어가는 미세한 차이에 불과할 뿐이다. 다윈은 손이 공통의 조상으로부터 진화했다는 외형적인 징후만 알아챌 수 있었다. 그런데 오늘날 과학자들은 내면에서 일어나는 징후도 밝혀내고 있다. [128]

　유전자의 유사성은 모든 생명체 간에 분명하게 나타난다. 유전자 분석에 따르면, 인간과 고릴라는 96% 이상, 인간과 침팬지는 99% 이상 일치하는 것으로 나타났다. 유인원은 고릴라보다는 침팬지와 더 밀접한 친족 관계를 갖는다.

　단백질과 핵산의 관점에서 보면 인간과 유인원은 초파리속(屬)에 속하는 많은 파리종보다 훨씬 더 유사하다. … 헤모글로빈에서 발견되는 두 종류의 단백질 사슬인 알파와 베타의 관점에서 보면 인간과 침팬지는 아미노산의 기본 구조나 서열이 동일한 반면, 인간과 고릴라는 두 사슬 각

---

[128]　*National Geographic*, May, 2012, p 102

각에 있는 한 가지의 아미노산에서만 차이를 보인다. 다른 단백질인 시토크롬 C의 경우는 세 가지 형태가 모두 동일하다. … 특히 인간이 보유하는 라이소자임으로 알려진 효소와 고릴라의 효소 사이에 일부 차이가 발견되었지만 그 차이가 작으며, 인간과 유인원처럼 다른 과로 분류되는 동물보다 같은 속에 속하는 다른 동물 종(예: 개와 코요테, 집고양이와 살쾡이, 초파리 종) 간의 차이에 더 가깝다. [129]

인간 유전체 프로젝트는 유인원뿐만 아니라 하등동물, 어류, 곤충, 미생물과의 유사성을 밝혀냈다. 이 발견은 모든 존재가 공통 조상의 후손이며 자연에서 고유한 위치를 차지하기 위해 다양화, 분화, 구체화되어 왔음을 보여 준다.

선충 단백질의 43%, 효모 단백질의 46%, 초파리 단백질의 61%, 해파리 단백질의 75%가 인간 단백질과 염기서열 유사성을 보여 준다. … 인간 단백질 구조 서열과 보존된 부분의 약 90%가 초파리와 갯지렁이의 단백질 구조 서열과 보존된 부분에 존재한다. 따라서 인간의 특정 단백질은 초파리 단백질의 단순한 혼합물일 수 있다. [130]

현재의 연구 결과로는 모든 생명체 간의 정확한 관련성을 구분하는 것이 여전히 어렵고 조각이 완전히 맞춰지지 않았을 수도 있다. 그러나 지금까지 발견된 것만으로도 진화론의 타당성을 확인하기에 충분하다.

---

[129]   *Darwin to DNA*, Molecules to Humanity, G. Ledyard Stebbins, 1982, p 319
[130]   *DNA: Secrets of life*, James D. Watson, 2003, p 242-243

본질적으로 동일한 유전자 복합체가 포유류, 초파리, 선충류, 해파리와 같은 히드라속의 유전자에 공존한다는 것은 상동 유전자 복합체가 아주 오래전에 존재했던 원시 공통 조상인 다세포동물의 혈통 내에 이미 존재했으며, 이로부터 이후의 모든 후생동물문이 파생되었다는 것을 의미한다.[131]

3.3. 발생학적 발달

모든 존재는 동일한 기원으로부터 진화하였다. 환원적 추론은 원시 수프, 원시 원자를 거쳐, 최종적으로 무유까지 거슬러 올라간다. 동물들의 배아, 특히 초기 배아 단계에서의 유사성은 모든 척추동물이 어류에서 유래했음을 분명히 보여 준다.

새열(鰓裂, gill clefts, 저자 주: 또는 gill slits, 고등 척추동물의 초기 배아 발생 시 관찰되는 어류의 아가미 모습)은 전장의 양쪽에 나타나는데, 원시 어류 조상들은 호흡을 위해 입으로 들어온 물이 머리 옆으로 빠져나가는 '식도구멍'(아가미)을 통해 숨을 쉬었다. 어류와 같은 수생 조상 이외의 생명체에는 전혀 쓸모없는 이 새열이 끈질긴 유전의 결과로 나타난 인간과 다른 모든 척추동물의 배아에 여전히 보존되어 있다. 이것은 시간이 지나면서 사라진다. … 발달 초기 단계에서 인간과 다른 척추동물의

---

[131] *Evolution and the Molecular Revolution*, Charles R. Marshall, J. William Schopf, 1996, p 118

배아를 특징짓는 외형과 내부 구조의 실질적 유사성은 가장 중요한 발생학적 사실이며, 생물 발생의 기본 법칙에 따라 우리는 이로부터 아주 중요한 결론을 내릴 수 있다. 이에 대한 설명은 오직 하나인데, 그것은 모든 생명체가 공통 부모의 형태로부터 유전되었다는 것이다.[132]

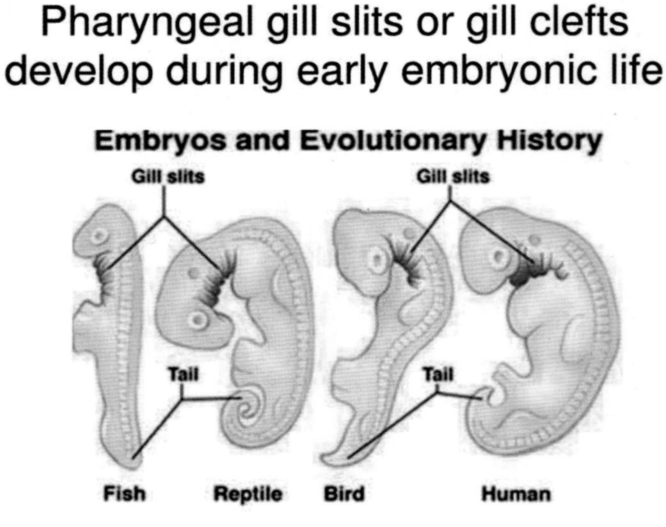
Pharyngeal gill slits or gill clefts develop during early embryonic life
Embryos and Evolutionary History
Gill slits
Gill slits
Tail
Tail
Fish
Reptile
Bird
Human

[그림 23] 새열
출처: https://www.slideserve.com/roomc/general-character-of-chordates-b-sc-ii-v-s-sutar-department-of-zoology-gkg-college-kolhapur-powerpoint-ppt-presentation

인간으로의 진화 과정에서 물을 호흡하는 아가미가 공기를 호흡하는 폐로 바뀌었지만, 배아가 원조(原祖)의 상태를 거쳐야 하기 때문에 새열이 초기 배아 단계에서 관찰된다. [그림 24]에서 볼 수 있듯이 모든 척추동물의 배아가 초기 단계에서 새열과 꼬리를 공유하는 모습을 보이는데, 이는

132) *The Riddle of the Universe*, Ernst Haeckel, 1934, p 53

포유동물이 어류와 같은 단계를 거쳤거나 어류를 공통 조상으로 공유한다는 것을 보여 준다. 또한, 인간이 꼬리 달린 동물의 후손이거나 개, 원숭이와 공통 조상을 공유하고 있음을 확인시켜 준다.

우리에게 친숙한 도롱뇽과 개구리의 새끼인 올챙이와 유충이 그들 생애의 초기를 물속에서 보내는 것에서 볼 수 있듯이 이들은 어류 조상의 구조를 상당 기간 보존하고 있으며, 생활 습관, 아가미로 호흡하는 것, 감각 기관의 반응과 다른 정신 활동 기관도 어류와 닮았다. [133] 실제로 성장하면서 완전히 다른 모습으로 변하는 배아기의 갑각류, 다른 많은 동물, 그리고 꽃의 기관이 성장 초기 단계에서는 완전히 똑같다는 것을 알 수 있다. [134]

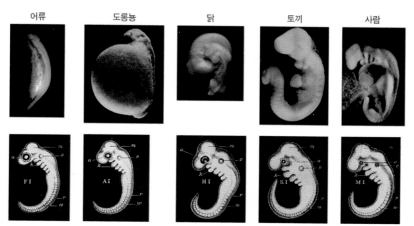

[그림 24] 배아 발생 비교도 : 배아의 원조 특성 유지. 배아 발달 초기 단계에 새열이
유지되는 것을 볼 수 있는데, 이 구멍은 성체에서는 기능하지 않는다.
또한, 꼬리는 인간 초기 배아에는 존재하지만 출생 전에 사라진다.
출처: 인간의 생식과 발생 https://www.thinkzon.com/share_report/679594#none

---

[133] *The Riddle of the Universe*, Ernst Haeckel, 1934, p 118
[134] *The origin of Species*, Charles Darwin, 1999, p 357

노자는 "도(道)는 비어 있으면서도 무궁무진하며 무한한 세계를 낳는 위대한 어머니라고 불린다. 그것은 항상 당신 안에 존재한다. 원하는 대로 사용할 수 있다"(도덕경, 1988, 6장). 여기에서 노자는 도를 아기뿐만 아니라 전체 다중우주를 생성하는 어머니로 비유한다. 한자 바다(海)에 어머니(母)라는 단어가 포함되어 있다는 점이 흥미롭다. 마찬가지로 프랑스어 단어에서도 바다(mer, 메르)와 어머니(mere, 메레) 사이에 'e'가 붙는다는 차이만 있다. 또한, 바닷물과 양수의 화학 성분이 거의 동일하다는 사실도 놀랍다.

병아리의 배아나 다른 고등 척추동물의 배아와 마찬가지로 인간 태아도 어류처럼 두 개의 방으로 구성된 심장을 갖는 단계를 거치지만 최종적으로 기능하는 인간의 심장은 네 개의 심방(저자 주: 2개의 심방과 2개의 심실)으로 구성되어 있다. … 모든 이런 배아 발달 단계와 과정에서의 비정상적인 현상은 인간과 다른 육상 척추동물들이 자신들의 초기 발달 형태의 일부 형상을 제공하는 어류와 같은 공통 조상을 공유한다는 물리학자들의 주장에 신빙성을 더해 준다.[135]

여성의 생식기관은 난자(난세포, egg cell)를 생성하고 남성의 생식기관은 올챙이 모습의 무수한 정자를 배출하며, 이 정자는 최고 속도로 단거리를 이동한다. 단 하나의 정자만이 난자를 정복하여 후손을 낳는 데 성공한다. 난자가 어류나 조류의 알의 형상을 보이며 '알세포'로 불리는 이유는 무엇일까? 왜 태아는 엄마의 자궁에 머무는 동안 양수 속에서 생활

---

[135]   *Evolution*, Third Edition, Monroe W. Strickberger, 2000, p 42

할까? 이 질문에 대한 정답은 인간이 조류와 마찬가지로 수생동물에서 진화했다는 것이다.

아가시즈는 "각 종과 집단의 어린 상태는 같은 집단의 오래된 형태와 닮았다"라고 말했고, 다윈은 "언뜻 보면 두 개 이상의 동물 집단의 구조와 습성이 서로 많이 다를지라도, 그들이 아주 유사한 배아 단계를 거치는 것을 보면 우리는 그들이 같은 부모의 형상을 물려받았기에 밀접한 친족 관계를 맺고 있다는 것을 알 수 있다"라고 말했다.[136]

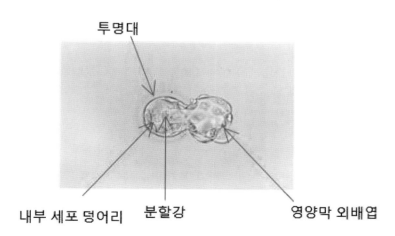

[그림 25] 배반포 부화 모습
이미지 제공 : 사랑아이여성의원 조정현 박사

수정은 난소 근처의 나팔관 끝에서 이루어진다. 투명대는 난자와 배아 (수정 후)를 감싸고 있는 외막이며, 달걀의 껍질과 같은 보호 기능을 하는

---

136) *History of the Warfare of Science with Theology in Christendom*, Andrew Dickson White, 2010, Volume 1, part 1, p 264

데 딱딱하지 않다. 그것은 나중에 배아가 될 내부 세포 덩어리를 포함한 난자를 보호한다. 투명대는 초기에는 두껍지만, 내부 세포 덩어리와 분할강에서 분비되는 액체가 점점 더 많이 채워져 영양막 외배엽이 커지고 세포 분열이 중단 없이 진행되는데 배아가 부화할 때까지 투명대는 두께가 점점 얇아진다.

아주 작은 점에 불과한 수정란의 핵에 어떻게 유기체의 발달에 관한 모든 정교한 부호가 저장될 수 있는지가 궁금하다. 영구적으로 질서를 유지할 수 있는 충분한 저항력을 지닌 원자들의 잘 정돈된 결합은 영역이 좁더라도 그 경계 내에서 복잡한 '결정' 시스템을 구현할 수 있을 만큼 충분히 넓은 공간이 확보되어 가능한 (등각) 배열을 다양하게 제공할수 있는 곳이어야 하는데 수정란의 핵이 유일하게 생각해 볼 수 있는 물리적 구조를 갖춘 것 같다. [137)]

사람의 경우, 정자가 난자에 들어간 후 17시간이 지나면 두 개의 전핵이 합쳐진다(수정). 세포 분열은 정자가 난포에 들어간 후 24~30시간 후에 시작된다. 이후 배아로 불리는 수정란이 자궁관을 따라 천천히 이동하고 8개의 세포가 더 분열하여 일반적으로 12~30개가 될 때 구형의 오디배가 형성되는데 보통 수정 후 3~4일 뒤에 형성된다. 주머니배는 수정후 4~5일 뒤에 형성되어 자궁으로 들어간다. 이때 분열된 세포 수는 약 100개이며 내세포는 약 8개다.

---

137)   *What is Life? Erwin Schrödinger*, 1992, p 61

포배낭(blastocyst)이 투명대로부터 밖으로 나오는 부화가 시작되고 마침내 완전히 부화된다. 인간의 경우 투명대에서 탈출한 포배낭은 수정 후 약 1주일 뒤에 부화가 일어나면서 착상 과정을 시작한다. 배아와 모체 사이의 복잡한 화학적 소통을 통해 착상이 일어나고 배아는 자궁에 머무르며 보호받는 환경에서 성장할 수 있다. [138]

포배낭은 육안으로 보기에는 너무 작아서(약 0.155mm) 육안으로 구분할 수 없다. 과립막 세포로 둘러싸인 성숙한 난자는 미국의 10센트 동전에 등장하는 루즈벨트 대통령 눈동자에 한 개가 들어갈 정도로 작다. 포배낭 공간은 자궁에서 부화한 후 자궁내막 세포 사이를 뚫고 들어가 착상한 내부 세포 덩어리를 수용한다. 이 세포 덩어리는 태아와 영양막으로 발달하고, 영양막은 태반과 태막으로 발달한다. 자궁벽에 착상한 후 배아기와 태아기를 거쳐 신생아로 태어난다.

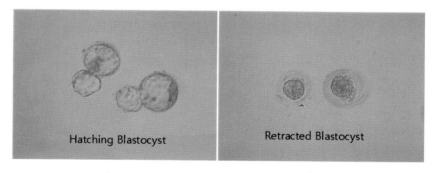

[그림 26] 포배낭 부화, 왼쪽: 자극 전, 오른쪽: 자극 후
이미지 제공: 사랑아이여성의원 조정현 박사

---

[138]   *Analysis of Biological Development*, Klaus Kalthoff, 2001, p 106

위 사진은 부화 후 접합체의 모습이다. 왼쪽은 눈사람처럼 생긴 포배낭의 부화한 모습을 보여 준다. 껍질을 뚫고 나온 것을 부화된 포배낭이라 부른다. 오른쪽은 부화된 포배낭이 배양액 성분의 변화, 온도 변화, 유리 칩의 접촉 등 외부 자극을 받았을 때 수축된 모양이다. 이 현상은 배아세포가 서로 소통하며 공동으로 반응을 보이는 것을 보여 준다. 분열된 배아세포는 서로 소통하며 외부 자극에 동기화된 반응을 보인다. 부화 후에는 자궁내막 세포 사이를 뚫고 들어가는데 체외에서 부화 시 포배낭이 외부의 자극을 받으면 일시적으로 움츠러드는 현상이 나타난다.

배아는 한 번에 한 단계씩 스스로를 만들어 간다. 각각의 세포가 생겨날 때 몇 가지 예비 행동 지침이 주어지며, 양방향 무전기와 같은 분자 단위의 소통을 통해 세포들은 서로 정보를 주고받고 발달이 진행됨에 따라 자신들의 활동을 조정할 수 있다. [139]

배아는 유전자에 저장된 암호화된 지시와 세포질에 배치된 몇 가지 공간적 단서를 따라 놀랄 정도로 자신의 모습을 스스로 갖춘다. 이렇게 조그마한 단일 세포가 수많은 세포로 끊임없이 분열하고, 이들이 공동 행동을 하는 거대한 집합체로 변하는 것이 경이롭다. 또한, 체외 수정을 하면 배아 이식 후 난각이 남지만 자궁에서 자연 수정이 이루어지면 남은 배아 껍질이 자궁강 내의 효소에 의해 녹아 흔적 없이 사라지는 것도 재미있는 현상이다. 포유류의 포배낭은 모체 자궁벽에 착상하여 세포를 계속 증식하면서 배아를 완전히 새로운 모습으로 바꾸는 극적인 변화를 만들어 낸다.

---

139)   *Analysis of Biological Development*, Klaus Kalthoff, 2001, p 6

분명히 배아세포들은 서로 소통하며 주변의 세포들이 정상적으로 존재하는지를 감지하고 일부나 전부가 없으면 발달 과정을 조정한다. 이웃 세포의 신호에 반응하여 발달을 조정하는 세포의 놀라운 능력은 시간이 지남에 따라 감소한다. 궁극적으로 대부분의 세포는 특정 발달 경로에 전념하며, 이 경로를 벗어나는 경우는 거의 없다. [140]

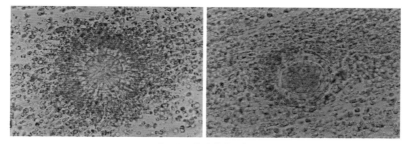

[그림 27] 난자의 유형
이미지 제공: 사랑아이여성의원 조정현 박사

위 사진은 난자의 신선도 차이를 보여 준다. 앞의 사진은 30대 중반 이전 여성의 난자 모습이며 다음은 분만 활동 없이 나이가 든 여성의 난자 모습이다. 활동성이나 주름진 모습의 차이를 볼 수 있다. 건강한 후손을 보기 위해서는 가능한 한 젊은 나이에 자녀를 갖는 것이 좋다는 것을 알 수 있다.

여러 기관을 보유하는 고등동물이나 식물 모두 다 쓸모 없고 작동하지 않는 기관을 상당수 보유하고 있다. 이런 과잉 기관들은 때때로 해롭고 위험할 수 있다. 우리 인간에게도 이런 쓸모없는 초기 조직의 흔적이 발견된다. 이런 조직은 지금과 다른 조건에서 살았던 우리 조상에게 절대

---

140)   *Analysis of Biological Development*, Klaus Kalthoff, 2001, p 125

적으로 필요했던 일부 장기가 인간 종의 새로운 조건과 습관에 적응하는 중이라는 것을 보여 준다. 이 기관들은 더 완벽한 상태로 변화하고 있다.

인간 생체에도 귀의 근육, 눈꺼풀, 남성의 젖꼭지와 젖샘과 마찬가지로 신체의 다른 부위에 쓸모없는 초기 조직의 흔적이 남아 있다. 실제로 맹장 끝에 위치하고 있는 벌레 모양의 충수는 쓸모없을 뿐만 아니라 매우 위험하다. 이 부분의 염증으로 매년 많은 사람이 죽는다. 오래된 신화 같은 생기론(生氣論)이나 마찬가지로 불합리한 새로운 신생기론은 식물과 동물의 구조에서 열거된 것들이나 쓸모없는 다른 많은 장기에 대해 설명할 수 없지만, 진화론으로 쉽게 설명할 수 있다. 진화론은 이런 흔적 기관들이 사용하지 않는 관계로 쇠퇴되었다고 설명한다. 맹목적인 '기관들의 생존을 위한 투쟁'이 최초로 나타나고 발달하는 데 영향을 미쳤던 것처럼 기관의 역사적 소멸을 결정한다. 이 드라마에는 내부 '목적'이라는 것이 전혀 없다.[141]

---

[141]   *The Riddle of the Universe*, Ernst Haeckel, 1934, p 217

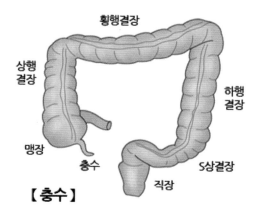

[그림 28] 충수
출처: 서울아산병원 https://www.amc.seoul.kr/asan/healthinfo/body/bodyDetail.do?bodyId=26

인간에게는 꼬리뼈라고 불리는 꼬리의 흔적이 피부 밑에 묻혀 있다. 눈에 띄게 늘어진 꼬리를 갖는 사람이 간혹 있는데, 그는 자신의 의지대로 이 꼬리를 약간 움직일 수 있었다. 이것은 인간이 꼬리를 가진 동물에서 진화했다는 것을 보여 준다. 인간의 맹장은 우리가 초식동물로부터 진화했음을 의미한다. 인간의 맹장은 초식성 조상의 신체에 있는 맹장의 흔적으로, 섬유질 식물의 셀룰로오스를 효소 분해하는 데 도움을 주는 많은 박테리아가 이곳에 숙주하고 있다.

우리는 과거 인류의 조상이 과도기적 상태에서 네발 달린 동물로부터 두발 보행 동물로 변화하는 동안에 신체의 서로 다른 부위에 대한 사용 증가나 감소가 유전적으로 발현되는 것이 자연 선택에 엄청난 도움을 주었을 것이다. [142]

---

[142]   he Descent of Man, Charles Darwin, 2009, p 37

구약성경에 묘사된 전지전능한 여호와가 모든 존재를 창조했다면 왜 인간의 몸에 사랑니, 미골, 맹장, 눈의 맹점과 같이 쓸모 없고 때로는 성가신 기관들을 갖도록 만들었을까?

신이 전지전능하다면, 그는 자신의 전능함을 사용하여 역사의 흐름을 바꾸는 방법을 이미 알고 있을 것이다. 그러나 개입에 대한 마음을 바꿀 수 없다는 것은 신이 전능하지 않다는 것을 의미한다. 카렌 오웬스는 이 재치 있는 작은 역설을 똑같이 매력적인 구절에 담아 냈다: 미래를 다 아는 전지전능한 신에게서 자신의 미래의 마음을 바꿀 수 있는 전능함을 찾을 수 있을까?[143]

어떻게 이처럼 전지전능하고, 편재하며 무한히 자비로운 신이 주재하는 이 세상에 이렇게 많은 불행, 불의, 불공정, 공포가 만연할 수 있을까? 그가 경전에 묘사된 것처럼 진정한 절대자라면 이승에서 이런 현상을 쉽게 사라지게 할 수 있다. 그런 신이 한때나마 존재했더라면, 그는 세상의 악을 제거하려는 의지가 없었거나, 피조물의 삶을 개선하고 행복을 보장할 능력이 없었거나, 자신을 묘사하는 특성들을 모두 상실했기 때문에 이런 상황이 방치되고 있을 것이다.

그(신)가 악을 막고 싶지만 그럴 능력이 없는가? 그렇다면 그는 무능한 존재다. 그가 능력이 있지만 의지가 없는가? 그렇다면 그는 악한 존재다. 그가 능력과 의지를 모두 갖추었는가? 그렇다면 악은 어디에서 오는 것인가?[144]

---

[143]   *The God Delusion*, Richard Dawkins, 2008, p 101

[144]   *Dialogues and Natural History of Religion*, David Hume, 1998, p 100

존재의 비물리적 구성

원시 박테리아를 포함한 모든 존재는 자체의 진동으로 인해 어느 정도의 정신 능력을 지니고 의사소통을 하며 나름대로 정해진 법칙에 따라 살고 있다. 정신 활동은 모든 존재에 내재된 진동의 산물일 뿐이다. 모든 존재는 세포 안에 우주의 모든 역사를 담고 있으며 서로 끊임없이 소통한다. 그들은 다른 존재를 잘 알고 있으며 그들 사이에서 어떻게 행동하는 것이 좋은지를 이해하고 있다. 그들은 언제든지 필요하면 진동 신호를 교환하며 존속한다.

하등 생명체로 취급받는 생물들조차도 인간의 관점에서 보면 그 범위가 매우 제한적인 것처럼 보이지만 서로 간에 특정 선호도를 공유한다. … 심지어 무생명체인 원자나 분자도 동료 원자나 분자는 물론이고 다른 원자나 분자들과 어떤 식으로 결합하는지에 대한 정보를 공유하며 공존하고 있다. 본질이 진동인 무유를 지닌 모든 존재는 특정한 정신 능력을 보유한다. 정도의 차이만 있을 뿐 본질이나 종류에서의 차이는 거의 없다. 그런 의미에서 보면 인간만이 자연과 공존하는 방식을 잊고 변종으로 살아가고 있는지도 모른다. 어쩌면 인간은 제대로 진화하지 못한 유인원이나 잘못 진화된 식물에 불과할 수도 있다.

4장

존재의 비물리적 구성

"마음이란 무엇인가? - 물질이 아니다. 무엇이 물질(문제)인가?

- 상관없다."[145)]

완벽한 다이아몬드 결정체는 이를 구성하는 탄소가 서로의 특성을 인지하고 같은 속성을 갖는 원소들이 서로 인지하고 있는 특정 방식으로 결합하여 생성된다. 다이아몬드의 결정 구조는 각 탄소 원자가 다른 네 개의 탄소 원자와 사면체 형태로 결합한 것이다. 이러한 결합 구조가 다이아몬드에 극도의 경도를 더하여 자연계에서 가장 단단한 물질 중 하나가 되었다. 또한, 지금까지 발견된 원소의 종류 118가지는 수소로부터 시작된 원소들의 결합에 의해 이루어진다. 탄소는 헬륨 원소 세 개가 모여 형성됐고 탄소와 헬륨으로부터 산소가 만들어졌다. 이들이 아무 생각(정신) 없이 맘대로 이런 조합을 만들어 낼 수 있을까?

"마음이 무엇인가"라는 질문에 대해 아리스토텔레스는 마음은 최초의 아무것도 기록되지 않은 밀랍 판과 같다고 답했는데, 이것은 어떤 개체가 태어

---

145) *On God and Religion*, Bertrand Russell, 1986, p 40

날 때 암호화된 DNA 지침이 전해진다는 사실을 고려하면 정답이 아니다.

커다란 녹색 파나방 쇠똥구리 유충은 보호막으로 둘러싸여 신선하고 촉촉함이 유지되는 동물의 배설물을 먹으며 자란다. 부모는 같은 굴에서 함께 기거하지만 새끼에게 더 이상 관심을 기울이지 않는다. 그래서 유충은 먹이 외벽에 균열이 생기면 할 수 없이 자신의 배설물을 활용하여 스스로 수리한다(Halffter et al., 1974). [146]

[그림 29] 녹색 파나방(Phanaeus beetle)
출처: https://www.naturfoto.cz/vruboun-fotografie-2314.html

우주의 전체 역사를 통해 관찰해 보면 모든 존재는 다른 존재들과 연결되어 있고 다른 존재와 하나이며, 그 기원은 무유로 거슬러 올라간다. 유기물뿐만 아니라 무기물을 포함한 모든 형태의 물질은 138억 년에 걸

---

[146]   *Insect Behavior*, Robert & Janice Matthews, 1978, p 426

처 분화되면서 현재의 모습을 갖추게 되었다.

켈빈 경의 "원자가 왜 이렇게 작은가?"라는 질문에 대한 답변이 아주 인상적이다. 그 답은 "한 잔의 물에 포함된 모든 분자에 표식을 하고 유리 잔의 내용물을 바다에 붓고 완전히 휘저어서 표시된 분자가 모든 바다에 균일하게 분포되도록 한 다음 바다의 어떤 장소에서 물 한 잔을 뜨면 그 안에 표시된 분자 100개 정도가 포함되어 있을 것이다"였다. 원자의 실제 크기는 노란빛 파장의 약 1/5,000에서 1/2,000 정도가 된다. 원자 지름은 1Å(옹스트롬의 약어: $1/10^{10}\text{m}$, 나노미터)과 2Å 사이의 수치다.[147]

원자의 크기를 가늠해 볼 수 있는 수치가 있는데 이것이 아보가드로 수(Avogadro's number)이고 $6.02214076 \times 10^{23}$(10의 23승)이다. 입자 수 N, 물질량(또는 화학식량(化學式量)) n, 아보가드로 상수 NA 간에 N=nNA 라는 수식이 성립한다. 각 원자의 무게는 주기율표(periodic table)에 나오는 탄소의 질량(무게)을 12로 정하고 이를 기준으로 산정한다. 이에 의하면 수소는 1, 산소는 16이라는 질량을 갖는다. 수소 2개와 산소 하나로 구성된 물 분자의 질량은 18이 된다. 몰(mole)은 그 질량에 해당하는 원자나 분자의 수를 말하므로 탄소의 경우 아보가드로 수에 해당하는 원자 수가 모이면 12g, 물의 경우 물 분자가 아보가드로 수만큼 모이면 18g이 된다.

---

[147]   *What is Life? Erwin Schrödinger*, 1992, p 6-7

원소 주기율표
https://chan2020.tistory.com/10

금속
준금속
비금속

1	2	3	4	5	6	7	8	9	10	11	12	13	14	15	16	17	18
1 H 수소 1.01																	2 He 헬륨 4.00
3 Li 리튬 6.94	4 Be 베릴륨 9.01											5 B 붕소 10.8	6 C 탄소 12.0	7 N 질소 14.0	8 O 산소 16.0	9 F 플루오린 19.0	10 Ne 네온 20.2
11 Na 소듐 23.0	12 Mg 마그네슘 24.3											13 Al 알루미늄 27.0	14 Si 규소 28.1	15 P 인 31.0	16 S 황 32.1	17 Cl 염소 35.5	18 Ar 아르곤 40.0
19 K 포타슘 39.1	20 Ca 칼슘 40.1	21 Sc 스칸듐 45.0	22 Ti 타이타늄 47.9	23 V 바나듐 51.0	24 Cr 크로뮴 52.0	25 Mn 망간 54.9	26 Fe 철 55.8	27 Co 코발트 58.9	28 Ni 니켈 58.7	29 Cu 구리 63.5	30 Zn 아연 65.4	31 Ga 갈륨 69.7	32 Ge 저마늄 72.6	33 As 비소 74.9	34 Se 셀레늄 79.0	35 Br 브로민 79.9	36 Kr 크립톤 83.8
37 Rb 루비듐 85.5	38 Sr 스트론튬 87.6	39 Y 이트륨 88.9	40 Zr 지르코늄 91.2	41 Nb 나이오븀 92.9	42 Mo 몰리브데넘 95.9	43 Tc 테크네튬 98.0	44 Ru 루테늄 101.0	45 Rh 로듐 103.0	46 Pd 팔라듐 106.4	47 Ag 은 107.9	48 Cd 카드뮴 112.4	49 In 인듐 114.8	50 Sn 주석 118.7	51 Sb 안티모니 121.8	52 Te 텔루륨 127.6	53 I 아이오딘 126.9	54 Xe 제논 131.3
55 Cs 세슘 132.9	56 Ba 바륨 137.3	71 Lu 루테튬 175.0	72 Hf 하프늄 178.5	73 Ta 탄탈럼 180.9	74 W 텅스텐 183.8	75 Re 레늄 186.2	76 Os 오스뮴 190.2	77 Ir 이리듐 192.2	78 Pt 백금 195.1	79 Au 금 197.0	80 Hg 수은 200.6	81 Tl 탈륨 204.4	82 Pb 납 207.2	83 Bi 비스무트 209.0	84 Po 폴로늄 209.0	85 At 아스타틴 210.0	86 Rn 라돈 222.0
87 Fr 프랑슘 223.0	88 Ra 라듐 226.0	103 Lr 로렌슘 262.1	104 Rf 러더포듐 267.1	105 Db 더브늄 268.1	106 Sg 시보귬 269.1	107 Bh 보륨 270.1	108 Hs 하슘 269.1	109 Mt 마이트너륨 278.2	110 Ds 다름슈타튬 281.1	111 Rg 뢴트게늄 281.1	112 Cn 코페르니슘 285.1	113 Nh 니호늄 286.2	114 Fl 플레로븀 289.2	115 Mc 모스코븀 289.2	116 Lv 리버모륨 293.2	117 Ts 테네신 293.2	118 Og 오가네손 294.0

[그림 30] 원소 주기율표 출처: http://chan2020.tistory.com/10

아보가드로 수와 관련된 흥미로운 유튜브 동영상이 있다. [148] 켈빈 경
의 물에 대한 언급을 한 소년이 노상 방뇨한 소변을 예로 들어 설명하며
한 잔의 물을 마시면 그 안에 지금까지 존재했던 모든 존재가 소변, 땀,
눈물로 흘린 분자가 섞여 있고, 공기와 관련해서는 대기의 공기가 $5\times
10^{18}$Kg이고 공기 22.4리터에 아보가드로 수만큼의 공기 분자가 들어 있기
때문에 매 순간 한 번의 호흡에 지금까지 지구상에 존재하며 숨쉬었던
모든 존재의 공기 분자가 최소 몇 개는 섞여 있다고 추정할 수 있다. 이처
럼 당신이 마시는 한 잔의 물에는 지구상에 존재했던 모든 생명체의 분자
몇 개가 섞여 있고, 한 번의 들숨에는 그들의 폐를 거쳐 나왔던 공기 분
자가 몇 개는 들어 있다.

당신이 한 번의 숨을 들이쉴 때 지구의 대기에 있는 모든 공기를 들이
쉴 호흡수보다 더 많은 공기 분자가 있기 때문에 당신이 숨을 내쉴 때 모
든 공기를 들이쉴 호흡수보다 많은 분자가 대기에 흩어진다. 그렇기 때문
에 당신이 공기를 들이쉴 때 모든 존재(예: 예수)의 폐를 통과한 공기 분
자가 들어 있다. (닐 딜그래스 타이슨)

또한, 우리 몸을 구성하는 요소들도 마찬가지로 지금까지 존재했던 모
든 존재의 형상을 구성하던 것들이 고루 섞여 있다. 우리 몸은 탄소, 수
소, 산소, 질소 등 수많은 종류의 원자들로 구성된 30조 개 정도의 세포
로 구성되는데 이것을 원자로 환산하면 7×10^{27}개 정도가 된다. 1초에 약
380만 개의 세포가 교체되는데 이것이 떠나면 다른 존재의 세포로 전이

---

[148] 경계는 없다!! 미시세계를 들여다보면 세상을 보는 관점이 바뀝니다. (feat. 아보가
드로 수) (youtube.com)

될 것이며 이 공백은 다른 존재를 구성했다가 전이해 온 세포들로 채워진다. 또한, 세포 수의 1.3배 이상이 되는 박테리아가 우리 몸을 구성하면서 다른 존재들과 상호 교류하고 있다.

지질학적 시간 동안 어느 것도 죽어 없어지거나 새롭게 생성되지 않았다. 오히려 원래의 형태는 다양한 형태의 무생물과 생물로 분화, 다양화, 돌연변이, 진화와 전이를 거듭해 왔다.

척추동물의 골격은 모든 척추동물에 걸쳐 불변하지만 개별의 뼈가 다르고, 갑각류의 외골격은 모든 갑각류에 걸쳐 불변하지만 개별의 '관(官)'이 다르듯이, 개별 유전자 자체는 다양하지만 DNA 암호는 모든 생명체에 걸쳐 차이가 없다. … 유전자 암호 자체뿐만 아니라 생명체를 움직이는 전체 유전자/단백질 시스템은 모든 동물, 식물, 곰팡이, 박테리아, 고세균이나 바이러스에서 동일하다. 차이점을 갖는 것은 암호 그 자체가 아니라 암호에 기록된 내용뿐이다. [149]

생명체 사이에는 의식, 의사소통, 문명, 문화의 연속성을 유지한다. 단지 그것의 정도 차이만 나타날 뿐이다. 모든 존재는 의사소통 능력을 가지고 있지만, 모든 종의 의사소통 시스템을 이해한다는 것은, 비록 우리가 생각했던 것보다 더 쉬울 수 있다는 것을 보여 주는 아래의 사례와 같은 새로운 발견이 많이 있지만 매우 복잡하다.

---

[149] *The Greatest Show on Earth*, Richard Dawkins, 2009, p 315

균사체는 균류(菌類), 식물, 박테리아, 그리고 동물 간의 오래된 협업 관계를 구축해 온 주체로, 드러나지 않게 이들 간의 의사소통과 운송을 담당하고 있는 망(網)이다. 지구상 모든 목초의 90%는 균사체에 의해 상호호혜 관계를 맺고 있다. 이들은 서로 간에 영양분, 메시지와 공감을 교환하고 있는데, 이는 같은 종에 한정되지 않고 모든 생명체를 아우른다. … 숲에서 나무 하나가 잘려 나가면 다른 나무들이 자기 뿌리 끝을 뻗어 가련한 처지에 놓인 나무에게 접근하여, 생명 유지에 필요한 물질-물, 당, 그리고 다른 영양분-을 균사체를 통해 전달한다. 주변 나무들로부터 지속적으로 공급되는 정맥 수혈로 그루터기만 남은 나무는 수십 년 또는 수백 년 동안 생명을 유지한다. [150]

나무의 뿌리를 통해 전달되는 전기파는 1초에 1/3인치(약 1cm)의 저속으로 전해진다. 나무들이 왜 이런 전기파를 자신들의 세포를 통해 전달할까? 그 답은 나무들 간의 의사소통이 필요하고, 전기파는 자신들의 다양한 의사소통 방식 중 하나이기 때문이다. 나무들은 냄새나 맛을 통해서도 의사소통을 한다. [151]

우리는 고래, 돌고래, 기타 대형 고래류가 어떻게 의사소통을 하고 무엇을 말하는지 아직 완전히 규명하지 못했다. 과학자들은 진동과 패턴을 연구한다. 그들은 놀라운 사실이 있을 것이라고 생각한다. 고래의 언어에 내재된 인지적 목록에는 온전히 즉흥적인 것을 뛰어넘는 내용이 포함되

[150]   *Cosmos*, Ann Druyan, National Geographic, 2020: 204
[151]   *하나님과의 대화*, 김병윤, 2022, 416(The Hidden Life of Trees, Peter Wholleben, Judwig Verlag, 2016: vii)

어 있을 수 있다. [152]

　의사소통은 각 존재의 생존에 필수적이며 현상 유지를 위해 필요하다. 의사소통은 환경과 상황을 이해하지 않고는 이루어질 수 없으며, 이를 위해서는 정신 활동이 수반되어야 한다.

　뼈나 피부 세포가 무작위로 행동한다면, 즉 너무 많이 분열하거나 너무 적게 죽으면 우리는 아주 추해지거나 더 나쁜 경우에는 즉사할 것이다. … 세포는 세포에서 세포로 이동하는 분자로 작성된 '단어'를 사용하여 서로 의사소통을 한다. 한 세포는 다른 세포와 분자를 주고받음으로써 '대화'할 수 있다. … 유전 정보는 핵 안에 위치한다. 결과적으로 이 분자 신호가 유전자를 켜고 끌 수 있다. 이 모든 것의 최종 결과는 정보를 받은 세포가 다른 세포의 신호에 반응하여 죽거나 분열하거나 새로운 분자를 만드는 등의 과업을 수행하게 한다는 것이다. [153]

---

152)　*Mind, Life, and Universe*, Magulis and Punset, 2007, Interview with Phillip Tobias, p 179-180

153)　*Your Inner Fish*, Neil Shubin, 2009, p 128-129

4.1. 초보적인 존재

원시 박테리아를 포함한 모든 존재는 자체의 진동으로 인해 어느 정도의 정신 능력을 가지고 있다. 정신 활동은 모든 존재에 내재된 진동의 산물일 뿐이다. 모든 존재는 세포 안에 우주의 모든 역사를 담고 있으며 서로 끊임없이 소통한다. 그들은 다른 존재를 잘 알고 있으며 그들 사이에서 어떻게 행동하는 것이 좋은지를 이해하고 있다. 그들은 언제든지 필요하면 진동 신호를 교환하며 존속한다.

아메바는 독립적으로 살지 않고 무리 지어 살아간다. 아메바는 앞쪽 끝과 뒤쪽 끝에 아메바 자루 모양을 형성한다. 아메바는 놀라울 정도로 정밀하게 광원(光源)을 향해 이동한다. 아메바는 열에 매우 민감하다. 그들은 지능을 갖고 행동하지만 집단적으로만 행동한다. 개개의 아메바는 지능적으로 행동할 수 없지만, 10만 마리 또는 100만 마리의 아메바가 모여서 길이가 1mm가 넘는 형상을 형성하면 환경 자극에 아주 현명하게 반응한다. [154]

일본의 저자 에모토 마사루는 인간의 의식이나 말이 물의 분자 구조에 영향을 미친다고 주장한다. 그는 고품질의 물은 아름답고 복잡한 결정을 형성하는 반면, 저품질의 물은 결정 형성에 문제점을 보인다고 말한다. 그는 기도나 음악, 심지어 물통에 글자를 써서 붙이는 것만으로도 물의 결정에 긍정적인 변화를 일으킬 수 있다고 주장한다.

---

[154] *Mind*, Life, and Universe, Magulis and Punset, 2007, Interview with John Bonner, p 257 - rearranged

에모토는 "모든 존재는 진동이다. 우주의 모든 존재는 진동하고 있으며 각 존재는 고유한 주파수를 방출하고 특정 파장을 **가지고 있다.** ··· 동일하거나 증폭된 주파수가 서로 울려 퍼지고 있다"라고 주장한다. [155]

기도나 음악에 따라 얼어붙은 물 결정의 모양이 변한다는 것이 흥미롭다. 주어진 조건에 따른 물 결정의 모양 변화는 특정 환경에 대한 물의 반응이라는 측면에서 중요한 의미를 갖는다.

이런 유기체 분자들이 어떻게 번식하게 되었는지에 대한 수수께끼는 여전히 풀리지 않고 있다. 글래스고 대학의 화학자 A.G. 케언즈-스미스는 그 해답이 반짝이는 사금(황철광)이 아니라 평범한 점토에 있을 수 있다고 생각한다. 특정 점토의 구조는 동일한 결정 패턴을 지속적으로 반복한다. 더 중요한 것은 마치 DNA 가닥의 돌연변이처럼 특정 결함이 발생하면 그 결함이 계속 반복된다는 것이다. 이런 무기질이 실제로 살아 있다고 믿는 과학자는 거의 없지만, 점토나 광물 결정이 생명의 구성 요소들을 통합하고 그들을 정확한 배열로 조직하는 분자주형(鑄型) 역할을 담당할 수 있었다는 생각을 매우 진지하게 받아들이는 과학자는 많다. [156]

분자뿐만 아니라 원자도 $\sqrt{n}$ 법칙을 따르는데, 이는 원자의 수가 충분히 많아지면 예측 불가능성을 최소화하기 위해 동기화되고 예측 가능한 행동을 취한다는 것을 의미한다.

---

155) *Water knows the answers*, Masaru Emoto, 2002, p 67-80

156) *TIME*, October 11, 1993, How did Life begin? p 74

우리는 모든 원자가 일상적으로 관찰되는 질서 정연한 행동과 대비되는 엄청나게 무질서한 열운동을 보이고 소수의 원자들 사이에서는 관측 가능한 활동이 일어나지 않는다는 것을 알기 때문에 인식 가능한 법칙에 따라 그들의 활동을 기록한다. 하지만 엄청나게 많은 원자의 협력이 이루어지면 통계학적 법칙이 작동하기 시작하고, 관련된 원자의 수가 더 증가함에 따라 정확도는 증대되며, 이 집단의 전체적인 행동을 제어한다. 원자들의 활동은 이런 방식을 통해 진정으로 질서 정연한 특징을 얻게 된다. 유기체의 생명에 중요한 역할을 하는 것으로 밝혀진 모든 물리적, 화학적 법칙은 이런 통계적 법칙의 범주에 속하며, 우리가 상상할 수 있는 다른 종류의 법칙 준수나 질서 정연함이라는 개념은 원자의 멈추지 않는 열운동에 의해 끊임없이 무산되고 무력화된다. [157]

바이러스는 세포와 마찬가지로 핵산에 암호화된 유전 정보를 지니고 돌연변이를 일으키고 번식하지만, 스스로는 신진대사를 할 수 없고 숙주를 통해서만 가능하기 때문에 생명체로 간주하지 않는다. 하지만 이들은 암호화된 정보를 활용하여 자신과 관련된 모든 생존 기능을 충실히 수행한다.

숙주의 자원을 둘러싼 병원균과 병원균 간의 경쟁이 중요한 역할을 한다(Nowak and May, 1994). 숙주 내에서 병원균은 같은 종에 속하거나 다른 종에 속한 구성원들과 공존할 것인지 아니면 싸워서 이길 것인가에 대한 전략을 구상한다(Kim, 1985). 이런 병원체가 숙주 내부와 유전적 연관성이 아주 크면 동물들의 '친족 선택'과 비슷하게 병원체가 숙주와 서

---

[157]   *What is Life? Erwin Schrödinger*, 1992, p 8

로 '협력'하는 경향이 생겨서 독성이 약해지는 방향으로 진화될 가능성이 높아진다. 반대로 숙주 내부 병원체들 간의 유전적 연관성이 높고 병원균 집단 전체가 독성이 증가할 경우 자신들의 이점이 커진다면 병원체들 간의 친족 선택을 통해 독성이 증가할 수 있다(Ewald and Cochran, 2004).[158]

훨씬 규모가 더 커진 박테리아들은 내부적으로 다양한 기능을 수행하며 외부 변화에 따라 자신들의 행동을 효과적으로 적응해 나간다. 바이러스, 박테리아, 기생충은 모두 숙주의 죽음이 자신의 생존에 도움이 되지 않는다는 것을 알고 있다. 그래서 그들은 가능한 한 오랫동안 숙주와 공생 관계를 유지하려고 한다. 우리가 그들의 암호화된 정보를 읽을 수 있다면 이들이 서로 협조적인 관계를 형성하려는 의도를 이해하고 그들과 더 친근해질 수 있을 것이다.

오존층이 세포 분열에 해로우며 가장 활동적인 자외선 C와 자외선 B로부터 현재 지구를 보호하고 있지만 여전히 일부는 통과한다. 낮에 햇빛에 노출되었던 세포는 밤새 세포 분열(유사분열)을 통해 격리된다.[159]

박테리아는 환경 변화에 대응하기 위해 종합적으로 관련 정보를 수집, 측정, 분석하고 때로는 DNA에 암호화된 정보를 떠올리며 내부 합의를 통해 적절한 결정을 내리고 행동하는 능력이 있다. 박테리아는 대부분 스스로 생활 방식을 학습하지만 때로는 다른 박테리아의 DNA에 암호화

---

[158]   *Human Evolutionary Biology*, Michael P. Muehlenbein, 2010, p 469-470
[159]   *Rhythms of Life*, Foster and Kreitzman, 2004, p 170

된 정보를 교환하며 학습하기도 한다.

박테리아들 간에 높은 수준의 DNA 차용이 유행한다는 것이 흥미롭다. 유성 생식의 전 단계로 여겨지는 이 과정에서 가끔 박테리아는 심지어 아주 먼 친척 관계에 있는 다른 박테리아들과 마구잡이식으로 DNA '아이디어'를 교환한다. '아이디어 차용'은 실제로 박테리아가 특정 항생제에 대한 내성을 갖추는 것과 같은 유용한 '대응 요령'을 습득하는 주된 방법으로 활용된다.[160]

원자처럼 박테리아도 일정 덩어리 이상으로 커지면 서로 소통하고 독특한 특성을 나타낸다. 이들도 복잡한 계층 사회에서 조화로운 사회생활을 영위하며 존속한다.

보니 배슬러는 어떻게 박테리아들이 화학적 신호를 사용하여 서로 소통하며 단체로 행동하는지에 대해 연구하고 있다. 그녀는 박테리아가 화학적 언어를 활용하여 서로 '대화'하며 언제 방어하고 공격할 것인지 조율한다는 사실을 밝혀냈다. 그녀는 약 1조 개(저자 주: 30조 개 정도)의 인간 세포가 우리의 현재 형상을 구현하고 우리가 하는 모든 일을 가능하도록 해 준다고 강연했다. 그리고 우리 신체의 내부와 외부에는 언제나 10조 개(저자 주: 약 40조 개) 정도의 박테리아가 득실거린다. 개개인은 자신의 세포보다 10배(저자 주: 1.3배)나 더 많은 박테리아와 더불어 살아가고 있다. 비브리오 피셔리(vibrio fischeri)라는 해양 박테리아는 빛을 내

---

[160]   *The Greatest Show on Earth*, Richard Dawkins, 2009, p 301

는 특별한 성질을 가지고 있어서 반딧불이가 빛을 내는 것처럼 생체 발광
을 한다. 회소 현탁 상태에서는 빛을 내지 않지만, 세포가 일정 숫자 이상
으로 커지면 모든 박테리아가 동시에 빛을 낸다. 이 현상은 그들이 화학
적 언어로 서로 대화하고 있음을 보여 준다. 박테리아는 화학적 단어를
만들고, 그 단어를 인식하며, 모든 세포가 함께 참여해야만 성공할 수 있
는 집단 행동을 나타낸다. 배슬러는 이를 '정족수 감지(quorum sensing)'
라 한다. 그들은 화학적 기표 방식으로 투표하고, 투표함이 집계되면 투
표 결과에 따라 모두가 반응한다. 박테리아가 이렇게 집단적인 방식으로
수행하는 행동은 수백 종류가 있다. 박테리아는 다국어를 구사하며 자신
들이 몇 개고 다른 집단이 몇 개인지 숫자를 헤아리고 비교할 수 있다.
박테리아는 이런 정보를 내부로 가져와 특정 집단 중 누가 소수이고 누
가 다수인지에 따라 어떤 과업을 수행할지를 결정한다. [161]

---

161) http://www.ted.com/talks/bonnie_bassler_on_how_bacteria_communicate.
html

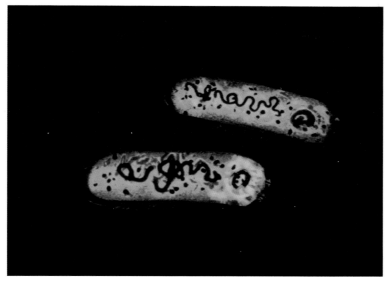

[그림 31] 트릴로바이트글래스웍스가 제동한 융합 유리를 통해 관찰한 비브리오 피셔리 박테리아
출처: 'Vibrio Fischeri Bacteria Fused Glass' Art by trilobiteglassworks, on DeviantArt

　박테리아는 먹을 수 있는 음식과 먹을 수 없는 음식을 구분하고 외부 환경 변화를 고려하여 자신들의 활동을 조절할 수 있다. 이런 현상은 인간의 경우에는 다소 의심스러운 부분이 있지만, 박테리아보다 더 진화된 식물과 동물 사이에 널리 퍼져 있으며 보다 효율적으로 운영되고 있다.

　생명계의 질서를 유지하는 능력이 인류에게 그렇게 중요하다면, 크든 작든 모든 동물에게도 똑같이 중요하지 않을까? 조지 게일로드 심슨 (1902~1984)은 "과거나 현재나 분류하는 것은 존재하거나 생존하기 위해 절대적으로 필요한 최소한의 요건"이라고 주장하며, 그럴 것이라고 주장했다. 심슨은 하찮은 아메바의 분류 능력과 관련하여 "아메바의 반응을 관찰해 보면 조직 내의 무엇인가가 일반화하는 행위를 수행하는 것은 확실하다. 예를 들어, 아메바는 음식물 하나하나를 독특한 대상으로 반응하지 않지만, 어쨌거나 무수히 많은 다른 대상물을 모두 음식물이라는 범주 안에 두고 분류하는 것을 예로 들면서 모든 생명체에 동일하게 적용된다"고 했다. … 동물들은 자신들의 삶을 질서 정연하게 유지하기 위해 엄청난 인식 능력과 분류하는 행동을 활용하는 고도로 숙련된 분류학자로 볼 수 있다. [162]

의사소통에는 시각, 청각, 화학적 감각, 촉각, 전기적 감각 등 다양한 감각 경로가 모두 활용된다. 화학적 감각은 후각과 미각이다. 촉각 신호는 기판 진동이며, 그중 일부는 지면이나 수면과 같은 환경기판 진동의 형태로 기록되어 전달된다. 이를 지진 신호라고 한다. 보통 지하 동굴에서 혼자 사는 동물들이 지진 신호를 주로 사용한다.

박테리아는 화학 물질 말고도 환경 요인에 반응할 수 있다. 흥미로운 사례가 수생 자성 박테리아인데 이들은 지구 자기장에 반응한다. 이런 박테리아의 대부분은 지름이 약 40~100nm이고 막으로 둘러싸인 자철광(Fe_3O_4) 입자 또는 마그네토솜이라는 산화철 나노 입자로 구성된 세포 내부의 사슬을 가지고 있다. 황화물 서식지에 사는 일부 종은 황화철(Fe_3S_4)이나 아황화철(FeS_2)을 포함하는 산화철 나노 입자를 가지고 있다. 각각의 철 입자는 작은 자석과 같기 때문에 북반구 박테리아는 자성체 사슬을 사용하여 북쪽과 아래쪽 방향을 결정하고 영양분이 풍부한 퇴적물로 헤엄쳐 내려가거나 담수나 해양 서식지에서 최적의 수심을 찾

---

[162]   *Naming Nature*, Carol Kaesuk Yoon, 2010, p 174

는다. 남반구의 자성 박테리아는 일반적으로 남쪽과 아래쪽을 향하며 그 효과는 마찬가지다. 산화철 나노 입자는 새, 참치, 돌고래, 푸른바다거 북 등의 동물 머리에도 존재하며 탐색에 도움을 주는 것처럼 보인다. 동 물과 박테리아는 이전에 상상했던 것보다 행태적으로 더 많은 공통점을 공유한다. [163)

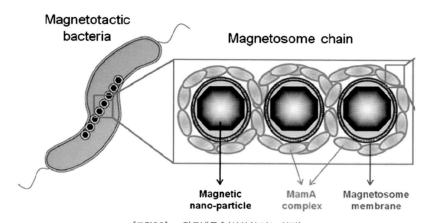

[그림32] - 마그네토솜(산화철 나노 입자)
출처: https://www.aquaportail.com/dictionnaire/definition/7723/declinaison-magnetique
available via license: Creative Commons Attribution 4.0 International

위의 설명은 진동의 자기력이 박테리아의 행동을 제어할 수 있음을 보 여 준다. 어류와 조류를 포함한 다른 많은 생명체에서도 비슷한 행동을 관찰할 수 있다. 마찬가지로 의사소통은 모든 존재가 갖는 필수적인 특성 이며 진동을 통해 이루어진다.

---

163)   *Microbiology*, Prescott, Harley, Klein, 2002, p 53

동물들은 인간보다 폭넓은 감지 능력을 가지고 있다. 상어부터 오리너구리에 이르기까지 많은 종은 전기장의 미세한 변화를 이용해 주변 환경을 관찰하고 먹이를 감지할 수 있다. 박쥐는 음향 반향을 감지하여 위치를 찾는다. 귀향 비둘기는 지구 자기장의 미세한 변화를 이용해 집으로 돌아가는 길을 찾는 것 같다. 그리고 꿀벌은 내부 시계를 보정하기 위해 나날이 변하는 지구 자기장 강도의 변동을 활용하는 것 같다(Gould & Gould, 1999). 벌이 복잡한 시간 측정 방식을 갖추도록 진화하였다는 사실도 전혀 놀랄 만한 일이 아니다. [164]

우리는 인간만이 도구를 사용할 수 있다고 배웠지만, 다음의 사례들은 원숭이류뿐만 아니라 원시 생명체도 더 나은 삶을 위해 도구를 사용하는 것을 보여 준다.

호모트레마 루브럼이라는 단세포 유공충인 붉은 원생동물이 있다. 이 작은 짐승은 매력적으로 먹이를 포획하는 방법을 알고 있다. 밀물 때 작은 붉은 껍질 밖으로 슈도포디아라고 불리는 젤리 같은 실을 뻗어 내밀고, 인내심을 갖고 기다리면서 물기둥을 따라 움직이는 해면동물의 뼛조각(골편, 骨片)을 채집한다. 각각의 골편은 작은 유리 바늘 모습을 갖는다. 따라서 호모트레마는 이것을 일종의 낚싯대처럼 활용하여, 자신의 팔을 따뜻한 물속으로 뻗쳐서 맛있는 먹이 입자를 포획할 수 있다. 인간이 도구를 만드는 존재인 것은 사실이다. 하지만 원생동물도 이처럼 멋지게 도구를 채집하고 활용할 줄 안다. [165]

---

[164]   *Rhythms of Life*, Foster and Kreitzman, 2004, p 52
[165]   *Darwin's Lost World*, Martin Brasier, 2009, p 16

[그림 33] 호모트레마 루브럼 Homotrema rubrum Foraminifera
출처: reeflex.net

1973년 도로시 레털랙(Dorothy Retallack)이라는 여성이 『음악의 소리와 식물』이라는 책을 출간했다. 그녀는 이 책에서 음악 소리에 노출된 시간이 식물의 성장에 영향을 준다고 주장했다. 식물이 음악, 소리 주파수나 조율된 음조, 음파나 초음파 에너지에 노출되면 성장과 발아에 영향을 미칠 수 있다는 주장이 많았다. 만약 소리나 음악의 주파수가 식물에 영향을 미칠 수 있다는 것이 사실이라면, 식물은 몸통만이 아니라 정신은 물론이고 잠재적인 무유까지 가지고 있다. 우리는 식물을 움직이지 않는 동물이라고 말할 수 있다.

에른스트 헤켈(Ernst Haeckel, 1834~1919)은 현대의 비교생리학에서 많은 식물과 동물의 '민감한' 부분이 다양한 자극(빛, 열, 전기, 중력, 마찰, 화학 작용 등)에 보이는 생리적 반응이 확실히 동일하며, 모두가 자극이

유도하는 반사 운동에 동일하게 반응한다고 분명하게 주장한다.[166]

꽃이 암컷 난초벌의 모습을 닮아 벌난초로 불리는 양동이 난초는 화밀을 생산하지는 않지만 수컷 벌의 성적 관심을 유발하여 수컷 벌들을 끌어들여 마침내 수분에 성공한다. 또한, 사람이 알아볼 수 없을 정도로 아름다운 자외선 색을 띠어 나비와 벌을 안전하게 유인하는 식물도 있다. 그렇다면 우리는 식물이 어떤 형태의 인지 능력도 보유하지 않는다고 확실하게 단언할 수 있을까?

[그림 34] 양동이 난초꽃 bucket orchid flower bee shape
출처: https://www.treeguideuk.co.uk/bee-orchid/

---

[166] *The Riddle of the Universe*, Ernst Haeckel, 1934, p 129

두뇌를 가진 생명체가 주로 사용하는 유전자가 두뇌가 없는 생명체인 식물에도 존재한다. 고조보리 다카시 박사는 모든 생명체 가운데 가장 오래전에 형성된 두뇌를 보유한 것으로 알려진 편형동물 플라나리아 (planaria)에서 116개의 대뇌 유전자를 발견하고 분류했다. 플라나리아는 약 8억 년 전에 지구에 출현한 것으로 보인다. 인간과 쥐는 플라나리아가 지닌 특정 대뇌 유전자의 95% 이상을 공유한다. 두뇌가 없는 아주 작은 벌레처럼 생긴 동물인 선충은 대뇌 유전자의 90%를 공유한다. 작은 꽃 식물인 애기장대도 약 40%를 공유한다. 심지어 진균류로 분류되는 미생 물인 효모도 35% 정도를 공유한다. 고조보리 박사는 "두뇌에서 작용하 는 대부분의 유전자는 두뇌와 신경계를 지닌 생명체가 출현하기 훨씬 전 부터 이미 존재해 왔다"라고 주장했다.[167]

4.2. 비포유류

양동이 난초처럼 이성을 끌어들이거나 포식자의 주의를 분산시키거나 먹잇감을 속이기 위해 수행하는 모방과 위장은 유기체에서 흔히 볼 수 있 다. 곤충과 어류는 먹잇감의 생김새를 기억하고 자신이 먹잇감의 기호에 맞춰 그 모습을 흉내 내어 먹이를 유인한다. 소위 하등동물로 분류되는 생명체도 이전의 경험을 기억하고 그 이유와 작동 방식을 이해하기 때문

---

[167]   *Newton Highlight*, DNA, 2011, p 110-111

에 이러한 행태가 지속될 수 있다.

많은 동물의 먹잇감이 되는 나비와 같은 곤충들은 다른 혐오스럽거나 자신을 쏘아 대는 곤충의 외모를 흉내 내어 자신을 보호한다. 우리는 간혹 노란색과 검은색 줄무늬를 갖는 꽃등애(파리)를 종종 말벌이라고 착각하는 경우가 있다. 파리를 흉내 내는 일부 꿀벌은 훨씬 더 완벽한 속임수를 사용한다. 먹잇감은 물론이고 포식자도 위장한다. 아귀는 바다 밑바닥에서 배경과 조화를 이루고 인내심을 갖고 기다린다. 유일하게 눈에 띄는 부분은 머리 꼭대기에서 튀어나온 긴 '낚싯대' 끝에 꿈틀거리는 벌레 같은 살덩어리다. … 이 낚시꾼은 꿈틀거리는 벌레 같은 개체에 접근하려는 작은 물고기의 성향을 이용하여 위장한다. 그는 '여기 벌레가 있지요'라고 유혹하며 이 거짓말이 '통하는' 조그마한 물고기를 잡아먹는다. [168]

[그림 35] 아귀 angler
출처: 'Big bad Angler fish' Art by Thomas Veyrat, on Artstation
https://veyratom.artstation.com/projects/VVmK5

---

[168]   *The Selfish Gene*, Richard Dawkins, 2009, p 64-65

인간과 고등 포유류의 정신 능력에는 근본적인 차이가 없으며, 마찬가지로 포유류와 비포유류 사이에도 정신 활동 측면에서 큰 차이를 찾을 수 없다.

고대로부터 철학자들은 고등 정신 능력인 사고력과 언어가 인간과 다른 종을 구분하는 가장 큰 차이점이라고 주장해 왔다. 1637년 르네 데카르트(Rene Descartes)는 하등동물은 자의식이 전혀 없는 몽유병에 걸린 자동 장치(automaton)에 지나지 않는다고 주장했다. 이 프랑스 사상가는 동물이 "우리처럼 단어나 기호를 사용하여 조합하는" 능력을 가질 수 있다는 것은 상상할 수 없는 일이라고 생각했다. 찰스 다윈(Charles Darwin)은 인간과 나머지 동물계가 공통의 조상으로 연결되어 있다고 주장하면서 이 교리에 엄청난 타격을 가했다.[169]

곤충은 인간과 마찬가지로 생각하고, 의사소통하고, 상당 기간 동안 특정 정보나 사건을 기억할 수 있다. 곤충뿐만 아니라 식물, 심지어 박테리아와 바이러스도 사고하는 능력을 가지고 있다. 그러나 인본주의를 고수하는 사람들은 제한된 지식, 오만, 자신의 편견으로 인해 이처럼 사실로 증명된 현상을 자의적으로 무시한다.

곤충학자 파브르(M. Fabre)가 특정 암컷을 얻기 위해 노력하는 세르세리스 수컷에 대해 말했듯이, 이 분류군에 속하는 곤충들은 오랜 시간이 지난 후에도 서로를 알아보는 능력이 있으며 심오한 애착을 보인다는 것

[169] *TIME*, March 29, 1993, Can animals think?, p 36

을 확인할 수 있다. 누구도 피에르 후버가 시행한 연구 결과의 정확성을 의심할 수 없다. 그는 개미 몇 마리를 분리한 후 4개월이 지나 이들이 공식적으로 같은 무리에 속해 있던 다른 개미를 만났을 때 더듬이로 서로를 인식하고 애무하는 모습을 관찰했다. 만약 서로가 낯선 개미였다면 서로 싸웠을 것이다. 다른 사례에서는, 두 공동체가 전투를 벌일 때 같은 편에 속한 개미들이 혼란스러운 싸움판에서 간혹 서로를 공격하는 경우가 있는데 곧 자신의 실수를 깨달은 개미가 다른 개미에게 용서를 구하는 모습도 관찰되었다. [170]

귀뚜라미는 자신이 과거에 벌인 싸움에서 일어난 일에 대해 전반적으로 기억한다. 최근 싸움에서 많이 이긴 귀뚜라미는 더 호전적인 자세를 갖는다. 반면, 최근에 연패를 당한 귀뚜라미는 더욱 온건한 입장으로 변한다. R. D. 알렉산더가 이런 현상을 명확하게 보여 주었다. 그는 모형 귀뚜라미를 이용해 진짜 귀뚜라미를 때렸다. 이런 조치를 취한 후에 진짜 귀뚜라미는 다른 귀뚜라미와의 싸움에서 패배할 확률이 높아졌다. 각 귀뚜라미는 개체군의 평균적인 개체에 대한 자신의 싸움 능력에 대한 자신의 추정치를 지속적으로 업데이트하고 있는 것처럼 보인다. 과거 싸움에 대해 전반적인 기억을 갖는 귀뚜라미와 같은 동물들을 한동안 폐쇄된 그룹에 함께 놓아 두면 일종의 지배 계층이 형성될 수 있다. … 귀뚜라미는 서로를 개체로 인식하지 못하지만 암탉과 원숭이는 개체로 인식한다. [171]

하등 생명체로 취급받는 생물들조차도 인간의 관점에서 보면 그 범위

---

[170]   *The Descent of Man*, Charles Darwin, 2009, p 237

[171]   *The Selfish Gene*, Richard Dawkins, 2009, p 81-82

가 매우 제한적인 것처럼 보이지만 서로 간에 특정 선호도를 공유한다. 인간을 비롯한 많은 생명체는 시각과 청각의 특정 주파수가 겹치는 부분에 대해 비슷한 선호도를 보인다. 이들은 모두 동일하거나 유사한 색상, 형태와 소리를 선호한다.

캔자스주에 사는 매미 암컷들 대부분은 시동이 걸린 트랙터에 스스로 다가가는 행태를 보인다. 말라야의 원주민들은 율동적으로 손뼉을 쳐서 특정 매미 종을 유인한다. 프랑스에는 휘파람 소리에 반응하는 매미 종이 있다. 특정 종의 암컷 코릭시드 벌레는 저주파 발전기의 초음파 소리에 이끌린다. 거미는 백파이프, 하프시코드, 류트, 바이올린을 포함한 다양한 악기에 매력을 느끼는 것이 관찰되었다. 대관절 왜 이런 일이 벌어질까? 이 답은 간단하다. 이 무척추동물들이 소리를 듣고 반응하기 때문이다. 아마도 이들에게 매우 익숙한 소리는 자기들끼리 의사소통하는 음역대일 것이다. [172]

이런 류의 정신 활동은 아메바, 원생동물, 박테리아, 식물, 심지어 분자나 원자와 같이 미세한 존재들이 거주하는 환경에서 관찰할 수 있다. 벌, 곤충, 새, 영장류, 인간과 같은 더 큰 존재일수록 보다 두드러진 정신적 특성을 갖는다. 본질이 진동인 무유를 지닌 모든 존재는 특정의 정신 능력을 보유한다. 정도의 차이만 있을 뿐 본질이나 종류에서의 차이는 거의 없다.

먹잇감의 몸 안에 알을 낳으면 자신의 유충이 애벌레의 내부를 갉아먹

---

[172] *Insect Behavior*, Robert & Janice Matthews, 1978, p 265

으며 자라는 것을 인지하고 먹잇감을 죽이지 않고 마비시키는 습성을 갖는 맵시말벌과 일반적으로 관찰되는 자연의 잔인함이 빅토리아 시대 신정론의 주요 관심사였다. … 그리고 이 유충은 애벌레의 장기가 손상되지 않도록 돌보면서 순차적으로 먹어 치우는 현명함을 보인다. 자신의 생존에 필수적인 심장과 신경계는 마지막까지 남겨두고 지방질 몸과 소화기관을 먼저 먹어 치운다. [173]

어떻게 맵시말벌은 자신의 유충이 먹잇감의 신선한 살을 파먹으며 자랄 수 있도록 영리하고 세심하게 행동할 수 있을까? 이것은 모든 생명체가 자신 안에 암호화된 청사진을 갖고 있으며, 양육을 통해서가 아니라 유전적으로 이를 자손에게 물려준다는 사실을 확인할 수 있다.

산호뱀을 만나면 회피 행동을 보이는 모트모트 새의 새끼가 부화하자마자 같은 종의 어미들과 접촉이 끊어진 상태에서 사람의 손에서 자랐다. 전적으로 사람 손에서 자란 모트모트가 최초로 산호뱀을 만나면 무조건 피한다. 심지어 노란색과 빨간색 띠가 인접해서 반복적으로 칠해진 뱀 크기의 얇은 나뭇조각을 봐도 회피한다. 그러나 이들은 다른 색의 줄무늬로 칠해진 나뭇조각은 피하지 않고 대개 그런 물건에 관심을 보이며 골똘히 탐구한다. 산호뱀에 대한 모트모트의 회피 성향은 태어날 때부터 유전적으로 타고난 행동이기 때문에 따로 학습할 필요가 없다. [174]

---

[173] *The Greatest Show on Earth*, Richard Dawkins, 2009, p 395
[174] *An Introduction to Biological Evolution*, Kenneth V. Kardong, 2005, p 166

낳아 준 부모와 함께 지내지 않고 홀로 성장하고 짧은 생을 마치는 거미는 먹잇감을 잡기 위해 아름답고 섬세하며 효율적이고 투명한 덫을 짜는 매우 섬세한 공학 기술을 선보인다. 이런 종류의 자연적 특성은 선험적이라고 정의할 수 있다.

이전 세대와의 접촉이 전혀 없는 모래말벌이 복잡한 둥지를 파는 작업을 벌인다. 홀로 사육된 날도래는 완벽하게 회전한다. 인간이 독방에서 기른 수컷 귀뚜라미가 다른 수컷과 마주치면 여전히 종 특유의 공격적이고 경쟁적인 노래를 부른다. 여러 면에서 곤충의 행동은 미리 짜인 각본에 따라 이루어지는 것처럼 보인다. 주어진 상황에 직면하면 초보자도 적절하게 행동한다. 척추동물 행동 연구에서 감성적인 논란을 불러일으키는 '본능'이라는 개념을 곤충의 행동에 적용하면 더 쉽게 이해할 수 있다. [175]

벌거숭이두더지쥐, 말벌, 흰개미, 개미, 꿀벌과 같은 유사회적(eusocial) 동물은 한 마리의 번식 여왕, 소수의 번식 수컷, 불임 일꾼과 병사로 나뉘어 역할을 수행한다. 이들 중 일부는 특정 역할을 맡고 살다가 간혹 역할을 바꾸기도 한다.

유사회적 동물 조직은 생식 분업(여왕과 일꾼), 세대 중복(부모와 자손의 수명이 상당히 겹침), 새끼 공동 돌봄이 행해지는 사회를 일컫는다. [176]

유사회적 동물은 주어진 임무를 충실히 수행하고, 함께 일하면서 협력

[175]   *Insect Behavior*, Robert & Janice Matthews, 1978, p 40
[176]   *The Altruistic Equation*, Lee Alan Dugatkin, 2006, p 136

하고, 서로 소통함으로써 효율성과 사회성을 제고한다. 그들은 또한 훌륭한 기억력을 갖는다. 유사회적 사회가 운영되는 것을 관찰해 보면 그들의 정신 활동을 이해할 수 있다. 어느 누구도 유사회적 동물에서 벌어지는 정신적 활동을 부인할 수 없다.

개미는 서로에게 정보를 확실하게 전달하고 여러 개미가 같은 작업이나 놀이 게임을 하기 위해 단결한다. 그들은 몇 달 동안 떠났다 돌아온 동료 개미를 인식하고 서로에 대한 동정심을 느낀다. 그들은 훌륭한 건물을 짓고, 깨끗하게 유지하고, 저녁에 문을 닫고 보초를 세운다. 개미들은 서로 달라붙어 도로를 만들고 강 아래에 터널을 뚫고 임시 다리를 놓기도 한다. 이들은 공동체를 위해 식량을 수집하고, 둥지에 집어넣기에는 너무 큰 물체가 도착하면 문을 넓혀 들여놓은 다음 다시 쌓아 올린다. 씨앗을 저장하여 발아를 방지시키고, 습기가 차면 표면으로 끌어올려 건조시킨다. 진딧물이나 자신들의 곤충을 젖소처럼 키운다. 그들은 정기적으로 무리를 지어 전투에 출전하고 공동의 이익을 위해 기꺼이 목숨을 희생한다. 그들은 미리 짜인 각본에 따라 이주한다. 노예를 포획한다. 진딧물의 알과 자신의 알, 고치를 둥지의 따뜻한 곳으로 옮겨 빨리 부화할 수 있도록 조치한다. 이와 비슷한 행태를 보여 주는 사례는 무궁무진하다.[177]

곤충은 일련의 신호를 통해 학습한 정보를 전달하거나 자신의 감정을 표현할 수 있다. 꿀벌은 먹이 수집 원정을 마치고 돌아오면 먹이의 방향, 거리, 가치 등 먹이에 대한 중요한 정보를 독특한 춤을 보여 줌으로써 다

---

[177]   *The Descent of Man*, Charles Darwin, 2009, p 121

른 꿀벌에게 전달한다. 만약 너무 늦게 돌아와 어두워서 춤을 보여 줄 수 없으면 다음 날 아침까지 기다렸다가 춤을 추어 동료들에게 정보를 전달한다. 꿀벌은 몸짓으로 정보를 전달하고 다른 꿀벌은 몸의 진동과 움직임을 보고 정확한 정보를 파악한다. 정보를 받은 꿀벌은 드러난 정보를 액면 그대로 받아들이지 않고 자신의 경험과 비교하며 받아들일지 여부를 결정한다. 시간이 지연된 뒤에 표현하거나, 드러난 정보와 자신에게 저장된 정보를 비교하는 것은 이들이 복잡한 정보를 일정 기간 동안 기억할 수 있음을 보여 준다.

꿀벌은 자신들이 위치를 알고 있는 지형물과 연계하여 특정 지역에 대한 인지 지도를 그려낼 수 있다. 이러한 가능성을 탐구하기 위해 먼저 꿀벌을 먹이 장소 A에서 훈련시킨 다음, 벌집을 떠날 때 포획하여 어두운 장소 B로 이동시켜 먹이 장소가 보이지 않도록 만들었음에도 불구하고 꿀벌은 바로 장소 A로 날아갔다. 이는 꿀벌이 익숙한 지역에 있는 지형물에 대한 심리적 지도를 간직하고 있음을 보여 준다(굴드 1986에서 발췌).[178]

곤충, 조류, 포유류는 DNA에 암호화되어 내재된 지침에 따라 기본적인 둥지를 짓는 것처럼 보인다. 둥지 장식과 같은 더 섬세한 기술은 변화하는 환경에 적응하는 부모나 또래의 행동을 관찰하거나 관련 재료의 가용성, 포식자, 파트너의 선호도 등을 고려하며 학습해 나간다.

벌새의 둥지와 정자새의 놀이 통로는 화려한 색상의 물건으로 세련되

---

[178]   *Perspectives On Animal Behavior*, Goodenough, McGuire, Wallace, 2001, p 224

게 장식되어 있으며, 이는 그들이 이런 것을 보면서 일종의 쾌감을 느낀다는 것을 보여 준다. 하지만 인간은 대다수 동물의 아름다움에 대한 취향은 이성을 끌어들이는 매력에 국한되어 있다고 단정한다. 그러나 우리는 인간이 여러 가지 상충되는 영향으로 인해 어떻게 변덕스러워졌는지 부분적으로 이해할 수 있을 뿐만 아니라, 앞으로 보게 되겠지만 하등동물들도 애정, 혐오감, 아름다움에 대한 감각이 마찬가지로 변덕스럽다는 것을 이해하게 될 것이다. 또한, 조류들이 참신함을 좋아한다고 판단할 만한 이유도 있다. [179)]

조류는 시각과 청각과 관련된 미적 선호 감각을 **가지고 있다.** 조류와 포유류는 타고난 방식에 따라 뛰어난 작업을 수행하는데, 이는 우리의 예술에 대한 관념과 일정 부분 유사하다. 조류는 이런 미적 선호를 주로 같은 종 사이에서 배우며 다른 종으로부터 배우는 경우가 있지만 드물다.

눈에 확 띄지만 아주 매력적이지 않은 박새는 짝짓기를 위해 숲의 열매와 화려한 조개껍데기로 매우 정교한 구조물을 만든다. [180)]

조류는 생존(자연 선택)이나 이성을 끌어들이기(짝 선택)뿐만 아니라 행복, 두려움, 고통, 위협에 대한 경고 등 자신의 감정 상태를 다른 새에게 표현할 때 목소리를 사용한다. 이들은 좋은 목소리를 가진 새가 부르는 노래를 감상하거나 재미있는 소리를 흉내 내거나 짝의 아름다운 색을 알

179) *The Descent of Man*, Charles Darwin, 2009, p 81
180) *Mind, Life, and Universe*, Magulis and Punset, 2007, Interview with John Bonner, p 262

아차리는 등 심미적 쾌락을 느끼기도 한다.

새들이 서로의 노래에 관심을 보이는 것은 확실하다. 위어씨는 독일 왈츠 부르는 법을 배워 10기니를 받을 정도로 훌륭한 연주자였던 불핀치의 사례를 언급하였다. 이 새가 다른 새들이 있는 방에 처음 들어와 노래를 부르기 시작하자 약 20마리의 린넷과 카나리아로 구성된 다른 모든 새가 새장 가장 가까운 쪽에 모여 새로운 연주자에게 엄청난 관심을 갖고 귀를 기울였다. … 새들은 다양한 곡을 배울 수 있으며, 음정이 없는 참새조차도 홍방울새처럼 노래하는 법을 배웠다. 그들은 양부모의 노래는 물론이고 간혹 이웃에 사는 새의 노래도 배운다.[181]

새들은 서로에게 유용한 다양한 기술을 배운다. 서유럽의 텃새인 푸른가슴딱새는 문 앞에 놓인 우유병을 쪼아 맛있는 크림을 맛보는 습관을 익힌다. 이 습관은 처음에는 일부 영리한 새들이 시도하여 성공한 후 나중에 다른 새들이 모방할 수 있다. 새들은 자신의 소중한 생명을 지키기 위해 다른 종의 소리, 인공적인 소리, 심지어 더 크고 강력한 동물의 소리까지 모방할 수 있다.

침엽수 숲에 사는 큰가슴딱새는 침엽수 바늘을 도구로 사용해 나무 구멍에서 애벌레를 빼내는 모습이 관찰되었다. 영국에서는 우유병의 뚜껑을 따서 크림을 꺼내는 방법을 배웠다고 한다. 박새는 관찰 학습에 능숙하기 때문에 (특히 음식과 관련될 때) 우유병을 여는 습관은 곧 영국 박

---

[181] *The Descent of Man*, Charles Darwin, 2009, p 298-299

새 사이에서 빠르게 퍼졌다. 오래전 조류 관찰자들이 먹이를 사용하여 큰가슴딱새를 정원으로 유인하려는 시도에서 발견한 또 다른 재능은 큰 가슴딱새가 견과류와 같은 먹이가 붙어 있는 끈을 놀라울 정도로 능숙 하게 잡아당기는 행동을 보였다. 어떻게 이들이 이처럼 정교한 기술을 배 울 수 있었을까? 둥지 구멍을 차지하고 부화 중이거나 잠복 중인 암컷은 조금은 생소한 습성을 보인다. 이들은 뱀이 내는 "쉿" 소리를 내어 사람 을 포함한 불청객이나 포식자를 겁주어 쫓아낸다. 어떤 포식자라도 어두 운 구멍에 코를 들이밀어 치명적인 뱀에 물릴 위험을 감수하지는 않을 것 이다! 이 뱀 소리를 내는 행동은 타고난 것일까, 아니면 암컷이 어미로부 터 배운 것일까?[182]

다른 새들도 도구를 사용하는 것처럼 먹이를 얻는 고도의 방법을 보 여 주며, 어떤 새들은 딱딱한 껍질의 먹이를 물고 높은 곳으로 날아 올라 가 딱딱한 지표면에 떨어뜨려서 까기도 한다.

북서부에 사는 까마귀는 썰물 때 물가를 따라 돌아다니며 대형 연체 동물인 골뱅이를 찾는다. 적당한 조개껍데기를 발견하면 이것을 부리에 물고 해안 쪽으로 날아가 거의 수직으로 날아 오르다가 조개껍데기를 떨 어뜨린다. 조개가 깨지면 알맹이를 주워 먹는다. 실패하면 조개껍데기를 다시 주워 더 높이 위로 날아 올라가 다시 떨어뜨리는데, 조개껍데기가 깨질 때까지 이 과정을 반복한다. … 미국 까마귀는 먹이를 다루는 방식 을 조정하여 에너지를 최대로 얻는다. 이 까마귀는 영국 호두와 검은 호

---

182)   *Animal Traditions*, Eytan Avital and Eva Jablonka, 2000, p 36

두를 모두 먹는데, 호두를 물고 최대 30m 상공까지 날아가서 땅에 떨어 뜨려 깨뜨린다. 호두를 떨어뜨리기 위해 위로 날아가는 데 드는 에너지 소모가 매우 크다. 그래서 이 까마귀는 호두와 지표면의 딱딱한 정도를 고려하여 낙하 높이를 조절한다. 떼를 지어 먹이를 먹기 때문에 떨어뜨린 호두를 다른 새가 훔쳐 갈 위험이 높다. 그래서 이들은 호두를 도난당할 위험이 특정 임계치를 초과하면 낙하 높이를 낮춘다. [183]

많은 곤충, 조류, 포유류는 나중에 먹기 위해 먹이를 비축하는 방법과 저장된 먹이의 특성에 따라 썩는 것은 빨리, 썩지 않는 것은 나중에 회수하는 시기와 방법을 알고 있다. 이런 행동은 이들의 뛰어난 공간 활용 능력, 먹거리의 구분, 기후 변화 예측, 음식의 자연 순환과 관련된 내재된 지식 수준을 보여 준다.

클라크 호두까기, 비둘기 어치, 박새는 생태 환경과 진화가 종의 학습 능력에 어떤 영향을 미치는지를 보여 준다. 이 새들은 씨앗을 저장했다가 나중에 먹이를 구하기 어려워지면 저장된 씨앗을 찾아서 먹는 종에 속한다. 새들은 다른 동물에게 씨앗을 빼앗기지 않도록 땅에 파 놓은 작은 구멍에 씨앗을 숨긴 다음 그 위를 덮어 감춘다. 이렇게 가을에 씨앗을 저장해 두었다가 필요에 따라 겨울과 봄 내내 찾아서 먹는다. 클라크 호두까기는 이듬해 여름에 새끼에게 먹이를 주기 위해 저장된 씨앗을 활용하는 경우도 있다(Vander Wall and Hutchins, 1983). 새들이 씨앗을 묻고 몇 달이 지나서도 숨긴 장소를 알아야만 이런 행위에 대한 설명이 가능하다.

---

[183] *Perspectives On Animal Behavior*, Goodenough, McGuire, Wallace, 2001, p 278-280

씨앗을 회수하는 것은 3종 모두에게 매우 인상적인 작업이지만, 특히 수 km²에 걸쳐 9,000개의 은신처를 조성할 수 있는 클라크 호두까기의 경우가 특출난다(Balda 1980; Vander Wall과 Balda 1977). … 박새과(박새속)의 종과 까마귀과(호두까기와 어치)와 계통 발생학적으로 구분되는 조류과의 특정 종도 식량 저장 기능을 갖추는 식으로 진화해 왔다. 박새과는 널리 흩어져 있는 수백 개의 장소에 씨앗이나 곤충을 몇 달씩 저장하는 까마귀와 달리 몇 시간에서 몇 주라는 보다 짧은 기간 동안만 저장한다.[184]

[그림 36] 클라크 호두까기 clark's nutcracker
출처: https://www.birdbaron.com/clarks-nutcracker/

혹독한 환경 조건에서 살아가는 동물들 또한 독특한 먹이 공급 방법과 새끼 돌보는 방법을 고안하여 스스로 적응한다. 펭귄이 새끼를 돌보는

---

[184]   *Perspectives On Animal Behavior*, Goodenough, McGuire, Wallace, 2001, p 82

방식은 홍학이 그들의 주식인 새우, 해조류, 플랑크톤 등 먹잇감이 너무 작아 운반하기 어려워서 채택한 새끼에게 먹이를 주고 돌보는 방식과 매우 비슷하다. 펭귄의 부모는 먹이를 섭취하고 위에서 작물유를 만들어 역류시켜 새끼에게 먹이고, 펭귄 새끼들은 부모가 작물유를 생성하기 위해 먹이를 구하러 떠난 동안 인간의 유치원과 같은 탁아소에 모여 공동으로 학습한다.

겨울철이 되면 남극에 사는 대부분의 다른 펭귄들과 포유류는 따뜻한 날씨를 찾아 이동한다. 이와 반대로 황제펭귄은 번식을 위해 대륙 한가운데로 이동한다. 황제펭귄은 영하 40~50℃의 혹독한 남극 환경에서 사는 가장 놀라운 생존자다. 이들은 눈보라가 몰아치면 바깥쪽에서 안쪽으로 끊임없이 자세를 바꾸며 몸을 웅크리는 방식(허들링)으로 체온을 유지한다. 어미 펭귄이 알을 낳으면 아빠 펭귄이 발 사이에 알을 품고 부화시키는 동안, 어미는 식도에 있는 샘에서 생산되는 단백질 물질인 펭귄 젖을 새끼에게 먹이기 위해 160km가 넘는 먼 거리의 바다로 걸어가 먹이를 구해 저장한다. 보통 새끼 펭귄은 돌아오는 부모의 위에서 역류한 펭귄 젖을 먹는다. 어미가 돌아오면 소리를 질러 알이나 자신의 짝을 찾는데, 찾으면 역할이 바뀐다. 암컷이 대신 알을 품고 그동안 수컷은 먹일 젖을 저장하기 위해 바다로 떠난다. 알이 부화한 후에는 새끼의 목소리를 기억하고 소리로 무리에서 자기 새끼를 구분해 낼 수 있다. 부화 후 약 2개월이 지나면 새끼는 부모의 품을 떠나 다른 살아남은 새끼들과 함께 펭귄의 보육원인 크레쉐에 합류해 허들링 등 생존 방식을 익힌다.[185]

---

[185]   *Tears in the Antarctic*, MBC special documentary, 2012. 01

[그림 37] 펭귄이 크레쉐에서 허들링을 배우는 모습 creche penguine
출처: https://www.sciencephoto.com/media/960788/view/emperor-penguin-creche-of-chicks-
huddling

아인슈타인이라는 이름을 가졌던 아프리카 회색 앵무새는 한 TV 쇼에
서 200개 이상의 단어와 소리를 표현하는 능력을 보여 주었다. '생일 축
하해요'라고 명확하게 발음하고 원숭이, 상어 등 다른 동물의 소리는 물
론이고 우주선 소리까지 흉내 낼 수 있었다. [186]

감금 상태에서 사는 새는 특별한 이유 없이 특정 개체에 대해 지속적으
로 강한 반감이나 애정을 표현하는 것을 볼 수 있는데, 이들이 개별 존재를
구분하는 능력을 갖고 있음을 보여 준다. ⋯ 오듀본이 낯선 개만 보면 항상
도망치던 야생 칠면조를 길들여 키웠는데, 이 칠면조가 숲으로 도망쳤다.
그러다 며칠 후 다시 만났는데 그는 이를 다른 야생 칠면조라고 생각했다.

---

186) http://www.ted.com/talks/lang/ko/einstein_the_parrot_talks_and_squawks.
html

그때 자신이 기르던 개가 칠면조를 쫓았는데 놀랍게도 칠면조가 도망치지 않고 다가왔다. 이들은 서로가 오랜 친구 사이라는 것을 알았다.[187]

4.3. 포유류

보다 진보된 동물은 자신의 감정을 더 다양하고 복잡하게 표현하는 것으로 알고 있다. 그러나 우리가 다른 동물의 감정, 그들의 의사소통과 생활 방식을 제대로 파악하지 못하는 한 그런 주장에 동의할 수 없다. 이런 맥락에서 인간과 다른 동물의 정신 능력에는 근본적인 차이가 없다고 말하는 것이 더 낫다. 정도의 차이만 존재할 뿐 내용 면에서의 차이는 존재하지 않는다.

다윈은 『감정의 표현』에서 현대 비교행태학의 토대를 마련했다. 이 책의 제목은 그의 확고한 자연주의 사상을 잘 나타낸다. 그는 유기체의 정신적 특성과 신체적 특성이 분리될 수 없으며, 두뇌와 신체 조직과 마찬가지로 감정과 지능도 진화해야 한다는 것을 분명히 파악했다. 그는 "도덕적 감각이나 양심이 인간과 하등동물 사이의 가장 중요한 차이를 구성한다"는 견해에 동의하면서도 그것이 자연적으로 진화됐다고 생각했다. 나는 이를 잘 표현하는 다음 문장을 인용하겠다. "부모나 자식의 애정을

---

[187]   *The Descent of Man*, Charles Darwin, 2009, p 331-332

포함하여 현저한 사회적 본능을 타고난 어떤 동물이든 지적 능력이 인간처럼 또는 인간에 가깝게 발달하면 필연적으로 도덕적 감각이나 양심을 갖게 될 것이다"라는 명제가 가능하다(물론 그는 그것이 인간과 동일하지 않을 수 있다고 부연하였다). [188]

영장류는 우리와 비슷한 육체와 정신적 구조를 가지고 있으며 분노, 두려움, 경각심, 애정, 슬픔, 시기, 사랑, 증오, 고통, 즐거움, 협력, 사회적 학습과 같은 행동과 감정 표현을 아주 비슷하게 나타낸다. 우리는 그들이 개인적이나 집단적 인식을 통해 나타나는 우리의 정신과 비슷한 정신을 지니고 있음을 인정할 수밖에 없다.

다른 포유류도 인간만큼은 아니지만 마음과 감정 측면에서 비슷한 특징을 갖는다. 개가 사람뿐만 아니라 다른 개와도 인간과 같은 강한 유대감을 형성하는 것에 대한 많은 사례가 있다. 어느 수컷은 아주 나이가 많은 다른 수컷과의 친근한 우정을 보였다. 이 수컷은 매일 짝과 아이들을 집에 두고 2km가 넘는 위험한 길을 걸어서 친구를 찾아갔다. 개는 주인이 세상을 떠났을 때 보고 느낀 대로 느낌과 감정을 표현한다. 때때로 개는 먹이를 거부하고 사랑하는 주인과 함께 즐겼던 길을 혼자서 계속 걷기도 한다. 이들은 마치 죽은 주인과 함께했던 기억을 되살리며 행복했던 과거를 회상하고 싶어 하는 것처럼 행동한다. 일부 고양이도 이런 감정을 나타낸다.

---

[188]   *Evolutionary Humanism*, Julian Huxley, 1992, p. 21

보다 복잡한 감정의 대부분은 고등동물이나 인간에게 공통적으로 나타난다. 개가 주인이 다른 동물에게 애정을 아낌없이 베풀면 질투하는 모습을 누구나 본 적이 있을 것이다. 원숭이에게도 같은 행동이 관찰된다. 이것은 동물이 사랑할 뿐만 아니라 사랑받고 싶어한다는 것을 보여준다. 분명히 동물들도 경쟁심을 갖는다. 그들은 인정이나 칭찬을 좋아하며, 주인을 위해 바구니를 들고 가는 개는 높은 수준의 자기 만족감이나 자부심을 느낀다. 나는 개가 두려움은 물론이고 마찬가지로 수치심을 느낀다는 것을 확신하고, 자주 음식을 달라고 보챌 때는 부끄러움과 유사한 감정을 느낄 수 있다고 생각한다. 큰 개는 작은 개의 으르렁거리는 소리를 업신여기는데, 이것은 관대함의 발로라고 할 수 있다. 일부 관찰자들은 원숭이가 비웃음당하는 것을 극도로 싫어하며 때때로 기발한 반응을 보였다고 말한다. [189)]

매년 겨울이면 두루미들이 일본의 특정 지역을 방문한다. 일본인들은 두루미를 좋아하고 마을 사람들은 두루미가 이동하다가 잠시 머무는 동안 신선한 생선을 제공한다. 전에는 붉은 여우와 흰꼬리 독수리가 두루미를 사냥했는데 더 이상 죽이지 않는다. 그들은 두루미가 살아남도록 내버려두면 지역 주민들이 제공하는 많은 양의 물고기를 낚아채서 먹을 수 있다는 사실을 알아챘다. 그들은 두루미가 마을을 계속 방문하는 한 맛있는 음식을 나눠 먹을 수 있다는 사실을 인지하기 때문에 두루미와 더불어 살아가기로 마음먹는다.

[189)] *The Descent of Man*, Charles Darwin, 2009, p. 64

동물들은 짧은 시간만이 아니라 1년 단위를 인지할 수 있는데 다람쥐의 경우는 음식의 유통 기한을 잘 파악한다. 이전에 묻어 둔 도토리를 찾는 다람쥐의 능력이 잘 알려져 있지만, 사실 다람쥐는 묻어 둔 도토리의 상당 부분을 찾지 못하는 다소 낭비벽을 보이는 동물이다. 이들은 도토리뿐만 아니라 다른 부패하기 쉬운 음식물도 묻어 둔다. 이들은 비교적 짧은 시간 내에 상하기 쉬운 물건을 적기에 찾아 먹지 않으면 부패한다는 것을 학습한다. 따라서 다람쥐는 각 항목의 위치뿐만 아니라 그것을 먹어야 하는 시점도 기억한다. 인간의 용어로 표현하자면 다람쥐는 식료품 가게의 장부를 끼고 살아간다. [190]

인간과 함께 사는 많은 반려동물이 있다. 일부 종은 다른 종과 함께 살기도 한다. 인위적인 생활 환경에서 일부 동물은 자연스러운 습성을 완전히 잃고 다른 종을 흉내내기 위해 특별한 행동을 보이기도 한다. 어떤 병아리들은 어미가 아니지만 태어난 후 한동안 자신들을 길러 준 암탉을 따라다닌다. 때때로 암캐가 자신을 따라다니는 병아리를 일반 암탉이 하는 것처럼 깃털을 핥아 주며 이들을 돌보는 모습도 볼 수 있다.

한때 '해리'라는 잡종견은 70개 이상의 단어를 인식하고 주인이 지시하는 삽, 드라이버, 심지어 십자 드라이버, 낫, 망치 등의 도구를 찾아왔다. 또한, 주문한 음료수를 냉장고에서 꺼내 오고, 정육점에서 고기를 직접 사기도 하고, 농부가 요청한 장비를 갖고 오거나 옥수수나 고추를 수확하는 등 농부의 일손을 거들었다. 그는 주인이 농장에서 일하는 목수

---

[190]   *Rhythms of Life*, Foster and Kreitzman, 2004, p 51

인 관계로 그런 물건들을 잘 인식하였다. 심지어 주인의 지시에 따라 트럭 시동 키를 가져왔다.[191]

많은 동물의 부모는 본능적 또는 유전적 경향을 보이는 새끼의 모방 본성을 신뢰하고 새끼를 교육하는 것처럼 보인다. … 동물들은 집중력이 탁월하고 사람과 장소에 대한 기억력이 뛰어나기 때문에 반복되는 사건 사이의 시간 간격을 나름대로 판단할 수 있다. … 통계학적으로 개, 말, 그리고 모든 고등동물은 물론이고 새조차도 생생한 꿈을 꾸고 있으며, 이것은 이들이 잠자는 동안 나타내는 동작과 소리를 보면 짐작할 수 있다. 우리는 새들도 인간처럼 상상력을 가지고 있다는 것을 인정해야 한다. … 인간 정신의 모든 능력 중에서 이성이 정상에 위치한다는 것을 인정할 것이다. 이제는 동물도 추론 능력을 갖는다는 것에 대해 이의를 제기할 사람은 거의 없을 것이다. 동물들도 끊임없이 동작을 멈추고, 숙고하고, 결단을 내리는 모습을 보인다.[192]

화장실에 들어가면 매번 문을 닫는 고양이, 용변을 본 후 물을 내리는 강아지, 주인이 청바지를 입을 때마다 목줄을 물고 오는 개, 매일 버스 정류장에서 주인을 기다렸다가 집으로 함께 돌아오는 개나 고양이, 그리고 먼저 죽은 동생의 무덤을 하루에 세 번씩 찾아가는 개도 있다.

생쥐는 낯선 생쥐보다 잘 아는 생쥐의 고통에 더 큰 괴로움을 느끼고, 원숭이는 우리에 갇힌 동료가 겪는 고통으로 인한 충격을 받지 않기 위

[191] SBS TV Program 'Animal Farm', Sep. 11, 2011, Series 529
[192] The Descent of Man, Charles Darwin, 2009, p 66-67

해 스스로 단식을 선택하고, 침팬지는 개와 마찬가지로 먹이 보상을 받을 때 공평한지 여부를 판단하는 것을 관찰할 수 있다. [193]

도구의 사용과 새로운 음식을 준비하는 방식이 자기 자손이나 같은 종의 다른 구성원뿐만 아니라 다른 종에게도 문화적으로 전승된다는 점이 흥미롭다.

침팬지의 전통이 흥망성쇠를 거치면서 아프리카 대륙 전역에 걸쳐 공동체에서 공동체로 전승되고 있다. 간혹 침팬지들이 휘어 있는 구멍에 나무줄기를 넣어 부드럽게 흔들며 흰개미를 낚거나, 씹어서 쥐어짠 나뭇잎 뭉치를 나무의 높은 곳에 위치한 좁은 구멍에 밀어 넣어 소량이지만 생존에 필수적인 물을 구해 마신다. 쉽게 얻을 수 있는 막대기를 벌집에 쑤셔 넣어 벌꿀을 채집하는 침팬지도 있고, 껍질을 벗긴 막대기로 개미를 유인한 다음 막대기를 입에 쑤셔 넣어 개미를 먹는 침팬지도 있다. 다른 곳에서는 나뭇잎 쿠션에 앉거나 나뭇잎이 무성한 막대기를 샌들이나 장갑처럼 사용하여 가시가 많은 나뭇가지로부터 몸을 보호하는 침팬지도 볼 수 있다. 또 다른 지역에서는 나뭇잎을 컵 모양으로 만들어 물을 떠마시고 나뭇잎을 먹이 접시로 사용하는 침팬지들의 전통으로 내려오는 생활 방식을 관찰할 수 있다. 원숭이 뼈에서 마지막 남은 골수를 추출하기 위해 뼈 집게를 사용하는 침팬지, 튼튼한 막대기로 개미나 흰개미 등지의 땅을 파내는 침팬지, 나뭇잎 냅킨을 사용해 자신이나 새끼를 닦는 침팬지 등도 있다. 이런 방법들은 모두 지역적인 전통으로, 한 공동체나

---

193)   *The Moral Landscape*, Sam Harris, 2010, p 170

지역 집단에 사는 유인원들 사이에서 여러 세대에 걸쳐 학습, 습득, 확산, 전승되어 온 문제 해결 방법이다(랭햄 & 피터슨, 1997, 8-9쪽).[194]

일본 고시마섬에 사는 원숭이들은 감자를 씻어서 먹고 해안가에 떨어진 밀을 모래와 함께 바닷물에 던진 후 물에 떠다니는 밀만 수거하는 방법으로 곡물을 분리하는 혁신적인 방법을 전파했다. 이들이 어떻게 이처럼 독특한 생존 전략을 고안하고 이 전통을 유지할 수 있을까?

견과류를 깨는 침팬지들은 '망치'로 사용할 적당한 크기의 돌이나 단단한 나무막대기를 찾고, 우물 모양의 나무뿌리를 '모루'로 선택한 다음, 견과류의 종마다 놓는 위치가 달라져야 한다는 사실을 염두에 두고 각 견과류를 모루에 정확하게 올려놓는 등의 까다로운 기술을 사용한다. 그런 다음 망치가 가장 효과적으로 작용할 수 있는 부분을 잡고 견과류를 조준하고, 적절한 힘으로 휘두른 후 정확히 내려쳐서 최대한 많은 양의 알맹이를 추출해 낸다.[195]

영장류, 산양, 주홍 잉꼬와 같은 일부 조류를 비롯한 많은 동물이 설익어 독성이 있는 과일이나 쏘는 곤충을 먹으면 특정 점토를 찾아 섭취한다. 동물들은 위생과 치료 용도로 이런 점토를 섭취하며, 이런 관행은 그들 사이에서 공유된다.

많은 영장류가 카오펙테이트(KaopectateTM)라는 장염 치료제의 성분

---

[194]   *Animal Traditions*, Eytan Avital and Eva Jablonka, 2000, p 96
[195]   *Evolution*, Third Edition, Monroe W. Strickberger, 2000, p 496-497

인 고릉석(kaolinite)이 함유된 점토를 먹는다. 최근 허프만과 공동 연구자들은 침팬지, 일본원숭이, 오랑우탄이나 인간이 먹는 점토가 염분 함량은 낮지만 독성 식물 알칼로이드를 매우 효과적인 비율로 흡수한다는 사실을 발견했다(아우프레터 등, 2001; 와키바라 등, 2001). 음료와 특정 박테리아의 섭취는 설사나 박테리아 감염을 퇴치하는 데 효과적으로 작용한다. … 코스타리카의 카푸친 원숭이가 장마철에 감귤류 잎을 털에 문질러 곤충을 퇴치하고 박테리아나 곰팡이 감염을 완화하는 것은 단순한 우연일까?(Baker, 1996) 또, 왜 영장류, 곰이나 긴코너구리 같은 동물이 스스로를 치료하기 위해 자연에서 찾을 수 있는 다양한 재료를 선택적으로 활용할까?[196]

독일 막스 플랑크 동물행동연구소(MPIAB) 이자벨 로머 박사팀은 2022년 6월 인도네시아에서 얼굴에 큰 상처를 입은 수컷 수마트라 오랑우탄 라쿠스가 3일 뒤부터 '아카르 쿠닝'이라는 약초의 줄기와 잎을 씹어서 나온 즙을 상처에 7분 동안 반복해서 바른 다음 잎을 씹어 상처 부위가 덮이도록 바르고 30분 이상 이 약초를 복용하는 것을 관찰했다. 이후에 지속적으로 관찰해 보니 며칠 동안 상처 부위의 감염 징후가 없어졌으며 치료 5일 후부터 상처가 아물고 한 달 안에 완전히 치유된 것을 확인했다. 약초를 이용한 적극적인 치료 행동이 인간과 유인원의 공통 조상에서 비롯되었을 가능성을 보여 준 사례라고 설명했다.

---

[196]   *Primate Behavioral Ecology*, Karen B. Strier, 2007, p 188

[그림 38] 약초 자가 치료
출처: 문화일보(2024.5.3.) '얼굴 흉터' 오랑우탄 다시 미남된 비결…약초 자가치료 첫 포착

　　수백 마리의 다른 코끼리를 개체로 인식할 수 있는 코끼리를 포함한 다른 동물들은 인간이 감지할 수 없는 매우 낮은 주파수의 소리나 다양한 다른 소통 방법을 활용하여 서로 의사소통을 한다. 지능은 의사소통이 어떻게 이루어지느냐 하는 방법론이 아닌 의사소통 능력에 달려 있다. 다음의 내용에서 보듯이 코끼리는 탐욕이 가득한 인간을 만난 불운을 슬퍼하며 타고난 자연적인 습성을 바꿔 나간다. 그들이 느끼는 비참함은 어느 정도나 될까? 인간은 그들에게 정서적으로 심각한 상처를 주었다.

　　동물학자 다프네 셸드릭은 타임지에서 "코끼리는 죽음을 슬퍼한다. 인간과 마찬가지로 코끼리도 여러 해에 걸쳐 자신이 사랑했던 연인이나 동료의 시신이 놓인 곳에 돌아와 슬퍼하고 애도하며 나뭇가지와 나뭇잎을 그 위에 놓아둔다. … 코끼리의 지능은 대단하다. 코끼리는 상아 때문에 죽임을 당한다는 것을 잘 알고 있다. 커다란 상아를 갖는 코끼리는 전 세계에 거의 남아 있지 않으며, 그나마 차보 지역에 남아 있는 두세 종의 코끼리는 야행성으로 변했다. 길을 걸어가던 커다란 상아를 가진 코끼리가 사람이 보이면 자신의 상아를 숨기려고 등을 돌리는 경우도 보았다"라고 말했다. [197)]

인간의 의사소통 방식과 크게 다르지만, 동물들은 자신들이 공유하는 내부와 외부 감각 경계 내에서 가능한 다양한 종류의 나름대로의 의사소통을 하고 있는 것으로 보인다. 우리가 이런 의사소통의 효율성을 제대로 파악하지 못한다면 어떤 방식이 더 낫다고 함부로 말해서는 안 된다.

영장류는 적절한 종, 성별과 생식 상태를 갖춘 짝 찾기, 포식자 피하기, 사회적 관계 유지, 영역 방어 등 다양한 주제에 대한 정보를 전달하는 능력을 갖추고 살아간다. 영장류가 사용하는 주요 의사소통 방식은 촉각, 시각, 후각, 미각과 음성이다. 각각의 방식이 요구하는 근접성과 친숙도의 수준에 따라 단독으로 또는 조합하여 사용할 수 있다. [198)]

벨벳원숭이는 포식자의 종류에 따라 다양한 종류의 경보음을 낸다. 매, 뱀, 포유류 포식자를 피하기 위해 서로에게 경고한다. 모든 동물 종은 인간의 의사소통 방식과는 전혀 다른 고유한 소리나 신호를 사용하여 포식자의 종류를 지정하고 이런 정보를 주고받는 의사소통을 할 수 있다.

[197)]   *TIME*, June 4, 2012, p 56

[198)]   *Primate Behavioral Ecology*, Karen B. Strier, 2007, p 304

우리는 이런 동물들의 섬세한 표현을 구분하지 못하거나, 인간의 인지 범위를 벗어나기 때문에 동물의 의사소통을 이해하지 못하며 그런 표현을 구분하지 못한다.

아프리카 벨벳원숭이 무리가 어슬렁거리며 걷고 있을 때, 가끔 한 마리가 뒷발로 똑바로 서서 비명을 지르기 시작한다. 비명을 지르는 원숭이가 뱀을 봤다는 것을 의미하기 때문에 일제히 다른 원숭이들은 즉시 두 발로 일어나 불안하게 땅을 살핀다. 때로는 누군가 표범을 목격했다는 신호를 큰 소리로 짖어 대면 모두가 표범이 감히 접근할 수 없는 가냘픈 나뭇가지 위로 피신한다. 이들이 먹잇감을 찾아 머리 위를 날아다니는 독수리를 발견하면 두 음절로 된 기침 소리를 내서 모두가 독수리가 접근하지 못하는 덤불 속으로 피하도록 한다. 다른 연구자들은 다이애나 원숭이로 알려진 다른 종의 원숭이도 포식자를 식별하는 비슷한 기침과 비명 소리를 관찰했다. 이 원숭이들은 자신들의 잠재적 포식자를 매우 신뢰성 있고 정확하게 구분하기 때문에 크고 영리한 코뿔새는 실제로 원숭이들의 분류학적 대화를 엿듣기도 한다. 원숭이가 자신들에게도 위협이 되는 포식자가 주변에 있다는 신호를 구두로 전달하는 소리를 들으면 새들도 예방 조치를 취한다. 자신들을 괴롭히지 않는 포식자에 대한 정보를 원숭이들이 교환하면 새들은 이를 무시하고 제가 하던 일을 지속한다.[199]

침팬지는 유인원의 해부학적 구조로 인해 언어 소리를 낼 수 없기 때문에 인간처럼 말할 수 없다. 하지만 그들은 단어를 배울 수 있다. 그렇다

[199]   *Naming Nature*, Carol Kaesuk Yoon, 2010, p 175-176

면 누구의 언어가 문제일까? 그들은 서로 소통하며 평화롭게 살아간다. 언어 없이도 충분히 삶을 누릴 수 있는데 왜 그들이 인간의 언어를 배워야 할까?

동물의 인지나 인식에 대한 질문은 과학적으로 다루기 어렵지만, 그 해답은 인간이 동물계에서 자신의 위치를 어떻게 인식하는가와 인간 이외의 동물을 대하는 방식에 따라 달라질 수 있다.[200]

이것은 사고 자체만이 아니라 각 그룹의 사고 수준이 얼마나 심오한지와 연관된다. 언젠가 과학자들은 무기물까지 포함한 모든 존재의 정신 상태가 유사하다는 것을 밝혀낼 것이다. 진동의 특성을 지니는 소립자를 포함한 모든 존재는 현재의 형상과 관계없이 아이디어나 정보를 교환하고 소통할 수 있다.

진정한 진화론적 분류와 생명체의 진정한 역사는 미래의 과학자들이 존재와 비존재의 연관성을 성공적으로 밝히고 소립자까지의 모든 존재의 연관성을 해독하게 되면 완성될 것이다. 그때 우리는 모든 존재가 하나이며, 결코 분리된 적이 없고, 모두 밀접하게 연결되어 있다는 엄숙한 진리를 발견하게 될 것이다.

결국 우리 모두는 단일 세포인 수정란에서 시작하며, 이로부터 의식적인 존재로 발달하는 과정은 일부 종교 단체에서 주장하는 영혼이라는

---

[200] *Perspectives On Animal Behavior*, Goodenough, McGuire, Wallace, 2001, p 472

특별한 비물질적 실체가 특정 시점에 어떻게든지 신체에 삽입된다고 믿지 않는 한 점진적이어야 한다. 따라서 수정란에는 적어도 정신의 잠재력이 있어야 하며, 우리가 종의 발달이나 진화를 따진다면 아메바도 마찬가지 상태여야 한다. 우리는 난자와 아메바 모두에서 그 본성이 갖는 물질적 측면은 물론이고 어떤 정신과 같은 성질, 소위 정신 특성(mentoid, 거칠지만 유용한 단어)이라는 아주 희미한 주관성의 시작을 가정해 봐야 할 것이다. 그러나 난자의 경우는 몇 달 동안의 발생 기간 동안 그리고 원시 아메바의 경우는 10억 년을 진화하는 동안에 이런 기능을 수행하는 고도로 조직화된 체계를 바로 장착할 수는 없었을 것이다.[201]

다른 생명체와 인간 사이의 오랫동안 좁혀지지 않았던 간극은 인간의 전유물로 여겨졌던 언어, 도구 제작, 사회적 학습, 통찰력, 정서 발달, 심지어 추론 능력이 다른 생명체에도 어느 정도 존재한다는 사실이 밝혀지면서 이제 시험대에 올랐다. 앞서 살펴본 바와 같이 모든 존재는 일정 수준의 지능과 자신만의 삶의 방식을 지니고 살아가고 있다. 우리는 그들의 삶의 방식을 인정하고 그들이 태어난 대로 그들이 원하는 대로 살 수 있도록, 즉 가능한 한 자연스럽게 더불어 살 수 있도록 해야 한다.

---

[201]   *Evolutionary Humanism*, Julian Huxley, 1992, p 40-41

전이계(일명 사후세계)의 모습

    영원불멸의 속성을 갖는 존재의 본질인 무유의 개념에서 보면 죽음이라는 것은 존재할 수 없다. 자연법칙은 공정하고 공평하며 단 한 치의 오차도 없이 완벽하게 작동한다. 이승에서의 삶에 대한 정산은 사는 과정에서 지속적으로 모두 마감되기 때문에 따로 천당이나 지옥과 같은 사후세계의 존재에 대한 생각은 의미를 잃는다. 매순간 행해지는 자신의 행위에 대한 보상이나 처벌은 그 순간 떠나는 개체의 진동 상태에 따라 교환되는 형상의 결정으로 마감될 뿐이다.

    육체와 정신은 피로를 느끼기 때문에 소모되어 사라진다. 정신 활동이 육체와 분리될 수 없는 것은 자연스러운 현상이다. 육신이 사라져도 존재의 본질인 무유는 영원불멸의 속성을 지니고 있기 때문에 우리 몸을 떠나는 순간의 진동의 파장에 따라 정해진 거울상을 찾아 끊임없이 전이되어 갈 뿐이다. 죽음은 없다. 오직 개체의 전이만이 끊임없이 일어날 뿐이다.

    현재의 형상을 구성하던 개체가 떠나면, 그것은 그 존재의 업보에 상응하는 거울상의 형상으로 전이할 뿐이다. 전이 현상에 대해서는 과학적 발견으로 이미 규명되었다. 부처나 예수와 같은 대다수의 성현은 사후세계를 부인하였던 것이 사실이다. 사후세계는 특권층과 종교계가 추종자들을 용이하게 통치하고 착취하기 위해 창작된 신화에 불과하다.

5장

전이계(일명 사후세계)의 모습

"모든 존재는 기본 물질에서 생겨나고, 자신이 저지른 잘못에 대한 벌금을 내거나 형벌을 받지 않기 위해 그 물질로 되돌아간다."

— 아낙시만더[202]

영원불멸의 속성을 갖는 존재의 본질인 무유의 개념에서 보면 죽음이라는 것은 존재할 수 없다. 자연법칙은 공정하고 공평하며 단 한 치의 오차도 없이 완벽하게 작동한다. 이승에서의 삶에 대한 정산은 사는 과정에서 지속적으로 모두 마감되기 때문에 따로 천당이나 지옥과 같은 사후세계의 존재에 대한 생각은 의미를 잃는다. 매 순간 행해지는 자신의 행위에 대한 보상이나 처벌은 그 순간 떠나는 개체의 진동 상태에 따라 교환되는 형상의 결정으로 마감될 뿐이다.

노자가 말하길, "완벽하게 비우고 고요함을 돈독하게 유지하라. 만물이 나란히 일어나고 스러지고 다시 돌아오는 것을 보라." 도가들은 사라진 후 돌아오고, 다시 사라진 후 다시 돌아오는 순환 작용에 대한 생각을

202)   *The Grand Design*, Stephen Hawking, 2010, p 22

받아들이지만, 존재는 존재가 아닌 것에서 비롯되고 운동은 운동이 아닌 것에서 비롯된다고 주장한다. 온전히 집착에서 벗어난 경지에 이르러서야 비로소 천지의 마음을 볼 수 있다. 중국 문화에서 유교와 도교는 음양의 상보적 관계를 다룬다. 유가의 철학은 움직이고 행동하는 것이다. 도가의 철학은 물러나서 아무것도 하지 않는 것이다. [203]

만약 각 형상(존재)의 거울상이 있다면, 그것은 존재의 속성을 그대로 드러낼 것이다. 우리는 그 존재의 행위와 생각의 축적된 업보가 거울상에 비칠 것이라고 가정할 수 있다. 현재의 형상을 구성하던 개체가 떠나면, 그것은 그 존재의 업보에 상응하는 거울상의 형상으로 전이할 것이다.

우리가 자연에서 알고 있는 모든 입자에는 반대 전하와 같은 질량을 지니는 동등한 반입자가 존재할 수 있다. 그 기원이 합리적인 우주라고 한다면 이 두 가지가 동등한 질량으로 존재할 것이라고 생각할 수 있다. [204]

---

[203]   *I Ching*, Alfred Huang, 2010. p 216-217

[204]   *A Universe from Nothing*, Lawrence M. Krauss, 2012, p 156

5.1. 사후세계에 대한 전통적 견해

고대 철학자들도 영혼의 전이에 대해 생각했다. 그들의 영혼은 정신과 비슷해 보이지만, 우리는 영혼의 이동 개념에 대한 그들의 심도 있는 통찰력을 알 수 있다.

헤로도토스는 그의 저서 『역사』에서 윤회에 대해 기록했다. 이집트인들은 데메테르와 디오니소스가 지하 왕국의 통치자라고 말한다. 그들은 또한 인간의 영혼은 불멸하며, 육체가 죽을 때마다 영혼은 태어날 때와 마찬가지로 다른 생명체로 들어간다고 주장한 최초의 사람들이기도 하다. 또한, 영혼이 육지, 바다, 공중의 모든 생물을 한 바퀴 돌고 나면 태어날 때와 마찬가지로 인간의 몸으로 돌아오는 데, 완전히 순환하는 데 3,000년이 걸린다고 주장했다.[205]

그러나 이집트인들은 오시리스에게 충실한 영혼은 윤회의 영향을 받지 않는다고 믿었다. 피타고라스는 이집트인들로부터 의식 치르는 규정과 환생의 개념을 배웠다. 그는 인간의 영혼이 죽음 이후에도 존속하며 환생의 틀에서 동물에게 들어갈 수도 있다는 영혼의 윤회나 전이를 믿었다 (폰티쿠스는 『헤라클레이데스』에서 식물을 윤회 대상으로 추가함). 피타고라스학파는 이 과정에서 개체의 특성이 유지된다고 생각했다. 영혼의 전이에 대한 그들의 생각은 힌두교 교리와 유사하다.

---

[205]   *The Histories*, Herodotus, 1998, Book 2-123, p 144

우주는 결코 태초의 공(空)의 상태를 포기한 적이 없다. 세상이 무에서 비롯되었고, 다시 무로 돌아가는 것이 인류의 궁극적인 목표가 되었다. 저승사자가 영혼과 관련된 규율에 대해 "모든 존재의 마음속에 숨겨져 있는 것은 아트만, 영혼, 자아"라고 말한다. "가장 작은 원자보다 작고, 광활한 우주보다 큰 존재이다." 모든 존재 내부에 존재하는 이 아트만은 우주 본질의 일부분이며 불멸의 존재이다. 사람이 죽으면 아트만은 육체에서 방출되어 곧 다른 존재로 들어가 영혼이 이동하고 그 사람은 환생한다. 힌두교도의 목표는 아트만이나 다시 태어나는 순환으로부터 완전히 해방되어 죽음에서 죽음으로 떠도는 것을 멈추는 것이다. 생명력이 없는 궁극적인 해탈을 얻는 방법은 현실의 환상에 더 이상 집착하지 않는 것이다. 신은 "영혼의 거주지인 육체는 쾌락과 고통의 지배를 받고 있으며, 사람이 육체의 지배를 받는다면 그 사람은 결코 자유로울 수 없다"라고 설명한다 그러나 육체의 변덕으로부터 자신을 분리하고 자신의 영혼의 고요함과 공허함을 받아들일 수 있다면, 당신은 해방될 것이다. 당신의 아트만은 인간 욕망의 그물망에서 벗어나 집단의식에 합류할 것이며, 우주를 가득 채우는 무한한 영혼은 즉각적으로 모든 곳에 존재하거나 동시에 아무 곳에도 존재하지 않는다. 그것은 무한이며 아무것도 아니다. [206]

소크라테스가 영혼의 **윤회에 대해** 언급했지만 환생의 대상은 움직이는 동물로 제한했다. "가장 신기했던 것은 슬프고, 웃기고, 이상한 광경이었는데, 대부분의 경우 영혼의 선택은 자신의 전생의 경험에 근거한 것이

---

[206]   *Zero*, Charles Seife, 2000, p 65-66,

었다. … 그리고 인간이 동물(백조, 나이팅게일, 사자, 원숭이 등)로 변하는 것 뿐만 아니라, 순한 동물이나 야생 동물이 서로 변하고 그에 상응하는 인간의 본성, 즉 선은 온순한 것으로, 악은 야만적인 것으로 변하는 등 모든 조합의 변화가 이루어진다." [207)]

플라톤은 더 나아가 생명체들 사이의 환생뿐만 아니라 힌두교, 불교, 이슬람교 등에서 언급되는 종교적 용어인 신의 거처에 거주할 가능성이 있다고 주장했다. 그는 심지어 각 영혼이 자신이 저지른 잘못에 대해 합당한 벌을 치를 때까지 업보에 따라 환생할 것이라고 언급했다.

입문자들에게 설명한 것처럼 보이지 않는 영혼은 보이지 않는 신성하고 불멸하며 이성적인 세계로 떠나는데, 그곳에 도착하면 축복 속에 살며 인간의 오류나 어리석음, 두려움과 거친 열정, 모든 종류의 다른 인간적 병폐에서 해방되어 신들과 더불어 영원히 살게 된다. 순수하게 떠나지 못하고 시각이 흐려져 눈에 보이는 영혼과 같은 상태로 일종의 유령 같은 영혼의 환영은 선한 영혼이 아니라 악한 영혼이어서 그들은 이전 삶의 방식에 대한 죄과를 갚기 위한 장소를 떠돌아야 하며, 그들을 사로잡는 욕망이 충족될 때까지 다른 육체에 갇혀 계속 방황한다. 그들은 전생에 가졌던 것과 똑같은 본성에 사로잡힌 상태라고 할 수 있다. 탐식과 방탕, 알코올 중독에 빠지고 이로부터 벗어날 생각이 없는 사람은 나귀나 그런 종류의 짐승으로 전이될 것이고, 불의와 폭정과 폭력을 저지른 사람은 늑대나 매와 솔개로 전이될 것이니, 아니라면 그들이 달리 어디로 갈

[207)] *The Republic*, Plato, 1986, 620-621, p 395-396

것이라고 상상할 수 있겠는가? … 그러나 철학자나 학문을 좋아하는 사람은 떠날 때 완전히 순수한 상태이기 때문에 신들로 전이된다. [208]

위에서 살펴본 바와 같이 그리스 철학자들은 인간과 동물 영혼 간, 폰티쿠스의 경우에는 심지어 식물의 영혼과의 전이도 된다고 믿었다. 이런 생각은 예수가 살던 시절에도 일반적으로 수용되었다. 바울은 고린도전서 15장 39절에서 부활의 몸을 언급하면서 "육체는 다 같은 육체가 아니니 하나는 인간의 육체요 하나는 짐승의 육체요 하나는 새의 육체요 하나는 물고기의 육체"라고 하면서 환생의 대상에 그리스 철학자들이 언급한 것 외에 어류를 추가하였다. 그리스 철학자들이나 바울이 언급한 것은 영혼의 전이로 보는 것이 합리적이다. 그런데 이런 영혼의 전이에 대한 잘못된 생각이 중세 암흑기에 널리 퍼져 무고한 생명, 특히 가난하고 연약한 사람들의 생명을 희생시키는 엄청난 대가를 치르게 되었다.

9세기에 기독교 성인이 고안한 악귀 퇴치(엑소시즘) 공식이 최근까지 사용되었는데, 특히 농작물에 해를 끼치는 곤충에 악령이 깃든 것으로 간주하고 파문이나 퇴치 대상 동물로 쥐, 두더지, 뱀을 지목하였다. 애벌레와 메뚜기에 대한 퇴마에도 자주 활용되었다. … 동물이 사탄에 의해 빙의될 수 있다는 것을 감히 부정하려는 사람은 에덴동산에서 사탄이 뱀으로 변한 것과 기독교의 창시자인 예수가 악마를 돼지에게 옮긴 것을 언급하면 입을 다물 수밖에 없었다. 이 미신 중 가장 집요하게 유지된 것은 인간이 하등동물 중 하나로 변할 수 있다는 믿음이었다. 이것이 핵심

---

208) *Euthyphro, Apology, Crito, Phaedo*, Plato, 1988, p 97-99

포인트였다. 중세 시대에 가장 두려운 포식동물은 늑대였다. 굶주림에 지쳐 겨울철 언덕과 숲으로 몰려드는 늑대는 가축들을 잡아먹을 뿐만 아니라 때로는 마을에 들어와 아이들을 잡아먹기도 했다. 뇌질환을 겪는 남성이나 여성은 간혹 자신이 다양한 동물, 특히 늑대로 변하는 꿈을 꾼다. 그들이 이런 현상을 고백하고 종종 다른 사람들이 연루되어 수많은 정신병자들에 대한 처형이 이루어졌고, 게다가 이러한 실현 불가능한 범죄로 의심되는 수많은 정상인에게 고문을 가하여 자백을 강요하고 잔인하게 화형에 처했다. 인간이 동물로 변형된다는 이런 식의 믿음은 모든 유럽에 퍼져 있었고 개신교 국가에서도 오래 지속되었다.[209]

오리겐은 원초적인 존재가 신에 가장 가깝다고 생각했다. 진화는 위쪽으로 이루어지는가, 아니면 아래쪽으로 이루어지는가? (6장 3절 참조) 기원에 가까운 존재가 나중에 나타난 존재보다 더 선하고 성스러운가, 아니면 나중에 나온 존재가 이전 존재의 특성을 반영하기 때문에 더 나은가? 앞으로 살펴보겠지만 이런 선후의 구분으로부터 벗어나 "모든 존재가 하나(임이)라는 진리를 깨우치면 모두가 조화롭고 평화스럽게 공존 공영하는 영계(유토피아)가 구현될 것이다"라는 신념을 갖는 것이 필요하다.

알렉산드리아의 오리겐(185~254)에 따르면, 영혼이 육체로 변한 것은 개체의 원초적 선택에 의해 나타난 결과이며, 그 선택으로 인해 기존의 완전성을 상실함으로써 광대한 독특한 세계들이 생겨났다. 이렇게 구현된 존재의 수준은 각 영혼의 형상 변화의 정도에 따라 이루어졌다. 별과

---

[209] *History of the Warfare of Science with Theology in Christendom*, Andrew Dickson White, 2010, Volume 1, part 2, p 177-178

같이 신과의 분리가 경미한 존재들은 훨씬 큰 명상 연결을 유지하며 영원히 살고 있다. 다른 존재들은 육체를 감싸는 옷이 되어 죽음을 맞게 되는데 이것이 인류의 운명이다. 이보다 더 불행한 존재들은 인간보다 추악하고 더 통제되는 현재의 수준으로 추락했다. 악마의 권위를 갖는 존재는 가장 극단적으로 타락한 영혼이다. 따라서 오리겐이 관찰하는 우주는 근간인 도덕적 현상의 물리적 표현이었다. 오리겐은 또한 모든 영혼이 결국 개선될 것이라는 개념을 지지한 것처럼 보인다. 이런 우주론적 구원관은 우주 역사를 신의 섭리에 따라 진행되는 영혼의 교육에 대한 방대한 기록으로 간주하며, 이 과정은 최종적으로 '신이 모든 존재 안에 고루 임하게 되는' 통일성과 완전성으로 귀환할 때 결론 날 것이 확실하다. [210]

라이프니츠는 사후세계에 대해 독특하며 기발한 생각을 해냈다. 그는 영혼의 윤회나 전이(환생의 개념으로 보는 것이 적합)는 존재하지 않고 오직 변형(전이와 같은 개념)만 이루어진다고 생각했다. 각 존재가 죽으면 정신은 육체와 더불어 소멸해야 한다. 영혼이 따로 존재한다면 육신이 사라진 영혼은 개체의 정체성을 유지할 수 없다. 따라서 개체의 업보를 지닌 영혼의 윤회나 환생은 터무니없는 가설이다. 그러나 불멸의 소립자를 구성하는 무유는 불멸의 속성을 유지하기 위해 육신을 떠난 후 제자리를 찾아가야 하므로 전이나 변형은 소립자의 재활용을 위한 좋은 대안이 될 수 있다. 이런 순환은 인간과 동물뿐만 아니라 유기물, 무기물, 심지어 소립자를 포함한 모든 존재에 적용된다. 신 또한 이런 순환에서 자유로울 수 없다.

---

[210]   *Columbia History of Western Philosophy*, Richard H. Popkin, 1999, p 124-125

동물에게 종종 변형이 일어나지만 영혼의 윤회나 전이는 결코 일어나지 않는다. 육체와 완전히 분리된 영혼이나 육체가 없는 성령은 존재하지 않는다. 오직 신에게만 육체가 없다. [211]

프리드리히 니체(1844~1900)도 모든 존재의 불멸과 영원한 전이를 언급했다. 존재의 고리는 존재의 본질인 무유를 의미한다.

모든 것은 가고 모든 것은 돌아오며, 존재의 수레바퀴는 영원히 굴러간다. 모든 것은 죽고, 모든 것은 다시 피어나며, 존재의 나이는 영원히 운행한다. 모든 것이 깨어지고 모든 것이 결합되어 새로워지고 영원히 존재의 동일한 집을 짓는다. 모든 것이 분리되고 모든 것이 다시 자신을 맞이한다. 영원히 자신에게 진실한 존재의 고리가 남아 있다. [212]

종교의 기본 교리 중 하나가 사후세계다. 그러나 구약성경에는 사후세계에 대한 언급이 없다. 구약성경에서 '지옥'이라고 번역된 단어는 히브리어의 '스올(sheol)'을 의도적이거나 오해로 잘못 번역한 것으로, 선한 자나 악한 자가 모두 죽은 후에 들어가는 무덤을 의미한다. 지옥의 개념은 스올에서 진화한 것으로 보인다. 구약성경에서 사후세계가 명확하게 언급된 곳은 다니엘서 12장 1-2절 한 곳뿐이다. "그때에 네 백성 중 책에 기록된 모든 자가 구원을 받을 것이라 땅의 티끌 가운데에서 자는 자 중에서 많은 사람이 깨어나 영생을 받는 자도 있겠고 수치를 당하여서 영원히 부끄

[211] *Discourse on metaphysics and correspondence with Arnauld and Monadology*, Leibniz, 1902, § 72

[212] *Thus Spoke Zarathustra*, Friedrich Nietzsche, 2005, p 190

러움을 당할 자도 있을 것이며." 성경 신학자들은 다니엘서는 사후세계 개념이 널리 받아들여지던 기원전 160년경에 쓰였다고 파악하고 있다.

신학의 새로운 진화의 시작인 기독교의 성립은 1,500년이 넘는 기간 동안 물리과학의 정상적인 발전을 멈추게 했다. 이런 발전을 저해한 두 가지의 원인이 있다. 첫째, 물리과학의 싹이 거의 자라지 못하는 분위기, 즉 자연에서 진리를 위한 진리를 추구하는 모든 것이 부질없는 것으로 간주되는 분위기가 조성되었다. … 둘째는 모든 과학이 고군분투했음에도 불구하고 모든 과학이 따라야 하는 표준이 확립되었다. 과학보다는 마법을 선호하는 표준은 유대교와 기독교 성경을 문자 그대로 읽음으로써 확립된 엄격한 교조주의의 표준이었다. [213)

구약성경에서 철, 강철, 철 침대나 철 병거라는 단어가 등장한다. 사사기 1장 19절에 "여호와께서 유다와 함께 계셨으므로 그가 산지 주민을 쫓아내었으나 골짜기의 사람들은 철 병거가 있으므로 그들을 쫓아내지 못하였으며"라는 흥미로운 구절이 나온다. 가나안에 철 병거가 있다는 이유만으로 전지전능한 여호와가 어떻게 아무런 도움이 되지 않을 수 있었을까? 여호수아는 기원전 1405년부터 1375년까지 이스라엘을 통치했고, 그 이후에는 기원전 1050년부터 사울이 통치할 때까지 사사들이 이스라엘을 통치했다. 사실 철기시대는 기원전 13세기부터 시작되어 기원전 2세기에 널리 퍼졌다. 철제 전차를 만들기 위해서는 철을 가열하고 성형하고 장식하는 손재주가 필요했다. 이런 기술은 기껏해야 철기시대 중

213) *History of the Warfare of Science with Theology in Christendom*, Andrew Dickson White, 2010, Volume 1, part 2, p 46-47

기나 말기 또는 그 이후에나 가능했을 것이다. 가장 그럴듯한 시기는 기원전 5세기나 4세기다. 이 역사적 사실은 모세오경이 바빌론 유배에서 돌아온 후(기원전 520~515년)에 기록되었음을 보여 준다. 즉 구약성경의 대부분의 계시는 기원전 4세기 이후에 이 책을 기록한 유대인들의 희망 사항을 기록한 신화에 불과하다. 구약성경의 계시와 예언이 실제 발생한 시점보다 훨씬 후에 조작된 것임에도 불구하고 역사적 오류가 많다. 구약성경의 문제점과 오류에 대해서는 이를 종합적으로 정리한 『하나님과의 대화』(저자 저, 2022년 출간)의 1장을 참조하기 바란다.

존 윌리엄 콜렌소(1814~1883)는 자신이 성스러운 주제를 다룬다는 생각으로 작업을 진행한 후 그 당시에는 매우 대담했지만 지금은 기독교 학자들 사이에 널리 수용되는 결론에 도달하였다. 그것은 상당한 역사적 가치를 갖는 내용이 기록된 모세오경에 비역사적인 내용이 많이 포함되어 있으며, 그중 많은 부분이 유대 역사에서 비교적 늦은 시기의 작품이라는 것이다. 신명기의 많은 구절은 유대인들이 바빌론 유배에서 돌아와 가나안 지역에 정착한 후에 기록될 수 있었다는 것, 모세의 율법이 바빌론 유배 이전에는 시행되지 않았다는 것, 역대기는 제사장 계급의 입장을 강화하기 위해 사후적으로 쓰인 것이 분명하다는 것, 모든 책에는 신화적이고 전설적인 내용이 많다는 것 등이다.[214]

---

[214] *History of the Warfare of Science with Theology in Christendom*, Andrew Dickson White, 2010, Volume 1, part 2, p 382

5.2. 사후세계에 대한 과학적 단서

에너지 보존은 열역학 제1법칙으로, 에너지는 생성되거나 파괴될 수 없고 형태만 바뀔 뿐이라는 것이다. 이는 에너지가 한 형태에서 다른 형태로 전이하는 것을 의미한다.

1840년 영국의 제임스 줄과 독일의 로버트 메이어는 정밀한 실험을 통해 열이 불멸의 물질이라는 카르놋의 가정과 달리 열은 불멸의 물질이 아니라는 사실을 밝혀냈다. 오히려 열과 기계적 에너지는 고정된 교환 비율로 상호 변환할 수 있다. 이것이 열역학 제1법칙이다. [215]

에너지의 전이는 한 존재로부터 다른 존재로의 전이로 확장될 수 있다. 존재의 경우, 한 존재의 물리적 속성이나 정신적 기억이 아니라 그 존재의 진동을 간직하는 본질적인 어떤 것이 에너지, 소립자, 원자, 분자, DNA나 세포의 형태로 이동할 수 있다.

나는 생명체가 보여 주는 순환적 진화의 '모습'에 대해 항상 신중하게 언급한다. 식물과 동물의 생명 과정을 비판적 입장에서 검토해 보면 그 자체로 되돌아가는 순환의 그림으로 명확하게 그려낼 수 없기 때문이다. 실제로 벌어지는 현상은 최하위 유기체를 제외한 모든 생명체에서 성장하는 싹의 한 부분(A)이 조직과 기관을 생성하는 반면, 다른 부분(B)은 원시 상태를 유지하거나 약간만 변형되는 것을 관찰할 수 있다. A 부분

---

[215]   *Entropy*, Information, and Evolution, Weber, Depew, and Smith, 1990, p 23

은 성체로 자란 후 조만간 소멸하고, B 부분의 일부는 분리된 후 자손이 되어 종의 삶을 이어간다. 따라서 가장 먼 조상의 직계 혈통을 이어온 유기체를 추적해 보면 B 부분은 전반적으로 결코 죽지 않으며 그중 아주 일부만 개개의 자손에게서 떨어져 나와 죽었다. [216]

유전자나 DNA는 일생 쌓은 업보에 따라 자신의 운명을 바꿀 수 있다. 이런 유형의 전이는 과학 분야에서도 실험을 통해 증명되었다.

전자기 방사선이 생성, 변형 또는 파괴될 수 있는 또 다른 매우 중요한 과정이 있다. 그것은 바로 원자, 분자, 핵산과의 상호 작용을 통해서이다. 이런 개체는 전하 입자를 포함하고 있어 방사선과 상호 작용할 수 있다. 원자, 분자, 핵산의 운동과 내부 구조도 양자역학 법칙을 따른다. 그 결과, 예를 들어 원자에 포함된 내부 에너지의 양은 임의의 값을 가질 수 없으며 여러 가지 불연속적인 값 중 하나만 가질 수 있다. 원자의 정상 상태나 최저 에너지 상태를 기저 상태라고 한다. 원자의 다른 양자 상태를 흥분된 상태라고 하며, 흥분된 상태의 에너지는 불연속적인 특정 값에 따라 달라진다. 가장 단순하지만 매우 중요한 원자인 수소를 예로 들어 이런 상태를 설명할 수 있다. 모든 유형의 원자는 고유한 에너지 준위 양상을 보인다. [217]

[216]   *Evolution and Ethics/Science and Morals*, Thomas H. Huxley, 2004, Note 1, p 87
[217]   *After the Beginning*, Norman K. Glendenning, 2004, p 42

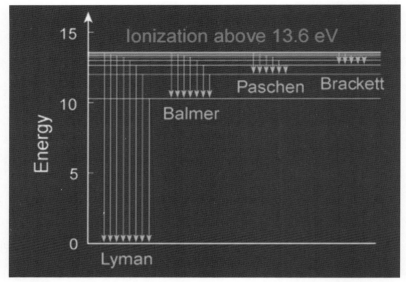

[그림 39] 수소선 범위: 전자가 한 에너지 준위에서 다른 에너지 준위로 바뀌면 원자의 에너지도
바뀌어야 한다. 전자가 한 에너지 준위에서 더 높은 에너지 준위로 이동하려면 에너지가 필요하다.
이 에너지는 주파수나 파장 측면에서 에너지 E가 주어진 광자에 의해 공급될 수 있다.
출처: 테네시대학교, 녹스빌 http://electron6.phys.utk.edu/phys250/modules/module%203/hydrogen_atom.
htm

원자의 진동 에너지가 연속적이지 않고 불연속적인 특정 값을 갖는다
는 것과 라이먼 계열은 자외선, 발머 계열은 가시광선, 파센 계열은 적외
선, 브래킷은 원적외선 영역에서 관측된다는 것이 흥미롭다. 이것은 혁신
적인 발상이며 사후세계에 대한 불필요한 논란을 잠재울 수 있다.

양자역학의 장점은 양성자 주위를 공전하는 전자가 불연속적인 특정
에너지 준위에서만 존재할 수 있고, 준위 사이를 건너뛰며 이동할 때는
고정된 빛의 주파수를 흡수하거나 방출하기 때문에 수소가 가열될 때 방
출되는 빛의 색상이 어떻게 변하는지 설명할 수 있다는 것이다. [218]

---

[218]   A Universe from Nothing, Lawrence M. Krauss, 2012, p 65

불연속적 에너지양 이론은 각 개체의 전이에 대해 매우 중요한 시사점을 제시한다. 우리는 양자계, 무생명에너지계, 무동생명계, 동작생명계, 자유의지계와 영계 등 우리 몸을 떠난 개체가 전이할 특정 영역을 가정해 볼 수 있다. 각 영역은 비슷한 특성을 가진 거울상을 끌어당기고 각 개체가 전이할 영역을 결정한다.

현재의 형상을 구성하다가 매순간 떠나는 개체가 전이되는 대상에 대해 도표로 설명하면 다음과 같다. 전이의 대상은 6단계로 나눌 수 있다. 자유의지계는 인간을 포함한 자유의지를 갖는 존재, 동작생명계는 동물을 포함한 동작이 가능한 생명체, 무동생명계는 식물과 같이 한곳에 정착하며 존재하는 생명체, 무생명에너지계는 행성, 태양, 달 등 우주의 구성체나 지진, 화산 등 에너지를 갖는 존재, 양자계는 원자 이하의 소립자로 진동을 갖는 대상, 영계는 깨우친 존재들이 많아져서 지상의 천국이 형성된 상태를 의미한다. 지금도 이런 상태로 사는 사람들이 있는데 궁극적으로 모든 인류가 지향해야 할 유토피아를 지칭하는 장소이다. 영계는 사후에 가는 곳이 아니라, 과학이 보다 발전되고 인류가 조금 더 이성적으로 사물을 바라볼 줄 알게 되면 우리가 찾아갈 수 있는 장소다. 매순간 우리 몸을 떠나는 개체는 형상을 갖는 대상의 상태에 따라 형성된 진동에 걸맞은 대상으로 전이된다. 어떤 곳이 좋은가를 비교하는 것보다 올바른 생각, 언어와 행동을 통해 바람직한 진동을 형성하기 위해 노력하는 자세를 갖는 것이 바람직할 것이다.

[그림 40] 전이계(일명 사후세계)의 구분

인생의 모든 기간은 나름대로의 고유한 심리적 진실을 지니며 이것은 심리 발달의 모든 단계에 동일하게 적용된다. 심지어 인종, 가족, 교육, 재능, 열정 등의 문제와 관련하여 소수의 사람만이 도달할 수 있는 단계도 있다. 자연은 귀족주의적이다. 비록 일반적으로 유효한 법칙이 존재하지만 정상인은 허구일 뿐이다. 심리적 삶은 가장 낮은 수준에 쉽게 안주하려는 성향을 갖는 발달 과정이다. 이것은 마치 모든 개인이 각자의 특정 중력을 지니고 있는데 이것이 자신의 한계치까지 상승하거나 가라앉는 것과 같다. 그의 관점과 확신은 이에 따라 결정될 것이다. [219)

[그림 39]에 표시된 수소 원자의 에너지 상태는 우리의 기본 구성 요소인 원자, DNA, 유전자가 다양한 수준으로 양자 점프할 수 있음을 보여준다. 각 존재의 마지막 상태의 거울상이 다음 생의 운명을 결정할 수 있다. 이 모습은 그 존재가 이승에서 어떤 삶을 살았는지를 반영한다. 이온

219) *The Portable Jung*, Joseph Campbell, 1976, p 176-177

화 수준은 떠나온 고향인 양자계로 돌아가는 것으로 볼 수 있는 깨달은 상태(해탈)와 관련될 수 있다. 하지만 존재의 개체가 매 순간 바뀌고 있다는 것을 고려하면 매 순간 떠나는 개체가 떠나는 시점의 존재의 상태에 따라 연속적인 전이를 경험한다는 것이 보다 논리적이고 합리적인 추론이라 할 수 있다.

수소 원자나 다른 원자에 충분한 에너지가 공급되면 궁극적으로 전자는 원자 밖으로 완전히 튕겨져 나간다. 그렇게 되면 수소의 경우 양성자 하나만 남게 된다. 이것이 바로 수소의 이온화이다. 만약 원자에서 전자를 완전히 제거할 만큼 충분한 에너지가 가해지지 않는다면 어떻게 될까? 원자를 이온화하기 위한 에너지가 충분하지 않으면 전자가 어떤 식으로든 '느슨해져' 원자가 이 에너지를 흡수하고 전자가 핵에서 더 멀리 이동하여 전자를 완전히 제거하는 데 더 적은 에너지가 소요될 것이라고 쉽게 상상해 볼 수 있다. 원자는 흥분된 상태에 있다. 결국 전자는 가장 낮은 에너지인 기저 상태로 떨어지고 투입된 에너지는 다시 밖으로 배출된다. 불꽃이나 방전은 전자를 더 높은 에너지 준위로 끌어올리기 위한 에너지를 제공하며, 이 전자가 기저 상태로 돌아갈 때는 에너지가 빛의 형태로 방출된다. [220]

에너지의 불연속적인 값은 물리 세계에서 색으로 표현된다. 라이만, 발머, 파쉔, 브라켓, 이온화는 모두 고유한 색과 위치를 가지며, 에너지가 한 상태에서 다른 상태로 이동함에 따라 변화한다.

---

[220]   *Organic Chemistry*, Clayden, Greeves, Warren and Wothers, 2001, p 83-84

공간이 팽창하는 것에 따라 광자를 포함한 모든 사물은 희석되고 냉 각된다. 그러나 광자는 물질 입자와 달리 냉각될 때 속도가 줄어들지 않 으며, 빛의 입자이기 때문에 항상 광속으로 이동한다. 대신 광자가 냉각 되면 진동 주파수가 감소하며 색이 변한다. 보라색 광자는 파란색, 녹색, 노란색을 거쳐 빨간색으로, 그리고 적외선(야간 투시경으로 볼 수 있는 것 과 같은), 마이크로파(전자레인지에서 음식을 데우는 것과 같은), 마지막으 로 무선주파수 영역으로 이동한다. [221]

과학자들이 쿼크 색상의 특성을 가정하고 하드론과 중간자의 백색도 를 증명했다는 것이 흥미롭다. 백색은 존재의 순수함을 의미하며 백색광 은 가장 아름답고 강력한 빛의 상태이다. 순백의 양자가 되면 깨달음을 얻어 시간과 공간으로부터 자유로워진다고 볼 수 있는데, 이는 곧 원래의 상태인 무유로 돌아간다는 것을 의미한다.

원자와 분자는 전자기력에 의해 서로 결합하는 반면에 하드론은 강한 힘에 의해 서로 결합된 쿼크로 이루어진 복합 입자다. 하드론은 쿼크 3개 로 구성된 중입자와 쿼크 1개와 반쿼크 1개로 구성된 중간자의 두 가지 종류로 분류된다. 과학자들은 중입자의 경우 각각의 쿼크가 빨강, 파랑, 녹색을 가지고 있기 때문에 이들을 합치면 하드론이 흰색이 된다고 가정 한다. 중간자의 경우는 적색과 반적색(청록색), 청색과 반청색(노란색), 녹 색과 반녹색(심홍색)의 조합으로 중간자를 흰색으로 만든다. [222]

---

[221]   *The Hidden Reality*, Brian Greene, 2011, p 45

[222]   *Newton Highlight*, The Elementary Particles, 2012, p 64-65, and Wikipedia

[그림 40]에 나타난 각 계(界)의 존재는 모호하지 않고 다른 계의 존재와 비교하여 뚜렷한 특성을 가지고 있다. 비슷한 특성을 가진 거울상은 같은 계로 합쳐지고 그에 따라 다음 생의 형태가 결정된다. 개체의 운명은 각자의 몸을 구성한 존재의 진동 에너지에 따라 이승에서 사는 동안 개별적으로 명확하게 결정된다.

세상의 창조 과정에서 사랑스럽고 아름다운 형태로 나온 존재에게 불멸의 면류관을 씌우고, 기형적으로 나왔거나 마음가짐이 자신의 아주 순수하고 행복한 상태에 적합하지 않은 존재는 죽고 난 후에 원래의 흙으로 다시 돌아가게 된다는 것은 우리의 이성적 판단과 상당히 부합한다.[223]

개체가 반개체 거울상을 만나면, 그 개체는 소규모 빅뱅을 일으켜 쌍으로 소멸되어 무유로 바뀔 것이다. 이 상황은 전자가 양성자로부터 멀어지면서 충돌로 인해 소규모 빅뱅을 일으킬 때 전자의 색이 빨간색에서 보라색으로, 그리고 마지막으로 흰색으로 변할 때 일어날 수 있다. 이런 상태를 해탈로 볼 수 있다. 원심력 사랑을 엄청나게 확장하면 자신의 선행을 높이 평가하는 다른 존재로부터 오는 광자의 도움으로 자신의 전자가 양성자로부터 더 멀리 이동할 수 있기 때문에 자신의 반개체 거울상을 만날 수 있다.

중성자가 우라늄 핵의 붕괴를 일으킬 수 있다는 오토 한(1879~1968)의 유명한 발견 이후, 핵을 인위적으로 분해하거나 증강하는 것이 현대

---

[223]   *An Essay on the Principle of Population*, Thomas Malthus, 2012, Chapter 18, p 140

기술의 중요한 분야로 자리매김하였으며, 이제 우리는 한 화학 원소를 다른 원소로 변환할 수 있게 되었다. [224]

상승된 상태는 원래 상태로 되돌아가려는 경향이 있기 때문에 동일한 수준을 유지하기 어렵다. 우리는 변화된 상태를 최대한 오래 유지하고 다음 단계로 도약하기 위해 지속적인 선행을 실천하려는 최선의 노력을 기울여야 한다.

만약 원자가 불연속적 에너지인 양자에 의해서만 자신의 에너지를 변화시킬 수 있다면, 이는 원자가 불연속적인 정지 상태로 존재할 수 있으며, 그중 가장 낮은 상태가 원자의 정상 상태라는 것을 의미한다. 따라서 일종의 상호 작용을 거쳐 원자는 최종적으로 항상 정상 상태로 돌아간다. [225]

고전 물리학 이론은 어떤 공간 영역에 물질이 없고 계(界)의 값이 0이면 그 공간은 완전히 비어 있다고 한다. 하지만 0이라는 계의 값을 갖는 공간은 존재할 수 없다. 왜냐하면 각각의 존재는 모든 네 가지 장(場)의 영향을 받을 뿐만 아니라 존재들 간에 순간적으로 이루어지는 의사소통과 거울상에 의해 오염되기 때문에 계의 값이 0인 공간은 존재할 수 없기 때문이다. 각 존재는 자신과 일치하는 거울상과 지속적으로 의사소통하고 적절한 때가 되면 거울상과 순식간에 위치를 변경한다. 그러나 이런 변화는 확률적 우연에 불과하며, 최종적으로 전이가 일어나는 순간까지 모습을 결정할 수 없기 때문에 존재가 어떤 거울상으로 변신할지 정확히

---

[224]   *Philosophical Problems of Quantum Physics*, Werner Heisenberg, 1979, p 101
[225]   *Physics and Philosophy*, Werner Heisenberg, 2007, p 8

알 수 없다. 한 존재가 변신할 수 있는 여러 개의 거울상이 경합한다. 그리고 마지막 순간에 비로소 정확히 일치하는 거울상이 결정된다. 어떤 개체가 현재의 존재로부터 궁극적으로 분리될 때에 그 개체는 즉시 자신의 업보와 일치하는 거울상으로 전이된다. 보통은 현재 위치에서 최대한 가까운 곳에서 거울상을 찾지만, 그곳에서 적합한 거울상을 찾지 못하면 우주의 끝까지 찾아갈 수도 있다.

만약 우리가 수명을 다하고 떠나는 개체의 특성-위치, 파장, 주파수, 높이, 길이, 깊이, 색상 등 - 을 정의할 수 있다면 다음 생에서 전이될 개체의 거울상이 무엇인지 예측할 수 있다. 자유의지계(인간)의 특성이 동작생물계(동물), 무동생명계(식물), 무생명에너지계(무생명체)나 양자계(무유를 포함한 소립자)의 특성으로 변경되거나 그 반대의 경우가 있을 수 있다. 우리는 그 특성의 변화를 파악하여 대상의 현세에서의 삶과 다음 생에서의 운명에 대한 인과 관계를 예상할 수 있다. 이런 예측은 과학이 발달하여 개체 내의 전자와 양성자의 끈 또는 막(membrane)의 특성을 정확히 파악할 수 있으면 가능할 수 있다. 마찬가지로 업보의 정도에 따라 각 개체의 끈이나 막의 특성도 개별적으로 변경되고 상응하는 거울상을 찾게 될 것이다.

러더퍼드는 1919년 α-입자의 도움으로 빛 원소의 핵을 변형시키는 데 성공했다. 예를 들어, 질소 핵에 α-입자를 추가하는 동시에 양성자 하나를 제거하여 질소 핵을 산소 핵으로 변형시켰다. 이것은 핵 규모에서 이루어진 화학 공정을 연상시키는 공정의 첫 번째 사례로서 소립자의 인위적

인 변형을 이뤄냈다. 잘 알려진 바와 같이 다음에 이루어 낸 엄청난 업적
은 고전압 장비를 이용하여 양성자에 충분한 에너지를 가해 핵 변형을
일으킬 정도로 인위적으로 가속하는 것이었다. 이를 위해서는 약 100만
볼트의 전압이 필요하며, 콕크로프트와 월튼은 결정타를 날린 첫 번째 실
험에서 리튬 원소의 핵을 헬륨의 핵으로 변환시키는 데 성공했다. [226]

현재 혈액 검사를 통해 질병을 진단하는 것과 같이 미래에는 인간이
자신의 진동 에너지를 측정하여 떠나는 개체의 목적지를 확인할 수 있을
것이다. 과학이 더 발전하면 각 개체가 떠난 후 어떤 형태로 전이되는지
확인하게 될 것이다.

자연과학의 물질에 대해 탐구는 형태 연구를 통해서만 가능하다. 물
질 형태의 무한한 다양성과 변형 가능성이 즉각적인 연구의 대상이 되어
야 하며, 이 거대한 분야를 안내하는 역할을 할 수 있는 자연법칙과 통일
된 원리를 찾는 데 심혈을 기울여야 한다. [227]

---

[226]   *Physics and Philosophy*, Werner Heisenberg, 2007, p 130
[227]   *Physics and Philosophy*, Werner Heisenberg, 2007, p123

5.3. 개체의 전이

"아주 높은 곳에서 휘날리던 나뭇잎은, 기꺼이 다시 먼지로 돌아가 나무 밑에 누워 썩어 가고, 높은 곳에서 펄럭일 때와 같이 같은 종의 새로운 세대에 영양을 공급하는구나!"

— 헨리 D. 소로[228]

식물의 영혼이 실제로는 한 식물에 하나지만 잠재적으로는 많기 때문에 식물을 나누고 분리해도 일부는 여전히 살아 있는 것이 분명한 것처럼, 해부되는 곤충의 경우와 같이 다른 특성을 갖는 유형의 영혼에서도 이런 일이 일어나는 것을 볼 수 있다.[229]

육체와 정신은 피로를 느끼기 때문에 소모되어 사라진다. 정신 활동이 육체와 분리될 수 없는 것은 자연스러운 현상이다. 육신이 사라져도 존재의 본질인 무유는 영원불멸의 속성을 지니고 있기 때문에 우리 몸을 떠난 후에 다른 거울상을 찾아 끊임없이 전이되어 갈 것이다. 떠나는 순간의 진동의 파장에 따라 정해진 거울상으로 가는 과정은 불교나 힌두교에서 윤회로 보는 것과 비슷한 현상이다. 오직 무유만이 다른 생명체의 형상을 구성하여 지속한 후 다시 전이되는 것이 보다 합리적인 논리라고 생각하지 않는가? 이때 이전 형상을 구성하던 육체와 정신이 지워지는데 DNA에 암호화되어 저장된 정보가 마치 한 개체의 육체나 정신을 내포하는 것으로 오인할 수 있지만, DNA가 특정 종에 공통되는 특성을 갖는

---

[228]   *Microbiology*, Prescott, Harley, Klein, 2002, p 669
[229]   *De Anima*, Aristotle, 1986, 413a

것으로 본다면 DNA에 존재의 육체나 정신이 포함된다고 주장하는 것은 잘못이다. 이승에서 살면서 상처받은 몸의 흔적이 다음 생에서 나타나지 않는 것과 같이 피로를 느끼는 부분은 한 형상을 구성할 때만 의미를 갖고 그 형상에서 떠나면 더 이상 영향을 주지 않는다는 것이 진리다. 이런 전이는 죽을 때만 일어나는 것이 아니고 매 순간 숨을 들이쉬고 내뱉을 때 교환되는 존재의 개체들 간에 벌어지는 현상이다. 육신을 떠난 개체는 상응하는 계의 존재로 전이되어 새 삶을 시작한다.

　그리고 만약 사람들이 이것(흥분, 쾌락과 고통이 뒤섞인 욕망, 두려움과 분노, 그리고 이것들과 자연적으로 결합된 모든 감정이나 모든 차별되고 반대되는 성격의 감정)을 통제하면 정의롭게 살 것이나, 이것에 지배당하면 정의롭지 못한 삶을 살 것이다. 그리고 자기에게 주어진 시간을 잘 살았던 자는 다시 자기 고향 별의 거처로 돌아가서 복되고 좋은 삶을 살 것이나, 그곳에서 실패한 사람은 두 번째 태어날 때 여자의 본성으로 변화될 것이며, 그 형상에서도 여전히 악을 삼가지 않으면 그 악의 성질에 따라 매번 자신의 본성을 닮은 짐승으로 변할 것이다. 하지만 자신의 변화 과정에서 그가 자기 안에 내재하고 있는 동일하고 유사한 것에 순응될 때까지 빚을 지지 않고 이성의 힘으로 흙, 물, 불, 공기(地水火風)로 이루어진 자신에게 붙어 있어서 부담되는 소란스럽고 비이성적인 덩어리를 떨어내면 자신의 최초의 최상 상태로 다시 돌아올 것이다. [230]

　떠나는 개체는 뒤섞인 상태로 새로운 존재에게 흡수된다. 이 과정은

---

[230]　　*Timaeus*, Plato, 2005, 42 B-D, p 91-93

강에서 컵에 물을 채우려고 할 때 동일 장소에서 흘러나온 물만 분리해
서 떠낼 수 없는 자연 현상에 비유할 수 있다. 흥미롭게도 플라톤의 저서
『공화국』에도 비슷한 과정이 언급된다:

다음 생의 선택을 마친 영혼들이 함께 '필요의 왕좌'를 통과했을 때,
그들은 타는 듯한 더위 속에서 나무와 신록이 없는 황량한 '망각의 평원'
으로 행진하고 저녁 무렵에 무념의 강가에서 야영을 하는데, 모두 물을
잡아 둘 수 없는 그릇으로 강물의 일정량을 마셔야 했고, 지혜로 구원받
지 못한 사람들은 지정된 것보다 더 많이 마셨으며, 마시는 동안 각자의
모든 기억이 씻겨졌다. [231]

죽음은 없다. 오직 개체의 전이만이 끊임없이 일어날 뿐이다. 매번 존
재가 만든 업보에 따라 다음 전이에서 마주하게 될 거울상이 결정된다.
모든 개체는 자신의 고향인 무유로 돌아갈 때까지 전이를 되풀이한다.
완전한 부화(이온화)가 달성될 때 본래의 상태를 되찾는다. 이를 부처는
해탈이 되는 것으로 예수는 신(성)의 자녀가 된다고 설파한 것으로 해석
할 수 있다.

인간이 죽었을 때 영혼이 여전히 존재하고 지적 능력을 지니고 있음을
증명하기 위해서는 많은 설득과 많은 논쟁이 필요하다. … 사후에 인간의
영혼이 이승에 존재하는지 여부는 이런 방식으로 논쟁할 수 있는 주제다.
내(소크라테스)가 언급해 왔던 고대의 교리는 영혼이 이승에서 저승으로

---

231)   The Republic, Plato, 1986, 621, p 397,

갔다가 다시 돌아와서 죽은 자 가운데에서 태어난다고 확언한다. … 그렇다면 이 질문을 인간만이 아니라 일반적으로 동물, 식물, 그리고 생명이 있는 모든 것과 관련해서 생각해 보면 그 증거가 더 쉬워질 것이다. 죽은 자가 산 자에게서 나오는 것처럼 산 자가 죽은 자에게서 나온다는 추론에 도달하는 새로운 방법이 있으며, 만약 이것이 사실이라면 죽은 자의 영혼은 그들이 다시 나오는 어떤 곳에 머물러야만 한다. [232]

무유는 모든 존재의 고향이자 이들을 출산하는 자궁이다. 그것은 귀향할 수 있는 일정한 자격을 갖추고 긴 전생의 여정을 마칠 수(이온화) 있다면 고향으로 돌아갈 것이다. 그러나 이온의 상태가 지속될 수 없기 때문에 그것은 다시 육체화될 수밖에 없고 만약 이런 식으로 순화된 상태의 존재들로 이승이 가득 채워진다면 그런 상태가 바로 부처가 언급한 불국토, 예수가 언급한 지상의 천국, 최시형이 말한 극락세계나 [그림 40]의 영계라 할 것이다. 소크라테스가 언급한 '어떤 곳'은 이런 식으로 설명할 수 있다. 천당이나 지옥이라는 장소는 존재할 수 없다.

데모크리토스(기원전 460~370년)의 철학에 따르면, 원자는 영원하고 불멸하는 물질의 단위로, 결코 서로 변형될 수 없다. 이 질문과 관련하여 현대 물리학은 데모크리토스의 유물론을 배척하고 플라톤이나 피타고라스의 주장에 확실히 동조하는 입장을 취한다. 기본 입자는 확실히 영원하거나 불멸의 물질 단위가 아니며 실제로 서로 변형될 수 있다. 실제로 매우 높은 운동 에너지로 공간을 이동하는 두 입자가 충돌하면 사용 가능한

---

[232]   *Euthyphro, Apology, Crito, Phaedo*, Plato, 1988, p 83-86

에너지에서 많은 새로운 기본 입자가 생성되고 충돌로 인해 오래된 입자
는 사라질 수 있다. 이런 현상은 자주 관찰되어 왔으며 모든 입자가 에너
지라는 동일한 물질로 이루어져 있다는 가장 훌륭한 증거를 제공한다. [233]

무유로 돌아갈 수 없는 개체는 다른 존재로 계속 전이한다. 전이되면
이전의 모든 특성은 완전히 없어지고 백지 상태에서 새로운 삶을 시작한
다. 태어날 때 같은 종이라도 수컷이 암컷보다, 백인이 유색인종보다, 부자
가 가난한 자보다 낫다는 등 어떤 차이가 있다면 그것은 자연법칙에 어
긋나는 것이다.

소크라테스도 동일 주제에 대해 고민하였고 다소 다른 주장을 펼친다.
"만약 우리가 태어나기 전에 이런 지식을 습득하고 이를 인지하고 태어났
다면, 우리는 또한 태어나기 전에 그리고 태어나는 순간에 동등하거나 더
크거나 덜하다고 하는 수준은 물론이고 다른 모든 특성에 대해서도 알
고 있다. 왜냐하면 우리는 절대적인 평등은 물론이고 아름다움, 선, 정의,
거룩함과 우리가 질문하고 대답할 때 변증법적 과정에서 본질이라는 이
름으로 불리는 모든 것을 다루고 있기 때문이다. 우리가 태어나기 전에
이런 것들에 대한 지식을 습득했다고 단언할 수 있을까? 그러나 우리가
태어나기 전에 습득한 지식은 태어날 때 잃어버렸고, 이후에 감각을 사용
함으로써 우리가 이전에 알고 있던 것을 회복한다면, 우리가 학습이라고
부르는 것은 지식을 회복하는 과정이며, 이것을 우리가 경험하는 회상으
로 보는 것이 옳지 않겠는가?" [234]

---

[233]   *Physics and Philosophy*, Werner Heisenberg, 2007, p 45-46

[234]   *Euthyphro, Apology, Crito, Phaedo*, Plato, 1988, p 14, introduction by R.G. Bury

현재의 형상을 갖는 존재의 입장에서 보면 박테리아, 바이러스나 DNA
를 지닌 유전자가 떠나는 것은 개체의 죽음을 의미한다. 그러나 동시에
이것을 받아들이는 존재의 관점에서 보면 그 개체들의 새로운 삶을 의미
한다. 이런 요소들은 한 세대에서 다음 세대로 수직적으로 내려갈 뿐만
아니라 한 존재에서 다른 존재로 수평적으로 전달되기도 한다.

박테리아 간 유전 물질의 실제적인 전달은 일반적으로 세 가지 방식이
있다. 첫째, 세포 간 직접 접촉을 통해 서로의 유전 정보 전달(접합), 둘째,
세포가 매개체를 통해 받은 노출된 DNA 분자나 그 조각을 흡수하여 유
전적인 형태로 이 분자를 수용자 염색체에 통합(형질 전환), 셋째, 박테리아
나 바이러스, 박테리오파지에 의한 박테리아 DNA의 전달(형질 도입) 중 한
가지 방식으로 이루어진다. 플라스미드나 전달 가능한 요소는 박테리아의
염색체 간이나 염색체 내에서 유전 물질을 이동시켜 유전체(genome)에 급
격한 변화를 일으키고 발현 형질을 크게 변화시킬 수 있다.[235]

---

235)   *Microbiology*, Prescott, Harley, Klein, 2002, p 291, 302, 305, 307

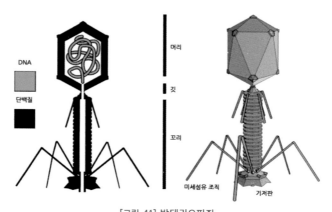

[그림 41] 박테리오파지
출처: https://ko.wikipedia.org/wiki/%EB%B0%95%ED%85%8C%EB%A6%AC%EC%98%A4%ED%8C%8C%EC
%A7%80

죽은 세포나 박테리아는 자신의 몸 안에 정확히 복사되거나 약간 변이된 세포를 남기므로 실제로는 사라지는 것이 아니라 원형을 유지하며 겉모습만 바꾼다. 이 과정을 통해 다른 존재의 DNA와 유전자는 전이된 존재의 것과 동일하게 된다. 이것을 비계보적 유전자 전달이라고 한다.

식물과 동물이 새로운 환경으로 이동한 후 죽으면 분해되면서 특수하게 적응하며 공동 진화한 미생물이나 그 핵산이 방출된다. 종종 대변이나 구강을 통한 음식이나 물의 감염 경로와 병원 내 질병 감염(원내 감염)은 생태계 간 병원체 이동의 중요한 사례다. 사람이 기침과 재채기를 할 때마다 미생물도 새로운 생태계로 이동한다. [236]

각 생명체는 평생에 걸쳐 다른 생명체들과 박테리아나 바이러스를 지

---

[236] *Microbiology*, Prescott, Harley, Klein, 2002, p 623

속적으로 교환하며 사는데 이것들은 이전에 머물던 존재의 DNA와 유전자 특성을 가지고 있다. 이것이 새로운 숙주의 유전자에 영향을 미친다. 같은 종이나 속에 속한 것뿐만 아니라 생명체와 무생물의 DNA와 유전자도 모두 변이와 전이가 가능하다.

용원성(temperate) 또는 용해성(lysogenic) 파지로 알려진 일부 박테리아 바이러스는 숙주 유전 물질(염색체)과 결합하여 한 숙주 세포에서 다른 숙주 세포로 그리고 다음 세대의 박테리아로 전달된다. 그런 다음 자연적으로 또는 외부와의 감응에 의해 용원성 파지는 독성이 강해지고 빠르게 증식하여 박테리아 세포를 파열(용해)시킨다. 바이러스의 진화와 관련된 핵심은 바이러스가 서로 간이나 숙주 가운데 누구와 더 밀접한 관계를 갖느냐 하는 것이다. 바이러스의 퇴화(예를 들면, 세포 조직의 손실)는 기생 습성으로 설명될 수 있으며, 수명주기는 DNA와 RNA의 핵산이 단일 가닥인지, 이중 가닥인지, 또는 나선형, 20면체(icosahedra)나 기타 다양한 다른 형태인지에 따라 큰 차이를 보인다. 최상의 증거는 바이러스와 숙주 간의 무작위 발생보다 상동성이 다소 높게 나오는 상동서열비 연구를 통해 구할 수 있다. 위에서 언급한 용원성 파지가 박테리아 염색체의 일부로 통합되어 복제될 수 있다는 사실도 추가적인 증거가 된다. 이런 관점에서 보면 용원성 파지는 본질적으로 박테리아 내에서 반(半)자율적으로 존재할 수 있는 박테리아 염색체의 작은 조각인 플라스미드나 유전자 부체(episome)와 유사하다. [237]

---

[237] *Evolutionary Biology*, Eli C. Mikoff, 1984, p 423-425

이런 교환은 주변의 다른 존재와 자주 이루어지며, 아내와 남편 또는 반려동물과 주인처럼 매우 밀접하게 연결된 존재는 물질적, 신체적, 정신적 특성 측면에서 동일성을 보인다. 이는 접합을 통한 DNA 암호의 공유로 인해 가능할 수 있다.

박테리아가 유전 정보를 교환하는 데 사용하는 주된 방식은 염색체 외 유전 요소인 플라스미드와 파지를 통해서 이루어진다. 박테리아 독성 인자를 암호화하는 많은 유전자는 플라스미드나 파지에서 발견된다. 이런 이동성 유전 요소는 수평적 유전자 전달을 통해 같은 종이나 다른 종의 구성원 간에 독성 인자를 전달할 수 있다. 간혹 유전 인자들은 이동성이 높은 DNA(전이 인자)의 일부이며, 염색체 외의 DNA와 염색체 사이의 재조합을 일으킨다. 이 조합이 발생하면 독성을 암호화하는 유전자가 염색체가 될 수 있다.[238]

부처가 말했듯이 다른 존재와 우연히 옷깃을 스치는 것만으로도 소용돌이 속에서 많은 박테리아와 바이러스를 교환하여 밀접한 관계가 생성된다. 긍정적인 조건에서 다른 존재들과 접촉하고 주변에 가능한 한 좋아하는 것을 많이 두는 것이 좋다. 지인을 잃었을 때 너무 상심하지 마라. 그들은 죽은 것이 아니라 내 안에 살고 있으며 내 안에서 그들의 존재가 번식되고 있기 때문이다.

미토콘드리아는 우리에게 필요한 대부분의 에너지를 공급하는 화학

---

238) *Microbiology*, Prescott, Harley, Klein, 2002, p 793-794

공장이다. 미토콘드리아를 잃으면 우리는 몇 초 안에 죽을 것이다. 최근에 미토콘드리아는 원래 진화 초기에 우리가 지닌 세포 유형과 힘을 합친 공생 박테리아였다는 그럴듯한 주장이 제기되고 있다. …나(각주)는 우리의 유전자 하나하나가 공생의 단위라는 더 급진적인 생각을 받아들이게 될 것이라고 추측한다. 우리 몸은 공생 유전자들로 이루어진 거대한 식민지다. …다른 측면에서 보면 바이러스가 우리와 같은 '식민지'에서 슬며시 이탈한 유전자일 수 있다는 것이다. 바이러스는 단백질 외피로 둘러싸인 순수한 DNA(또는 관련된 자가 복제 분자)로 구성된다. 이들은 모두 기생한다. 바이러스는 정자와 난자라는 전통적인 매개체를 통하지 않고 공기를 통해 몸에서 몸으로 직접 이동하는 유전자에서 진화한 것으로 추정된다. …만약 기생 DNA가 정자와 난자를 타고 이동한다면, 아마도 DNA의 '역설적' 잉여 상태를 초래할 것이다. 공기나 다른 직접적인 수단을 통해 이동하는 경우를 일반적으로 '바이러스'라고 한다. [239]

마찬가지로 어떤 존재가 죽으면 그것과 함께했던 생존 가능한 세포나 박테리아는 유전 정보를 그대로 지닌 채 다른 생명체로 옮겨간다. 생물이든 무생물이든 당신의 업보에 따라 당신의 몸을 떠난 DNA나 유전자를 받은 전이되거나 변형된 존재는 당신의 고유한 이야기를 각인된 역사로 간직할 것이다.

인간은 상황에 따라 다른 용도로 개조할 수 있는 기계가 아니며, 이전처럼 규칙적으로 작동하되 매우 다른 방식으로 작동하기를 희망한다. 인

---

[239] *The Selfish Gene*, Richard Dawkins, 2009, p 182

간은 자신의 모든 역사를 지니고 있으며, 바로 이 몸에 인류의 역사가 기록되어 있다. [240]

질량이든 에너지든 개체는 현재의 존재를 떠나고 있으며 자신의 업보에 따른 거울상 존재로 전이된다. 우리는 다음 형상이 바위이든, 식물이든, 동물이든, 다른 사람이든 그러한 변화와 그 결과를 있는 그대로 겸허하게 받아들여야 한다. 특정한 시간과 공간에 존재하는 어떤 존재는 자신의 흔적을 남기고 상호 작용을 통해 주변의 다른 존재들에게 직간접적으로 영향을 미치며, 이런 영향은 나비 효과처럼 역사 속에 영원히 남는다. 오래 사는 것보다 바르게 사는 것이 더 중요하다. 사랑의 원심력의 범주를 넓히는 것은 무유의 고향으로 돌아가는 데 필수적이다.

직관적으로 생각할 수 있는 이유는 두 광자가 공간적으로 분리되어 있지만 공통의 기원이 두 광자 사이에 근본적인 연결고리를 형성하고 있다는 것이다. 비록 그들이 서로 멀어지고 공간적으로 분리되지만, 그들의 역사가 서로 얽혀 있어 멀리 떨어져 있어도 여전히 하나의 물리적 시스템의 일부를 이룬다. 그러므로 한 광자력을 측정한다고 해서 멀리 떨어져 있는 다른 광자가 동일한 특성을 갖도록 강제하거나 강요하는 것이 아니다. 오히려 두 광자는 매우 밀접하게 결합되어 있어서 공간적으로 분리되어 있더라도 하나의 물리적 실체를 구성하는 부분들로 보는 것이 정확하다. [241]

존재의 위계와 상관없이 모든 존재는 무유에서 나왔기 때문에 각 존재

---

[240]   *The Portable Jung*, Joseph Campbell, 1976, p 187

[241]   *The Fabric of the Cosmos*, Brian Greene, 2005, p 116

는 원래의 고향으로 돌아갈 수 있다면 소위 신이 될 수 있는 잠재력을 가지고 있다. 무유 자체는 신과 동일한 특성을 갖고 있다. 이 상태는 사고의 파장을 무유의 파장으로 바꾸는 데 성공하면 달성할 수 있다.

따라서 인간의 실제 본질을 통해 자신의 힘을 설명한다면 그것은 신이나 자연의 무한한 힘, 즉 그들 본성의 일부다. 다시 말하지만, 인간이 오직 자신의 본성을 통해서만 이해하고 어떤 변화도 수행하지 않는다면 인간은 죽을 수 없고 필연적으로 항상 존재한다는 것을 알 수 있다.[242]

무유의 초기 계획에 따르면, 존재들은 여전히 본질로 남아 있는 원래의 절대적인 무유와 다시 하나가 되는 것이 목적이다. 그러나 많은 존재가 본래의 성품을 잃고 다양한 형태의 존재로 존재하면서 업보를 쌓아 초기 무유와 하나가 되기 어렵게 되었다. 불행히도 많은 존재는 적응이라는 미명 아래 자유 의지를 오용함으로써 원래의 고향으로 돌아갈 수 있는 특권을 잃었다. 양자계로 돌아갈 수 있는 유일한 방법은 원래의 모습을 찾기 위한 탐구를 수행하는 것이다. 많은 존재가 영계에 정착해야만 양자계로 돌아가고자 하는 미리 정해진 목적을 달성할 수 있다.

자연에 대해 실제로 아는 것이 중요하다. 그러기 위해서는 부처, 예수, 최시형의 순수한 가르침처럼 깨달은 자들의 지혜를 배우는 지성과 세속적인 것을 분석하는 능력, 자연과학과 사회과학 연구를 통해 우리의 입지를 정확하게 파악하는 것이 필요하다.

---

[242]   *Ethics*, Benedict De Spinoza, 1989, p 196

개별 존재는 신의 속성의 변형에 불과하거나 일정하고 명확한 방식으로 신의 속성이 표현된 형태일 뿐이다. [243)

자신의 DNA와 유전자의 전이를 자연스러운 것으로 받아들일 수 있다면, 육체적 죽음을 다른 형상의 삶의 연장으로 받아들일 수 있다. 내생에서 어떤 형태가 되든 있는 그대로 받아들일 수 있다면 완전히 깨달은 사람이라 할 것이다.

미생물은 어디에나 존재한다! 이런 미생물의 편재성은 작은 크기로 쉽게 분산될 수 있다는 점, 그들의 화학적 재능을 보여 주는 신진대사라는 놀라운 능력, 유전적 유연성이라는 세 가지 요소에 기반한다. 미생물은 서로 간에 유전자를 전달하고 획득한다. 이를 통해 박테리아는 불리하거나 변화하는 환경 조건을 견뎌 내고 빠르게 적응할 수 있다. 많은 박테리아 생태계에서 기능적으로 활동하는 단위는 박테리아의 단일 종류나 집단이 아니라 두 종류 이상의 박테리아 세포들이 긴밀한 공생 관계를 유지하며 함께 살아간다. [244)

각 존재는 스스로 자기 자신의 업보를 축적하며 다른 존재의 기도나 축복으로 업을 면제받거나 줄일 수 없다는 점에 유의해야 한다. 따라서 성직자의 축복이나 면죄부는 누구에게도 도움이 되지 않는다.

[243) *Ethics*, Benedict De Spinoza, 1989, p 61

[244) *Mind*, Life, and Universe, Magulis and Punset, 2007, Interview with Ricardo Guerrero, p 247-248

어쨌거나 죄에 대한 초대 교회의 견해는 평범한 인간 본성에는 너무 가혹한 것으로 여겨져 여러 가지 방법으로 완화되었고, 부수적으로 사제의 힘이 커졌다. 고해성사는 죄인을 저주라는 극단적인 형벌로부터 보호해 주며, 임종 시 회개하고 종부성사를 받는다면 마음먹은 모든 죄를 저지를 수 있다. 사실 연옥에서 잠시 고통을 겪을 수 있지만 영혼을 위해 미사를 드리면 그곳에 머무는 시간이 단축될 수 있으며, 사제들에게 돈을 맡기면 사제들이 당신을 위해 미사를 드릴 것이다. 따라서 부의 영향력은 무덤을 넘어 확장되며 뇌물은 천당에서도 유효하다. 이런 편리하고 편안한 교리 덕분에 부자와 권력자들은 자유롭게 자신의 열정에 빠져들 수 있었다. [245)]

앞에서 살펴본 양성자의 수명을 고려해 본다면 모든 존재의 구성 요소인 무유는 영원불멸의 존재일 수밖에 없다(1장 3절 참조). 한편, 인간의 경우 7년 전에 자신의 형상을 구성하던 개체는 모두 사라지고 새로운 개체로 교체된다. 70세까지 산다고 하면 열 번 이상의 완벽한 교체가 이루어지는 셈이다. 형상의 변화로 따지면 열 번의 죽음이 완성된 것이나 마찬가지다. 하지만 그렇게 떠난 영원불멸의 속성을 갖는 개체는 다른 존재의 개체로 전이되거나 그런 기회를 갖지 못한 것은 따로 존속하기 때문에 죽을 수 없다. 이것을 곰곰이 생각해 보면 사후세계에 대한 명확한 해답을 구할 수 있다.

[245)]   *On God and Religion*, Bertrand Russell, 1986, p 244

4개월마다 우리의 적혈구가 완전히 교체되고 몇 주마다 피부 세포가 교체되며, 약 7년 이내에 우리 몸의 모든 원자는 다른 원자로 교체된다. 육체적으로 우리는 끊임없이 새로운 존재로 변하고 있다. [246)]

전이 현상에 대해서는 과학적 발견으로 이미 규명되었다. 부처나 예수와 같은 현명한 성현들이 사후세계를 부인하였던 것은 사실이다. 사후세계는 특권층과 종교계가 추종자들을 용이하게 통치하고 착취하기 위해 창작된 신화에 불과하다.

[246)] *The Brain*, the Story of You, David Eagleman, Vintage Books a Division of Penguin Random House LLC, New York, 2015, 22

구분으로부터의 탈출

모든 존재가 동일한 근원에서 나왔으며 영겁의 시간 동안 수없이 전이해 왔다는 사실을 인정한다면, 각각의 존재가 다른 형상과 구분되는 성질을 지니고 있더라도 모든 존재는 밀접한 관계를 맺고 있다고 말할 수 있다. 유전자를 따지면 모든 생명체가 서로 연결되며 원자를 따지면 무생명체를 포함한 모든 존재가 서로 연결될 수밖에 없다. 무유의 입장에서 보면 쿼크 입자나 다른 아원자 입자를 포함한 모든 개체는 더더욱 동일할 수밖에 없다.

　우리가 구분을 폐지하는 데 성공한다면 우리의 삶은 더욱 생산적이고 평화로워질 수 있다. 모든 존재는 같은 기원을 공유하기 때문에 우리는 모두 밀접하게 연결되어 있다. 모든 존재는 각각 고유의 성분과 모습으로 구성되어 있지만 다른 존재의 일부다.

　인류가 인구 증가에 따라 소비하는 자원에 대해 책임감 있는 행동을 한다면 지구의 모든 생물은 편안하고 행복하게 공존할 수 있다. 사실 우리는 생존을 위해 고군분투하지 않고도 자연의 풍요로움을 다른 생명체와 공유할 수 있다.

6장

구분으로부터의 탈출

"내가 우주에 대해 알고 있는 가장 시적인 사실 중 하나는 우리 몸의 모든 원자가 한때는 폭발한 별 안에 존재했다는 것이다. 게다가 왼손에 있는 원자는 오른손에 있는 원자와는 다른 별에서 온 것일 수도 있다. 우리 모두는 문자 그대로 별의 자식이며, 우리 몸은 별의 먼지로 만들어졌다."[247]

- 로렌스 M. 크라우스

원시 수프에서와 마찬가지로 이기적 유전자는 모두 특정 DNA의 복제품이며 전 세계에 분포되어 있다. 그것은 많은 서로 다른 개인에게 분산되어 동시에 존재하는 기관이다.[248]

도킨스는 원시 수프를 이기적이라고 정의했다. 그러나 무유는 가능한 한 많이 구별하고 구분하려는 인간의 선호와는 달리 선호하거나 구분하지 않는다. 자연 자체를 관찰하면 자연적인 존재들은 차별하거나 구분하려는 경향이 없다. 대신 그들은 모든 존재가 하나라는 내재된 암호화된 지시를 엄격하게 따른다.

---

[247]   *A Universe from Nothing*, Lawrence M. Krauss, 2012, p 17

[248]   *The Selfish Gene*, Richard Dawkins, 2009, p 88

영혼이 조화라면 결코 어떤 악도 지니지 않을 것이다. 조화는 절대적인 조화이기 때문에 부조화라는 것이 조금도 존재할 수 없는가? 그와 같이 영혼은 절대적인 영혼이기 때문에 악은 존재할 수 없는가? 이에 따르면 모든 동물의 영혼도 동등하고 절대적인 영혼이라면 똑같이 선한 것인가?[249]

생명체는 유박테리아(박테리아), 세포핵이 없고 단세포 생물인 원핵생물의 일종인 고세균(고대 박테리아), 핵을 가진 생물로 인간을 포함한 모든 생명체의 원조로 여겨지는 진핵 생물의 세 가지 영역으로 분류된다. 그러나 진화론과 함께 우주가 가장 작은 소립자인 무유라는 동일한 근원에서 생성되고 확장된다는 사실을 받아들인다면, 모든 존재는 동일한 근원에서 출발하여 궁극적으로 알 수 없는 미래에 원래의 상태로 되돌아가는 순환을 반복한다는 사실을 인정할 수 있다. 이것은 모든 존재가 하나(임이)라는 것을 의미한다.

인간은 돌이나 선인장, 낙타와 같은 의미에서 관찰하면 자연의 일부라고 말하는 것은 분명해 보인다. 돌에서 선인장으로, 그리고 낙타로 이어지는 끊기지 않는 선에는 초자연적인 도약이 존재할 수 없다. 무생명체를 생명체로 바꾸는데 특별한 창조 행위나 생명의 불꽃이 필요하지 않았다. 동일한 원자가 서로 다른 구조로 배열되어 그들 둘을 구성하고 있을 뿐이다.[250]

---

[249]   *Euthyphro*, Apology, Crito, Phaedo, Plato, 1988, p 112
[250]   *The Identity of Man*, Jacob Bronowski, 2002, p 1-4

모든 존재가 동일한 근원에서 나왔으며 영겁의 시간 동안 수없이 전이해 왔다는 사실을 인정한다면, 각각의 존재가 다른 형상과 구분되는 성질을 지니고 있더라도 모든 존재는 밀접한 관계를 맺고 있다고 말할 수 있다.

부처는 "나는 오랜 과거에 그대가 태어나거나 여행하거나 죽지 않은 곳을 보지 못했다. 나는 먼 과거에 당신의 아버지, 어머니, 이모, 자매, 스승, 수도원장, 구루 또는 인도자가 아니었던 사람을 찾아볼 수 없다"라고 말했다.[251]

유전자를 따지면 모든 생명체가 서로 연결되며 원자를 따지면 무생명체를 포함한 모든 존재가 서로 연결될 수밖에 없다. 무유의 입장에서 보면 쿼크 입자나 다른 소립자를 포함한 모든 개체는 더더욱 동일할 수밖에 없다.

크세노파네스(기원전 570년경~475년경)는 다른 모든 사람의 선입견과 달리 모든 것은 하나이며, 신은 만물과 동체이고, 구형이며, 열정도 없고, 변하지 않고, 이성적이라는 독단적인 주장을 펼쳤다.[252]

---

[251] *Becoming Enlightened*, Dalai Lama, 2009, p 195

[252] *Outlines of Pyrrhonism*, Sextus Empiricus, 1990, p 87

6.1. 유일하지만 동일함

원자가 색깔, 냄새, 맛, 촉감, 기하학적 특성 등 물질과 동일한 특성을 가지고 있다고 가정하는 것은 당연하다. 하지만 원자의 조합인 사람의 신체 구조는 믿을 수 없을 정도로 놀라운 다양성을 보인다.

개체화(individuation)란 '나눌 수 있는 안(內, in-dividual)'이 된다는 의미이며, '개성(individuality)'이 우리의 가장 내면적이고 마지막이며 비교할 수 없는 고유성을 포용하는 한, 그것은 또한 자기 자신이 된다는 의미가 된다. 따라서 개체화를 '자아에 도달하다' 또는 '자아실현'으로 번역할 수 있다. … 개인주의(individualism)는 집단적 배려와 의무보다는 자신의 고유성을 의도적으로 강조하고 주도권을 주는 것을 의미한다. 그러나 개인의 특성을 적절히 고려하는 것이 특성을 무시하거나 억압할 때보다 더 나은 사회적 성과에 도움이 되기 때문에 개체화는 확실히 인간의 집단적 자질을 더 좋고 더 완전하게 성취하는 것을 의미한다. … 따라서 개체화란 단지 주어진 개인적 자질을 충족시키는 심리적 발달 과정, 즉 한 인간이 실제로 자신이 지닌 분명하고 독특한 존재가 되어 가는 과정을 의미할 수 있다. 그렇게 함으로써 그 사람은 일반적인 의미로서의 "이기적"이 되는 것이 아니라 단지 자신의 본성의 특성을 충족시키는 것이며, 이것은 우리가 말했듯이 이기주의나 개인주의와 엄청난 차이가 있다.[253]

흥미로운 것은 인간 사이에서 일치하는 지문이 일절 없다는 것이다.

---

[253]   *The Portable Jung*, Joseph Campbell, 1976, p 121-3

DNA 프로파일링은 범죄 수사뿐만 아니라 개인이나 부모의 신원 확인을 위해 자주 사용된다. 도킨스는 이렇게 예측하였다: "2050년경에는 혈흔을 발견한 형사가 용의자의 인상 착의를 컴퓨터로 발급받을 수 있게 될 것이다. 유전자는 나이가 들어도 성장하지 않기 때문에 어린 시절부터 백발이 성성한 나이까지 일련의 인상 착의를 발급받을 수 있다."[254]

고유성은 인간에게만 국한된 것이 아니라 유기물이든 무기물이든 모든 존재도 가지고 있다. 각 존재는 고유한 개성을 지니고 있으며, 우리는 그러한 고유성을 있는 그대로 인정하고 존중해야 한다.

유전학자 존 풀러는 평생에 걸친 동물 행동에 대한 연구를 바탕으로 동물 애호가라면 누구나 직관적으로 느끼는 사실 즉 개, 고양이, 말 모두 비슷한 양육 환경과 훈련을 받았음에도 불구하고 저마다 고유한 개성을 가지고 있다는 사실을 과학적 증거를 통해 확인했다. 인간은 다를 것이라는 주장은 근거가 부족하다. 모든 인간 개개인은 고유한 유전자 조합을 가지고 있다.[255]

분류학적 그룹에 속한 과나 속은 멸종할 수 있겠지만, 그 그룹의 본질적인 기능은 결코 소멸하거나 종료되지 않는다는 사실을 기억해야 한다. 그것은 단지 자연 자체에 의해 새로운 형태로 적응되고 진화하거나 새로운 그룹으로 옮겨질 뿐이다. 인위나 조작은 좋지 않지만 자연스러움은 바람직하며, 마찬가지로 집중이나 독점은 좋지 않지만 다양화는 바람직하다.

---

[254]   *A Devil's Chaplain*, Richard Dawkins, 2004, p 142
[255]   *Darwin to DNA*, Molecules to Humanity, G. Ledyard Stebbins, 1982, p 385-6

다양한 집단이 획일적인 집단보다 진화 잠재력이 더 크고 가변성이 적응력의 핵심이다. 예를 들어, 피셔(1930)는 이를 '자연 선택의 기본 정리(定理)'라고 불렀는데, "어떤 집단 내에서의 적합성 증가율은 그 시점의 적합성 분산에 비례한다"는 것이다. 즉 진화적 변화는 균일한 집단보다는 가변적인 조건에서 더 빠르게 일어날 수 있다. … 인종 다양성은 미래의 우발적 상황에 대한 위험 분산으로 볼 수 있다. 환경이 변화하면 다양한 인종이 새로운 환경에 더 적합한 하나 이상의 유전자형을 보유할 가능성이 훨씬 더 높다. 실제로 집단 선택은 '적절한' 돌연변이가 '적절한' 시기에 발생하지 않는 한 새로운 조건에 적응할 수 없기 때문에 이런 조건에서 균일한 집단을 제거할 수도 있다. 피셔의 기본 정리의 추론에 따르면, 다양한 집단은 변화하는 환경 조건에서 계속 진화할 가능성이 높아진다. [256]

구 지식이 더 이상 설득력을 가질 수 없는 이론과 교리를 만들어 냈지만 그러한 이론은 여전히 유지되고 있으며, 삶과 죽음에 대한 견해처럼 구 지식과 새로운 발견 사이의 갈등이 심각해지고 있다. 구지식은 일반적으로 과학적 발견이 아닌 인간의 상상에 기반하며 이원론적이다(예: 물리적인 것과 형이상학적인 것, 선과 악, 천당과 지옥, 동물과 인간, 남성과 여성, 백인과 흑인 등).

이제 영혼의 특성 중 어떤 생명체는 우리가 언급하는 모든 것을 가지고 있고, 어떤 생명체는 그중 일부를 가지고 있고 어떤 생명체는 하나만 가지고 있다. 우리가 말한 특성은 영양, 지각, 욕망, 운동과 지성인데, 식

---

[256]   *Evolutionary Biology*, Eli C. Mikoff, 1984, p 205-6

물은 영양만 가지고 있고 다른 생명체는 이에 더해 지각을 가지고 있다. … 그리고 어떤 동물은 이런 능력들에 더하여 운동 능력도 가지고 있으며, 또 다른 동물은 인간이나 다른 동물과 같은 사고 능력과 지성을 지니는데, 일부는 인간과 동등하거나 더 뛰어난 특성을 갖는다.[257]

위에서 보듯이 아리스토텔레스는 이런 구분의 성향을 갖는다. 그런데 모든 존재의 능력은 종류가 아니라 정도의 차이만 있을 뿐이다. 식물뿐만 아니라 무생물도 4장에서 살펴본 바와 같이 지각, 운동, 지적 능력을 갖추고 있다.

일부 자연주의자들은 인간의 정신적, 영적 능력에 깊은 감명을 받아 전체 유기계를 인간, 동물, 식물의 세 왕국으로 나눠 인간에게 별도의 왕국을 배정했다. 자연주의자는 영적인 힘을 비교하거나 구분할 수 없다: 자연주의자들은 내가 그랬던 것처럼 인간과 하등동물의 정신 능력이 정도에 있어서는 엄청난 차이가 있지만, 종류에 있어서는 차이가 없다는 것을 보여 주려고 노력할 수 있다. 정도의 차이가 아주 크다고 하더라도 인간을 별개의 왕국으로 분류한 것은 정당화되지 않는다.[258]

니체는 "나는 오히려 고상한 영성 자체는 오직 도덕적 자질의 궁극적 산물로서 존재한다는 것, 그것은 아마도 여러 세대에 걸친 오랜 훈련과 수행을 통해서 단독으로 획득한 후 '단순히 도덕적인' 인간에게 귀속되는 모든 자질의 종합이라는 것, 고상한 영성은 바로 정의의 영성화이며,

---

[257]   *De Anima*, Aristotle, 1986, 414a-b
[258]   *The Descent of Man*, Charles Darwin, 2009, p 121

인간 이외의 다른 존재들 사이에서도 계급의 단계를 유지할 권한이 있음을 아는 유익한 엄격함이라는 나의 이론으로 그들을 설득하고 싶다"라고 주장했다. [259]

우리가 계급이나 계층을 강화하거나 사람들에게 사후에 천당을 찾으라고 요구하는 이런 종류의 관행은 지상의 천국을 구축하는 것을 방해한다. 현대 종교는 지상에서 천국을 실현할 수 있는 가능성을 말하지 않고, 사후에 심판을 받아 다음 행선지를 결정하는 사후세계로 한정한다.

인간에 대한 끊임없는 고통의 압박과 생계의 어려움에 대한 고민에서 비롯된 인간의 삶에 대한 관점은 지상에서 완전함을 합리적으로 즐길 수 있다는 기대를 거의 보여 주지 않음으로써 그의 희망을 미래로 향하게 하는 것처럼 보인다. [260]

그러나 부처, 예수나 다른 성현들이 펼친 많은 가르침은 이런 주장과는 상반된다. 그들은 사람들에게 모든 존재의 동일성을 인정하고 사랑의 원심력을 가능한 한 키워 나갈 것을 이해시키려고 했다.

이신론자들은 시계 제작자인 신이 우주를 만들고 태엽을 감아 작동하게 했다고 믿었다. 또한, 그들은 신이 손수 만든 우주와 그 법칙을 관찰하고 이성을 통해서만 신을 감지할 수 있다고 믿었다. 이신론은 여러 면에

---

[259] *Beyond Good and Evil*, Friedrich Nietzsche, 1989, p 163
[260] *An Essay on the Principle of Population*, Thomas Malthus, 2012, Chapter 18, p 127

서 오늘날과 같이 과학이 발달한 시대에 잘 어울리는 종교다. 그러나 20
세기 과학은 이신론자들이 상상했던 우주와는 다른 우주를 보여 준다.
시계처럼 예측 가능하게 돌아가지 않는 우주, 그 내부에서 일어나는 일
들을 헤아릴 수 없는 우주가 바로 그것이다. [261]

　기존 종교의 교리와 성현들의 가르침과의 불일치는 지상의 천국을 구
축하려는 노력이 결여된 것으로 볼 수 있다. 내가 이해하는 기존 종교는
부처나 예수도 언급하지 않았던 사후세계를 비현실적인 천당과 지옥의
형태로 설교함으로써 거짓 교리를 선전하는 도구로 변질되었다. 또한, 기
독교 종파는 삼위일체와 성모 마리아 외에도 반복적인 정경화를 통해 더
많은 천상의 존재를 만들어 내고, 예수의 뜻에 반하는 천당과 지옥을 더
추가했다. 심지어 이런 일을 하도록 특정 사람들을 지정하였다. 단테 알
리기에리와 엠마누엘 스웨덴보그가 천당과 지옥을 묘사하는 작업을 맡
았는데, 이 작업은 기독교계의 강력한 지지를 받고 전파되었다.

　인간은 신과 직접적인 관계에 서 있다고 가정할 수 없으므로, 신에게
나아가려면 중보자, 즉 성인이 필요하다. 이 견해는 신성과 인간의 본질적
인 일치를 부정하려고 도입한 논리다. 인간은 신을 인식할 수 없고 신에
게 다가갈 수 없다고 선언되었기 때문이다. 그리고 이렇게 인간이 최고선
으로부터 분리되어 있는 동안에는 마음의 변화를 주장할 수 없다. 그런
주장은 신성과 인간의 일치가 인간 자신에게서 발견되어야 한다고 가정
하기 때문이다. 그러나 지옥의 공포는 도덕적 교정이 아니라 외부적인

---

[261]　*TIME*, January 4, 1993, Science, God and Man, p 41

것, 즉 '은총의 수단'에 의해 공포로부터 탈출하도록 유도하기 위해 가장 끔찍한 모습으로 신도들에게 제시된다.[262]

기독교는 천당과 지옥의 존재를 정당화하기 위해 성경에 등장하는 천당과 지옥에 대한 단어를 강조해 왔지만, 성경은 천당과 지옥을 묘사한 적이 없으며 교훈적인 목적으로만 가볍게 언급하고 있다. 마찬가지로 부처도 천당과 지옥의 개념으로 추종자들을 위협한 적이 없다. 이후 불교 학자들이 천당과 지옥을 만들어 냈고, 시간이 흐르면서 천당과 지옥을 세분화했다. 사제나 승려들은 이런 터무니없는 개념을 교리로 채택하여 추종자들을 이용한다. 그러나 현재 종교적 가르침에서 묘사하는 천당이나 지옥은 절대 존재할 수 없다.

과학은 우리에게, 그리고 우리의 마음이 우리에게 더 이상 상상 속의 지원군을 찾지 말고, 더 이상 하늘에 사는 우군을 발명하지 말고, 이 세상을 지난 수 세기 동안 교회가 만들어 온 것과 같은 곳이 아닌 살기 좋은 곳으로 만들기 위해 이승에서의 우리가 기울여야 할 노력에 주목하라고 가르칠 수 있다고 생각한다.[263]

모든 종류의 인간 갈등과 전쟁은 이런 인위적인 구분과 차별에서 발생했다. 인류가 이런 부조리한 분류 방식을 계속 사용하다가 외계인을 만나게 된다면, 외계인은 현재 우리 관행의 부자연스러움을 알아차릴 것이기 때문에 치열한 전쟁이 불가피할 것이다. 우리 내부의 갈등이 고조되거나

---

[262]   *The Philosophy of History*, Georg W.F. Hegel, 1991, p 379
[263]   *On God and Religion*, Bertrand Russell, 1986, p 71

외계에서 온 방문자와의 충돌을 최소화하기 위해서는 현재의 부자연스러운 구분 관행을 바꿔야 한다. 모든 존재가 자연스럽게 하나됨을 확립함으로써 우리가 이 행성을 천국으로 만들어야 다른 곳에서 찾아온 방문객과도 우호적인 관계를 유지할 수 있을 것이다.

우리가 정신 능력에 부과된 제재를 받아들인다면 우리의 상식이 드러난다. 나는 정신이 만들어 낸 사물과 존재가 움직이고 살아가는 기적의 세계와 작별을 고하는 것은 일종의 희생이라는 것을 인정한다. 이것은 무생물조차도 살아나 활동하고 치유하는 마법의 힘을 지니는 것을 믿고 따르던 원시인의 세계이며, 이를 통해 그들은 우리 삶에 참여하고 우리는 그들 삶에 참여했다. 이제 우리는 그들의 힘이 실제로 우리의 힘이며 그들의 의미가 우리의 투영이라는 것을 이해해야 한다. 지식의 이론은 인간의 정신으로 창조한 인물들이 형이상학적인 천당과 지옥을 채우던 인류의 유아적 세상에서 벗어나는 마지막 단계일 뿐이다.[264]

우리가 구분을 폐지하는 데 성공한다면 우리의 삶은 더욱 생산적이고 평화로워질 수 있다. 3장과 4장에서 살펴본 것처럼, 모든 존재는 같은 기원을 공유하기 때문에 우리는 모두 밀접하게 연결되어 있다. 모든 존재는 각각 고유의 성분과 모습으로 구성되어 있지만 다른 존재의 일부다.

현존하는 인간 종족은 피부색, 머리카락, 두개골의 모양, 신체 비율 등 여러 면에서 서로 다르지만, 전체 구조를 고려하면 여러 점에서 서로 밀

---

264)   *The Portable Jung*, Joseph Campbell, 1976, p 481-2

접하게 닮았다는 것을 알 수 있다. … 인간의 종족은 유사하게 만들어졌
으며, 그 변형은 다른 조건에 노출된 직접적인 결과이거나 어떤 형태의 선
택에 의한 간접적인 결과다. [265]

모든 종류의 지식, 지혜, 아이디어, 역사, 경험은 이미 각 존재의 DNA,
유전자, 무의식 속에 존재해 왔다. 학습은 이전에 각인된 이런 자연법칙
과 전체 우주의 역사를 발견하는 과정이다. 이는 자신이나 다른 존재에
대한 성찰을 통해 이루어 낼 수 있다.

인간 두뇌의 보편적 유사성은 천편일률적인 정신적 기능을 보편적 가
능성으로 유도한다. 이 기능이 바로 집단 심리다. 인종, 부족, 심지어 가족
에 해당하는 분화가 있는 것처럼 '보편적' 집단 심리를 넘어 인종, 부족,
가족에 국한된 집단 심리도 존재한다. 개인 무의식을 의식으로 끌어올림
으로써 심리 분석은 대상이 일반적으로 다른 사람에 대해서는 인식하지
만 자신에 대해서는 인식하지 못하는 것들을 인식하게 만든다. 그러므로
이런 발견은 대상의 개별적 독특함을 줄이고 더 집단적으로 만든다. [266]

DNA에 저장된 게놈에는 각 존재의 생존에 필요한 모든 지침이 기록되
어 있으며, 그 기록 형태는 모든 생명체가 거의 동일하다. 완전히 다르게
보이는 생명체도 동일한 규칙에 따라 단백질을 합성한다.

---

[265]   *The Descent of Man*, Charles Darwin, 2009, p 145-7
[266]   *The Portable Jung*, Joseph Campbell, 1976, p 94

유전 암호는 동물, 식물, 곰팡이, 박테리아, 고세균, 바이러스를 막론하고 모두 동일한 보편적인 암호다. 세 글자의 DNA 단어가 20개의 아미노산과 '여기서부터 읽기 시작' 또는 '여기서부터 읽기 중지'를 의미하는 구두점 하나로 번역된 64단어 사전은 생물계 어디를 보더라도 동일한(일반화를 훼손하기에는 너무 사소한 한두 가지 예외를 제외하면) 64단어 사전이다.[267]

Codon Table

Second position

First position		U	C	A	G		Third position
U	UUU UUC } Phe UUA UUG } Leu	UCU UCC UCA UCG } Ser	UAU UAC } Tyr UAA Stop UAG Stop	UGU UGC } Cys UGA Stop UGG Trp	U C A G
C	CUU CUC CUA CUG } Leu	CCU CCC CCA CCG } Pro	CAU CAC } His CAA CAG } Gln	CGU CGC CGA CGG } Arg	U C A G
A	AUU AUC } Ile AUA AUG Met	ACU ACC ACA ACG } Thr	AAU AAC } Asn AAA AAG } Lys	AGU AGC } Ser AGA AGG } Arg	U C A G
G	GUU GUC GUA GUG } Val	GCU GCC GCA GCG } Ala	GAU GAC } Asp GAA GAG } Glu	GGU GGC GGA GGG } Gly	U C A G

[그림 42] 코돈 테이블 20가지 아미노산

아미노산 종류: 알라닌(Alanine), 아르기닌(Arginine), 아스파라긴(Asparagine),
아스파르트산(Aspartic Acid), 시스테인(Cysteine), 글루탐산(Glutamic Acid),
글루타민(Glutamine), 글리신(Glycine), 히스티딘(Histidine), 이소류신(Isoleucine),
류신(Leucine), 리신(Lysine), 메티오닌(Methionine), 페닐알라닌(Phenylalanine),
프롤린(Proline), 세린(Serine), 트레오닌(Threonine), 트립토판(Tryptophan),
티로신(Tyrosine), 발린(Valine)

출처: https://brainly.com/question/16554556

---

[267] *The Greatest Show on Earth*, Richard Dawkins, 2009, p 409

개체화의 범위를 모든 존재로 확장하고 각 존재를 더 넓은 의미에서 명확하고 고유한 존재로 볼 수 있다. 모든 존재의 고유성을 인정하면 선악에 대한 주관적인 판단 없이 그 존재를 받아들이고 나의 일부로 인정하게 된다. 이런 상태를 해탈, 중용이나 황금률이라고 할 수 있다.

심리학자 융은 "그러나 집단 무의식은 조상으로부터 물려받은 표출 가능성이라는 유산인데 개인적인 것이 아니라 모든 인간은 물론이고 심지어 모든 동물에게 공통적으로 공유되는 것이며 개체 심리의 참 기초"라고 설명했다. … 이론적으로 판단하면 벌레는 물론이고 심지어 아메바의 심리학에 도달하는 수준까지 집단 무의식의 껍질을 층층이 '벗기는' 것이 가능해야 한다. [268]

융이 위에서 언급했듯이 집단 무의식의 유사성은 유사한 종 사이에서 뿐만 아니라 모든 존재 사이에서도 마찬가지로 존재하고 공유된다.

생명체와 무생명체의 차이는 본질의 차이가 아니라 정보의 차이다. 생명체는 엄청난 양의 정보를 담고 있다. 대부분의 정보는 DNA에 디지털 방식으로 암호화되어 있으며, 앞으로 살펴볼 것처럼 다른 방식으로 암호화된 정보도 상당량 존재한다. … DNA의 특별한 점은 물질 상태가 아닌 무한한 일련의 복제의 형태로 살아남는다는 것이다. 복제할 때에 때때로 오류가 있기 때문에 새로운 변종이 자신의 조상보다 더 잘 살아남을 수 있으므로 생존 방식을 암호화하는 정보의 데이터베이스는 시간이 지남

---

[268] *The Portable Jung*, Joseph Campbell, 1976, p 38

에 따라 개선될 것이다. … 기본적으로 DNA 정보의 보존과 전파는 일반적으로 그 정보를 보유하고 있는 생명체의 생존과 번식을 의미한다. … 생존 지침의 데이터베이스는 각 종의 유전자 저장소가 될 것이다. 한 세대에 걸쳐 각 개인의 게놈은 종 데이터베이스의 견본이 될 것이다. … 조상의 몸에 있던 DNA의 작위적 생존은 과거의 정보를 미래에 활용하기 위해 기록하는 확실한 방법이며, 이것이 기본 DNA 데이터베이스가 구축되는 경로다. 그러나 과거에 대한 정보를 미래의 생존 가능성을 높이는 데 사용할 수 있는 방식으로 과거에 대한 정보를 얻는 다른 세 가지 방법이 있다. 그것은 면역 체계, 신경계와 문화다. [269]

모든 존재가 무유를 공유한다. 모든 존재는 무유의 연장선상에 있으며 각 존재는 무유의 집합체이다. 역사적인 다윈의 진화를 비롯한 새로운 과학적 발견은 데카르트의 이원론적 사고, 정신 대 육체, 생명 대 비생명, 자연 대 형이상학에서 우리를 구해 냈다. 이런 발견은 자연에서 인간의 겸손하지만 엄숙한 위치와 역할, 그리고 모든 존재가 자연적으로 존재하며 이 우주에서 우리뿐만 아니라 그들도 각자의 몫을 갖고 있다는 새로운 세계관을 제시한다.

다이아몬드는 순수한 탄소의 결합으로 만들어진 결정체인데, 이들이 서로를 인지하지 못하고 다른 원소들을 배척하지 못하는 가운데 우연히 만들어진 것일까? 지금까지 밝혀진 원소들이 서로를 인지하지 못하는 가운데 무작위로 섞여서 만들어진 것일까? 물을 구성하는 수소와 산소는

---

[269] *The Greatest Show on Earth*, Richard Dawkins, 2009, p 405-6

2:1로 섞어야 물이 되는데 그 공식을 모른 채 지나가다 만나서 우연히 만들어진 것일까?

 화학에서 '친화력'이라고 부르는 다양한 요소들의 서로 차별되는 관계는 우리가 생각해 볼 수 있는 물질의 가장 중요한 속성 중 하나로, 요소들의 완성된 강도에 따라 상대적인 양이나 비율이 달라지는 것을 볼 수 있다. 완전한 무관심에서 가장 격렬한 열정에 이르기까지의 모든 편차는 인간의 심리, 특히 남녀의 삶에서 발견되는 것처럼 서로에 대한 다양한 요소의 화학적 관계로 드러난다. 괴테는 그의 고전 로맨스 책인 『효율적인 친화력』에서 사랑하는 연인 간의 관계를 화학적 결합의 형성 과정에서 일어나는 같은 이름의 현상과 비교했다. … 기원전 5세기의 위대한 그리스 과학자 엠페도클레스가 '구성 요소의 사랑과 증오'라는 이론으로 자연에서 벌어지는 가장 단순한 화학적 결합 과정부터 가장 복잡한 사랑 이야기에 이르기까지 모든 친화력의 근본적인 통일성을 언급하였다. 이것은 최근 30여 년에 걸쳐 그 중요성을 알게 된 세포심리학의 흥미로운 진전을 통해 선험적으로 확인되었다. 이런 현상을 바탕으로 우리는 원자조차도 감각과 의지의 초보적인 형태, 멋지게 말하면 느낌(미학)과 성향(트로피시스, tropesis), 즉 가장 단순한 특성을 갖는 보편적인 '영혼'을 가지고 있다는 것을 확인하였다. 두 개 이상의 원자로 구성된 분자에 대해서도 마찬가지다. 이런 다른 종류의 분자들의 추가적인 조합은 처음에는 단순한 화합물, 이후에는 점점 복잡한 화합물을 생성하며, 복잡한 형태의 경우에는 동일한 현상이 반복되는 행태를 보인다.[270]

---

[270]   *The Riddle of the Universe*, Ernst Haeckel, 1934, p 183-4

이 우주에 존재하는 각각의 개별 존재는 동일한 근원에서 생성되었으며, 언젠가는 근원으로 돌아가 하나가 될 것이다. 이 엄숙한 진리를 이해한다면 우리는 차별이나 구분의 경계에서 벗어날 수 있다. 여성과 남성, 흑인과 백인, 동물과 인간, 식물과 동물, 무생물과 생물, 심지어 유무를 구분할 필요나 의미가 없다.

동일한 범죄를 저질러 사형을 앞둔 10명의 죄수가 있다고 상상해 보자. 그중 한 명의 죄수에게만 애착을 갖고 다른 죄수들에게 분노하는 것은 말이 되지 않는다. 유일하게 그들에게 주어진 합리적인 방법은 서로에게 친절함과 인내심을 갖는 것이다. '너'와 '나'를 구분하여 논쟁하는 것은 어리석은 일이다. [271]

우리가 구분하는 습관을 버린다면 새로운 사랑의 세계로 가는 문이 열리고 지상에 천국을 건설할 수 있다. 모든 존재가 하나임을 진심으로 인지한다면 차별이나 구분에서 벗어나지 못할 이유가 없다. 그들 없이는 단 한 순간도 생명을 유지할 수 없는 박테리아와 바이러스를 포함한 모든 존재가 우리 자신의 일부분이다.

'기쁜 소식'이란 무엇인가? 참된 생명, 영생은 약속된 것이 아니라 여기 있으며, 당신 안에 내재한다. 그것은 사랑 안에서, 공제나 배제 없이, 거리감 없이 사랑으로 살아가는 삶이다. 모든 사람은 신의 자녀이다. 분명히 예수는 자신만을 위한 어떤 것도 주장하지 않았다. 신의 자녀로서 모든 사람은 다른 모든 사람과 평등하다. [272]

---

[271]   *Becoming Enlightened*, Dalai Lama, 2009, p 229

[272]   *Twilight of the Idols and The Anti-Christ*, Friedrich Nietzsche, 2003, p 153

6.2. 인위성

자연스러움은 실제적으로 영성을 의미한다. 그러나 오늘날 우리는 태어나는 순간부터 인위적인 시스템, 제도와 행동에 노출된다. 이런 인위성은 지상의 천국을 구축하는 데 방해가 된다. '부자는 더 부자가 되고 가난한 사람은 더 가난해지는' 불평등 현상, 야생 동물들의 삶의 터전을 빼앗고, 이들은 야성을 잃고, 교배로 인해 남은 종들은 약해지고, 수많은 은하계의 천체 별을 맨눈으로 볼 수 없게 되는 등의 현상이 심화되고 있다.

우리의 유전자 구성은 오래되었다. '급격한' 문화적 변화는 우리의 유전자와 삶 사이에 불협화음을 일으켰다. 이런 부조화나 불일치는 대부분의 복잡한 만성 퇴행성 질환의 발병을 촉진한다. 이런 질병을 예방하고 전반적인 건강 증진을 위해 우리 조상들이 누렸던 기본 필수 요소로 되돌아가야 한다(하지만 문화적 진화로 이뤄낸 긍정적 건강 효과의 보존은 바람직하다). [273)]

자연법칙이 깨지고 자연환경이 더 악화되면 암울한 운명이 도래할 것이다. 우리는 자연법칙과 조화를 이루며 법과 사회 시스템을 어떻게 조정할 것인가에 대한 현명한 해답을 찾아야 한다.

생물학자들이 아프리카 연안의 모리셔스섬에서 1681년에 멸종한 날지 못하는 도도새와 칼바리아 나무 사이의 기이한 현상을 발견했는데, 이는

---

273) *Human Evolutionary Biology*, Michael P. Muehlenbein, 2010, p 500

근대에 일어난 인간의 손에 의해 자행된 최초의 종 멸종 사례이다. 오래된 나무는 많았지만 어린 새싹은 찾아보기 어려웠다. 도도새는 대부분의 씨앗을 먹는 새와 마찬가지로 섭취한 씨앗을 위의 근육질 부분인 모래주머니에 저장된 자갈 조각으로 비벼 갈아서 그 안에 있는 어린 식물 조직을 둘러쌓고 있는 보호막을 벗기고 깨부순다. 칼바리아 씨앗은 도도새의 창자를 통과하는 동안 자신을 보호하기 위해 특별히 두꺼운 털로 감싸는 방식으로 진화한 것처럼 보인다. 배설물로 배출된 얇아졌지만 온전한 보호막 안에 머물던 어린 식물은 이를 뚫고 발아할 수 있었다. 그러나 도도새가 없으면 씨앗이 소화관을 통과하지 못하기 때문에 마모가 일어날 수 없고, 그렇게 되면 씨앗의 외피가 너무 두꺼워 발아할 기회가 현저히 줄어들어 어린 나무 배아의 대부분은 자신의 씨앗 안에 갇혀 죽는다.[274]

[그림 43] 도도새 dodo
출처: https://birdfact.com/articles/when-did-the-dodo-bird-go-extinct

---

[274] *An Introduction to Biological Evolution*, Kenneth V. Kardong, 2005, p 170, rearranges

우리는 일부 야생 조류가 먹이를 주는 사람에게 끌린다는 것을 관찰할 수 있다. 이것은 또한 다양한 종류의 종의 인위적인 진화(선택)의 사례다. 이것은 야생 조류가 특정 사람이나 자신의 필요에 대한 매력을 통해 자발적으로 생활 방식(서식지)에 적응하는 것을 보여 준다. 일반적으로 가장 용감한 새가 먹이 주는 사람 손에 있는 먹이를 쪼아 먹기 시작하면 무리들이 따라서 한다. 이런 먹이 주기 관행이 계속되면 새 새끼들은 사람의 손에서 먹이를 쪼아 먹는 습관에 적응하고 먹이 주는 사람을 좋아하게 된다. 이런 종류의 습관적 변화는 조류뿐만 아니라 다른 가축화된 야생 동물에서도 관찰된다. 염소, 돼지, 원앙 등이 주로 주인이나 먹이를 주는 사람과 같은 특정인을 선호하고 줄기차게 따라다니곤 한다.

다윈은 첫째, 인간에 대한 조류의 야성은 인간을 두려워하라는 유전자 지시에 따르는 특별한 본능이며 다른 위험 요소에서 발생하는 일반적인 주의 수준보다 강하며, 둘째, 엄청난 희생이 발생하더라도 단기간에 습득되지 않고 여러 세대를 거치면서 유전된다고 생각했다. … 영국에서는 어린 새가 사람에 의해 폐해를 입는 사례가 드물지만 사람을 두려워한다. 반면 갈라파고스와 포클랜드에 사는 많은 새는 피해를 당했지만 아직도 그 유용한 두려움을 배우지 못했다.[275]

모든 품종의 개는 길들이기를 통해 변형된 늑대다. 이는 분자유전학적 증거에 의해 명확하게 밝혀졌다. 개는 인위적 선택에 의해 야생에서 지녔던 특성이 변했고, 인간의 반려동물로 함께 살면서 다양한 품종으로 변

---

[275]   *Voyage of the Eagle*, Charles Darwin, 1989, p 290

형되었다. 이런 인위적인 진화는 늑대를 자신들의 취향에 따라 사육하려는 인간의 욕망에 의해 불과 1만 년 만에 이루어졌다. 이는 생태계의 다양성을 박탈하고 야생에서 살아가는 생명체의 선택권을 제한하여 자연의 균형을 악화시킨다.

끔찍한 사실은 미국의 2,000만 마리의 순종 개 중 25%, 즉 4마리 중 1마리가 심각한 유전적 고통을 겪고 있다는 사실이다. 예를 들어, 독일 셰퍼드는 골든 리트리버보다 고관절 이형성증에 걸릴 위험이 훨씬 더 높다. 래브라도 리트리버는 왜소증에 잘 걸린다. 콜리의 70% 이상이 유전적 눈 질환을 앓고 있으며, 10%는 결국 실명한다. 달마시안은 종종 청각 장애를 보인다. 코커 스패니얼은 성질이 나빠지는 경향이 있다. 그레이트 데인은 심장이 약하다. 영국산 불독은 머리가 너무 커서 새끼를 제왕절개로 출산해야 하는 경우가 많다. … 결국 나쁜 유전자는 보편적으로 수명을 단축하는 위험 요소가 된다. 거의 모든 종이 유전병으로 고통받는다. 그러나 골든 리트리버와 다른 순종의 개는 대다수의 다른 동물과 다르다. 그들은 인간의 욕구를 충족시키기 위해 수천 년에 걸친 선택적 번식을 통해 만들어진 진정한 의미의 인공 동물이다. 하지만 지난 세기, 특히 지난 50년 동안 가장 인기 있는 품종은 품종별 애견클럽과 미국애견클럽(AKC)에서 정의하는 '좋은'이라는 인간의 판단 기준에 맞춰 거의 전적으로 사람의 기준에 따라 보기 좋게 사육되었다.[276)]

[276)] *TIME*, December 12, 1994, A Terrible Beauty, p 65-6

[그림 44] 영국산 불독 english bulldog
출처: https://wall.alphacoders.com/big.php?i=394710

이제 우리는 가축 동물의 복지에 대해 진지하게 생각해 봐야 한다. 그
들은 행복할까? 인간의 보살핌 없이도 생존할 수 있을까? 가축화된 동물
은 인위적 선택에 의해 훼손된다. 그들은 본래의 생활 방식을 잊고 인간
에게 완전히 의존하게 된다. 특정 종들이 자연스러운 야성을 잃는 것은
안타까운 일이다.

길들여진 동물의 지각, 감정과 동기 부여 영역이 바뀌는데 대체적으로
심각하게 나빠지는 경향을 보인다. 가축화는 간혹 지각 능력 저하로 이
어지며, 이것은 뇌 크기의 감소와 연관되는 것으로 보인다(크루스카,
1988). 인간의 사회 환경, 소유의 대상, 인간의 변덕과 인간이 설정한 유
용성 기준에 따라 많은 가축화된 포유류와 조류의 생활 방식에서 기능적
이고 자립적인 것은 거의 사라지고 인간의 보호와 배려에 점진적으로 더

많이 의존하게 된다(Hemmer, 1990).[277]

　　근친 교배는 해로운 열성 대립 유전자의 우성을 증가시키고 종의 전반적인 유전적 변이를 감소시킬 수 있다. 근친 교배를 하는 개체군은 변화하는 환경 조건에서 진화가 일어나는 데 필요한 유전적 변이를 상실하기 때문에 멸종의 위험이 더 커진다.

　　성별이 다양성을 생성하는 기능으로 진화하고 성별 간 또는 성별 내에서 배우자의 선택이 이루어진다면, 짝을 선택할 때 적어도 두 개체 간의 친족 관계를 고려하는 것은 정상적이다. 친족 간 짝짓기는 다양성 생성 기능의 일환인 성관계의 효율성을 저하시키고 근친 교배 우울증을 유발하는 경우도 생긴다. 근친 교배 우울증은 해로운 형질의 발현으로 인해 근친 교배 자손의 체력이 즉각적으로 감소하는 것을 말한다. 번식 쌍이 더 밀접한 친족 관계일수록 자손은 더 많은 동형 접합을 갖는다. 따라서 해로운 열성 돌연변이가 나타난다. … 조류와 포유류 개체군에서 근친 교배 우울증은 일반적으로 출생 시 체중, 생존, 번식, 질병, 포식자나 기타 스트레스 요인에 대한 내성이나 저항력에 영향을 미친다(Keller and Waller, 2002). 유사하게 식물의 경우에는 씨 형성, 발아, 생존, 스트레스에 대한 내성이나 저항력에 영향을 준다(Keller and Waller, 2002). … 인간의 경우에는 다양한 문화권에서 빈번하게 이루어지는 사촌 간에 부부 관계를 맺는 것과 같은 근친 교배 우울증에 대한 다양한 정량적 추정치가 나왔다. 그 추정치는 상당한 일관성을 보여 준다. 이런 짝의 후손이 10세까

[277]　*Animal Traditions*, Eytan Avital and Eva Jablonka, 2000, p 266

지 생존하지 못할 확률이 평균적으로 4~5% 증가한다(Bittles and Neel, 1994; Model and Darr, 2002). ··· 가장 흔한 사촌 간의 부부 관계에서는 평균적으로 12.5%, 이복형제 간은 25%, 형제자매 간의 50% 수준을 보인다. 근친 교배 자녀의 우울증은 그런 부부의 자녀가 열 살까지 살지 못할 확률을 약 20%까지 증가시킬 수 있다. 일부 학자들은 사망률이 25%까지 증가한다고 추정한다(Aoki, 2005). ··· 동물원 등에서 살아가는 사육 동물의 경우, 형제 간 교배가 자손의 사망률을 평균적으로 약 33% 증가시킨다(Ralls et al., 1988).[278]

부모, 자손, 형제자매 간의 극단적인 근친 교배는 치명적인 열성 대립 유전자의 발생 가능성을 높이고 유전적 변이를 감소시킨다는 점에서 특히 엄청난 사회적 비용이 발생한다. 친척 간의 교배는 자손에게 부정적인 대립 유전자를 물려줄 위험을 증가시킨다.

MHC(주조직 적합성 복합체) 유전자는 모든 유기체의 면역 체계에 필수적인 요소로 작용한다. 이 분자가 질병 유발 인자를 인식하고 이를 붙잡아 두면 면역계의 다른 요소들이 이를 무력화하거나 파괴하는 작업을 진행한다. ··· 이형 배우자 생식을 하는 부모는 자손이 MHC 유전자 자리에 서로 다른 대립 유전자를 물려받을 확률을 높임으로써 잠재적으로 질병으로부터 보다 나은 보호를 받을 수 있다. ··· 케임브리지대학의 인류학자 레슬리 넵과 동료들(1996)은 MHC 유전자가 동일하거나 다른 수컷과 암컷의 짝짓기로 생긴 임신을 비교했다. MHC 유전자가 같은 쌍은 다른

---

[278] *Human Evolutionary Biology*, Michael P. Muehlenbein, 2010, p 311

MHC 유전자를 가진 쌍에 비해 자연 유산율이 훨씬 높았고, 따라서 낳은 새끼의 숫자가 훨씬 적었다. 실제로 임신 실패의 72%는 부모 간에 MHC를 공유하는 것이 원인으로 작용할 수 있다.[279)

CJD(크로이츠펠트-야코프병)은 반추동물에게 동물의 고기나 뼈를 먹이면 발생하는 신경성 질환이고, 쿠루병은 사람이 사람의 살을 먹으면 걸린다. 이런 부자연스러운 관행은 치명적인 질병으로 이어질 수 있다. 낙농가들은 이런 위험성을 알고 있으면서 그들의 탐욕 때문에 송아지에게 도축된 소에서 추출한 혈액 단백질로 만든 인공 우유를 계속 먹이고 있다. 만약 정부가 당신의 자녀에게 사람의 혈액 단백질을 먹이라고 하면 어떻게 하겠는가? 정부가 비교적 비용이 적게 드는 가축 검사를 건너뛰는 것을 묵인하고, 언론이 소에서 이런 질병이 발생했다는 사실을 보도하지 못하도록 통제한 적이 있었다. 선진국에서 알츠하이머병이 크게 증가한 것이 광우병의 증가와 관련이 있을 수 있으므로 그 인과관계를 조사해 봐야 한다.

해면상뇌병증(SE)으로 불리는 프리온(prion) 질환에는 쿠루, CJD, 게르스트만-스트라우슬러 샤인커병(GSS), 치명적 가족성 불면증(FFI)이 있다. 인간에게 나타나는 주요 질환 증상은 치매이며, 대개 운동실조증(근육 움직임의 조정 어려움)이나 간대성근경련증(일련의 근육이 쇼크처럼 위축되는 증상)과 같은 운동 기능 장애 증상을 동반한다. … 최근에는 CJD의 새로운 변종 질병인 vCJD가 발생했다.[280) 식품 안전과 관련하여 전 세계적으

279) *Primate Behavioral Ecology*, Karen B. Strier, 2007, p 106-7
280) *Microbiology*, Prescott, Harley, Klein, 2002, p 894

로 우려가 커지고 있는 감염원은 잘 알려지지 않은 새로운 vCJD를 유발하는 프리온이다. 이 질병은 전염성 SE(TSE)로 불리는 진행형 퇴행성 신경 질환의 일종이며, 소고기와 연관된다. … 동물 간 vCJD 전파의 주요 수단은 반추동물 사료에 포유류 조직을 사용하는 것이며,[281] 광우병에 걸린 소의 육류 섭취는 인간에게 vCJD를 유발할 수 있다는 사실이 밝혀졌다(소 해면상뇌병증 또는 '광우병'). … CJD와 GSS는 드물지만 전 세계적으로 중장년층에 나타나는 반면, 쿠루는 뉴기니 동부 부족인 포어족에게서만 발견되었다. 이 부족은 죽은 친족을 먹는 관습이 있었으며, 여성들은 뇌를 준비하고 식인 의식을 행하는 영광을 누렸다. 포어족과 그들의 아이들은 병든 뇌 조직을 만지다가 감염되었다(식인 풍습이 사라진 지금은 쿠루의 발병률이 감소하여 노인들에게서만 이런 증상이 나타난다).[282]

모든 생명체는 생존을 위해 투쟁하지만, 인간이 지구를 지배하기 전까지는 다른 종에 의해 멸종된 종은 단 한 번도 없었다. 인간만이 수많은 종을 멸종시키고 있으며, 이런 악행의 끔찍한 결과를 무모하게 방치했다. 인류가 인구 증가에 따라 소비하는 자원에 대해 책임감 있는 행동을 한다면 지구의 **모든 생명체**가 편안하고 행복하게 공존할 수 있다. 사실 우리는 생존을 위해 고군분투하지 않고도 자연의 풍요로움을 다른 생명체와 공유할 수 있다.

보존생물학에서 우려하는 문제는 개체군 규모가 작으면 유전적 부동(浮動)의 영향과 해로운 근친 교배의 가능성이 심각해질 수 있다는 것이

[281] *Microbiology*, Prescott, Harley, Klein, 2002, p 974
[282] *Microbiology*, Prescott, Harley, Klein, 2002, p 417

다. 돌연변이는 끊임없이 새로운 변이를 도입하고, 생활 환경 조건과 연관된 선택 압력은 이런 변이의 지속적인 축적을 촉진할 수 있다. 근친 교배가 아니더라도 개체군 규모가 작으면 돌연변이가 개체군에 유입되는 횟수가 줄어든다. 유전적 변이가 적으면 개체군이 변화하는 환경 조건에 적응할 가능성도 낮아진다. 결론적으로 고립된 소규모 개체군은 예측할 수 없는 환경 변화에 대응할 수 있는 적절한 수준의 유전적 다양성을 유지할 수 있는 대규모 개체군보다 멸종에 더 취약할 수밖에 없다.[283]

자연의 과잉 개발, 기후 변화, 삼림 벌채, 많은 종의 급속한 멸종과 기타 요인으로 인한 지구 생태계의 다양성 손실은 사람과 바이러스나 박테리아 간의 완충 지대를 감소시킨다. 이런 부자연스러운 분리는 바이러스나 박테리아의 독성을 증가시키는 원인이 될 수 있다. 생태계 균형 파괴에 대응하지 못한다면 언젠가 인류는 자연 서식지에서 완전히 멸종될 수 있다.

높은 숙주 내 유전적 다양성은 독성을 늘리는 극심한 경쟁을 촉진할 수 있다. 보다 치명적인 병원체 변종은 보다 많은 번식에 성공하고, 숙주 내 병원체의 유전적 다양성을 더욱 증가시키고 기생물(다른 균주 또는 종) 간의 경쟁과 독성 증가에 우호적으로 작용할 수 있다. 다양한 말라리아 균주에 동시에 감염되면 높은 독성이 나타나는 것이 한 가지 예다 (Conway et al., 1991).[284]

---

[283] *Primate Behavioral Ecology*, Karen B. Strier, 2007, p 110

[284] *Human Evolutionary Biology*, Michael P. Muehlenbein, 2010, p 469-70

우리는 자연을 있는 그대로 보존하고 다른 생명체와 조화롭게 살아가기 위해 최선의 노력을 기울여야 한다. 원시 자연을 보존하는 국가의 노력을 인정해야 한다. 그들이 다양한 생태계 보존을 위해 배려하는 국토에 대한 보상이 주어져야 한다. 브라질과 인도네시아는 열대우림을 온전히 보존하기 위해 노력해 왔다. 아프리카에 위치한 많은 국가도 사랑하는 야생 동물의 일상을 덜 침해하는 생활 방식을 유지하고 있다. 이들은 서식지를 파괴하여 많은 생물종을 멸종으로 몰아넣은 지나치게 산업화된 국가들에게 귀감이 될 만한 사례라 할 것이다.

[그림 45] 야생 서식지 wild life
출처: https://www.tourcompass.de/tansania/reisen.htm

크로포트킨은 기사와 책을 쓰면서 독자들에게 "경쟁하지 마세요!"라고 호소하고 있다. 경쟁은 항상 종에 해를 끼치지만, 우리는 경쟁을 피할

수 있는 많은 자원을 보유하고 있다. … 이것은 수풀, 숲, 강, 바다가 우리
에게 들려주는 경고다. 그러므로 함께 힘을 합쳐 상부상조를 실천하라!
그것이 자연이 우리에게 가르치는 것이고, 생물 분류 체계의 각 강(綱,
class)에서 가장 높은 위치에 오른 모든 동물이 손수 보여 주고 있다. [285]

6.3. 상향 진화

모든 존재가 원시 상태에서 현재의 상태로 진화했다는 것은 엄숙한 진
리다. 모든 존재는 지구가 형성된 이후 진화해 왔다. 어떤 종은 번성했다
가 멸종한 반면, 끊임없이 변화하는 환경에 적응할 수 있는 다른 종은 새
로 출현하고 번성했다.

나는 동물은 기껏해야 네다섯 개의 조상으로부터, 식물은 그보다 적거
나 동일한 수의 조상으로부터 파생되어 왔다고 믿는다. 유추해 보면 한
걸음 더 나아가 모든 동물과 식물이 하나의 어떤 원형으로부터 파생되어
존속하고 있다고 볼 수 있다. 그러나 비유는 기만적인 지침이 될 수 있다.
그럼에도 불구하고 모든 생명체는 화학 성분, 배아 소포, 세포 구조, 성장
과 번식의 법칙 등 많은 공통점을 공유한다. 같은 독(毒)이 동식물에 비
슷한 영향을 미치는 경우가 많거나, 담파리가 분비하는 독이 야생장미나

---

[285] *The Altruistic Equation*, Lee Alan Dugatkin, 2006, p 13

떡갈나무에 기괴한 모습으로 성장하도록 만드는 것과 같은 아주 사소한 상황에서도 우리는 이런 현상을 관찰할 수 있다. 따라서 이 지구상에 살았던 모든 유기물은 아마도 처음 숨을 쉬었던 생명체의 어떤 원초적 형태에서 유래했을 것으로 유추해볼 수 있다.[286]

생명체뿐만 아니라 무생물도 환경의 변화에 서서히 적응해 왔다. 진화의 원류는 무유로 거슬러 올라간다. 유기 분자는 대기 중의 무기 화합물에서 합성되어 진화하였다는 것인데, 이것이 원시 수프 이론이다.

사물의 본질에 대해 끝까지 규명되지 않아 아직까지는 제한적인 과학 지식의 증거가 식물의 세계만이 아니라 동물의 세계, 생물만이 아니라 지구의 모든 구성물, 우리 행성만이 아니라 태양계 전체, 우리 별과 그 위성만이 아니라 무한한 공간에 퍼져 있고 무한한 시간을 견뎌온 질서를 증거하는 수백만 개의 유사한 물체가 모두 (예정된) 진화 과정을 수행하고 있다는 확증적인 믿음을 강화하고 있다.[287]

우주의 역사는 무유에서 원자로, 원자에서 무기물로, 무기물에서 유기물로, 그리고 최근에는 인류로 진화하는 한 방향으로 진행되는 과정처럼 보인다. 그러나 이것이 인간의 우수성을 보장할 수는 없다. 어쩌면 인간은 **제대로 진화하지 못한 유인원**이거나 잘못 진화된 식물에 불과할 수도 있다.

---

286)   *The origin of Species*, Charles Darwin, 1999, p 395

287)   *Evolution and Ethics/Science and Morals*, Thomas H. Huxley, 2004, p 6-7

전통적인 통념과 달리 '단순한' 독립 영양 식물이 실제로 종속 영양 동물보다 더 복잡하다. 독립 영양 식물[그리스어 오토스(autos, 스스로), 트로포스(trophos, 먹이 주는 존재)에서 유래한 문자 그대로 '스스로 먹이를 만들어 먹는 식물']은 먹이를 만들고 신진대사 하여 에너지를 생산할 수 있지만, 종속 영양[그리스어 헤테로스(다른 존재), 트로포스에서 유래한 문자 그대로 '다른 존재를 먹이로 먹는 존재']은 이 과정의 후반부만 수행할 수 있다. 그렇기 때문에 종속 영양 생물은 먹는 존재이고, 독립 영양 생물은 먹히는(인간이 왜 식물의 삶에 의존하여 생존하는가의 주된 이유) 존재다.[288]

일부 기생충은 최종 휴식처로 되돌아가기 위해 숙주의 행동을 변화시킨다. 곤디가 쥐나 생쥐의 몸에 들어가면 그들의 행동이 크게 바뀐다. 그들은 고양이 소변 냄새에 매료되어 어리석게도 무시무시한 포식자와 얼굴을 마주보고 대결한다. 이런 행동 변화는 숙주가 포식자에게 잡혀 먹히면 자신들이 더 많이 번식할 수 있기 때문에 기생충에 유리하다. 이런 경우 쥐, 고양이, 기생충 중 누가 주인공일까?

톡소플라즈마 곤디는 기생 원충의 일종으로, 보통 새끼 고양이를 통해 감염되며 실명, 신생아 기형, 정신지체, 사망 등을 유발한다. 집고양이와 다른 고양이과에 속하는 동물들이 바로 곤디가 선택한 숙주다.[289]

288) *Evolution and the Molecular Revolution*, Charles R. Marshall, J. William Schopf, 1996, p 77

289) *Zinsser Microbiology*, Joklik, Willett, Amos, Wilfert, 1992, p 1183

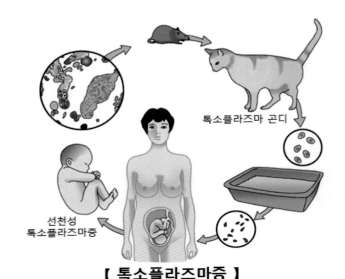

【 톡소플라즈마증 】

[그림 46] 톡소플라즈마증
출처: 서울아산병원 https://www.amc.seoul.kr/asan/healthinfo/disease/diseaseDetail.
do?contentId=32760

　　소나 염소와 같은 반추동물의 장을 떠난 후에 숙주의 몸으로 되돌아
가는 기발한 전략을 사용하는 창형흡충(디크로코엘리움 덴드리티쿰)도 동
일한 행동 양상을 보인다. 이들은 의도적으로 달팽이에게 잡아먹히고 이
후 달팽이는 개미에게 잡아먹힌다. 개미의 몸에 성공적으로 들어간 후에
는 잠복기 중에 개미의 신경계를 제어하여 개미는 매일 저녁부터 다음날
새벽까지 풀잎 위로 올라가는 비정상적인 행동을 보인다. 이들은 개미가
소나 다른 방목 동물에게 잡아먹힐 때까지 개미를 철저히 통제한다. 이
는 이 기생충이 달팽이와 개미가 자연스러운 먹이사슬로 연결된다는 것
과 아침 이슬에 촉촉하게 젖은 신선한 풀에 대한 숙주의 식욕을 잘 알고
있다는 사실을 보여 준다. 어쩌면 이들이 이런 성공적인 재활용 방법을

고안해 낼 정도로 영리할까? 그렇다면 우리가 그들을 미개하거나 멍청하다고 부를 자격이 있을까?

　서구 문화에 뿌리내린 완벽에 대한 생각은 지속적인 기술 개선에 대한 우리의 경험을 바탕으로 한다. 우리는 그것을 드러나지 않은 엄청난 지적 자산인 것처럼 생물학 분야로 가져와 진화적 변화에 대한 우리의 해석을 혼란스럽게 만든다. 우리가 하등동물과 고등동물이라는 용어를 사용할 때 믿음이 가지 않는 완벽이라는 의미를 떠올릴 위험이 있다. 하등동물과 고등동물은 각각 덜 설계된 동물과 더 잘 설계된 동물이 아니다. 하등동물과 고등동물은 진화적 출현 순서, 즉 '하등동물'이 먼저 출현했고 '고등동물'이 이어서 출현한 순서를 언급할 뿐이다. 그 외의 어떤 의미가 암시되거나 요구된다고 주장할 수 없다.[290]

　인간이 소를 사육하여 우유를 수집하듯이 개미는 진딧물을 번식시켜 단물을 수집한다. 개미는 식량을 재배하기 위해 곰팡이 정원을 가꾼다. 심지어 농산물의 생산성을 높이기 위해 박테리아의 도움을 얻기도 한다. 그들의 농사 과정은 인간의 농사 과정과 비슷하다. 우리는 "누가 누구로부터 농사와 가축 사육 방법을 배웠을까?"라는 질문에 곧바로 답할 수 있을까?

　신세계(미주, 美洲)의 아타인 개미는 개미집 이외의 장소에서는 존재하지 않는 다양한 종류의 균류와 독특한 상호 협력 관계를 맺어 왔다

---

[290]　*An Introduction to Biological Evolution*, Kenneth V. Kardong, 2005, p 9

(Weber, 1966, 1972). 이 개미들은 셀룰로오스를 직접 소화하지 못하기 때문에 아마도 곰팡이가 개미에게 주되고 유일한 식량 공급원 역할을 담당한다. 개미들이 곰팡이 정원에 출입하는 것이 금지되면 급격히 곰팡이 개체가 줄어들지만, 곰팡이는 자유롭게 드나드는 개미들의 보살핌 하에 지하 둥지에 마련된 자신들의 방에서 번성한다. 보다 오래된 아타인 속(屬)에 속하는 개미는 식물 조각이나 곤충 배설물을 곰팡이의 비료로 사용한다. 잎을 자르는 개미들은 잘 정돈된 길을 따라 줄지어 다니며 잎, 꽃, 줄기를 잘라 둥지로 옮긴다. 이들은 둥지로 가져온 나뭇잎 조각을 먼저 깨끗이 씻어 벗긴다. 그런 다음 침 분비물을 첨가하는 역할을 담당하는 것으로 보이는 일꾼개미들이 씹어서 작고 걸쭉한 덩어리를 만든다. 마침내 곰팡이 정원에 덩어리가 제공되면 이를 곰팡이 균사체 여러 다발과 하나 이상의 배설물 '비료' 방울로 감싼다. [291]

[그림 47] 농사짓는 아타인 개미 Attine ants' agriculture
출처: https://www.sciencenordic.com/agriculture--fisheries-animals-and-plants-basic-research/ants-developed-agriculture-50-million-years-ago/1440427

---

[291]   *Insect Behavior*, Robert & Janice Matthews, 1978, p 146

섬세한 둥지를 짓는 새, 우아하고 튼튼한 거미줄을 짜는 거미, 정확한 반향 탐지 능력으로 이동 경로와 먹이를 찾는 박쥐, 크릴 새우를 잡기 위해 거품 그물을 치는 혹등고래, 강력한 화학 물질을 만드는 장수풍뎅이 등 이 모든 과정은 인간의 상상을 뛰어넘는 기술이다. 동물들은 어떻게 이런 놀라운 기술을 습득할 수 있었을까? 인류의 고도로 발달된 기술로도 소위 미개하다고 지칭되는 동물들이 만들어 내는 것과 같은 고품질의 제품을 생산할 수 없다. 인류가 자연 환경에서 살아가는 다른 생명체보다 더 나은 작업을 해내는 것은 거의 불가능해 보인다. 누가 누구를 지진아라고 부를 자격이 있을까?

오늘날의 진화생물학자들과 마찬가지로 피서도 곤충이 갖춘 방어 체계의 진화를 쉽게 설명하였다. 폭탄딱정벌레(Stenapitinus insignis)는 독성이 강한 분말을 뿌려 잠재적 포식자를 공격한다. 이런 분말 생산은 탁월한 공학적 작업이며 현대 폭탄 제조에 사용되는 기술의 선구자다. 위협을 받으면 폭탄딱정벌레는 몸의 두 부위에서 분출되는 내용물을 혼합하여 화학 반응을 일으켜 p-벤조퀴논으로 구성된 산성 분말을 생성한다. 이 화학 반응에 의해 생성된 열은 팡 터지는 소리를 내며 100℃ 온도의 뜨거운 산성 분말이 분출된다. 하지만 어떻게 딱정벌레가 자신이 만드는 독성 분말로 인해 부상을 입지 않는지는 아직 밝혀지지 않았다. 더 놀라운 사실은, 딱정벌레가 포식자 퇴치 분말의 제조뿐만 아니라 포식자를 선택하여 조준하는 데에도 매우 능숙하다는 점이다.[292]

---

292)   The Altruistic Equation, Lee Alan Dugatkin, 2006, p 78

원시 생명체와 가장 최신에 등장한 생명체 중 어느 쪽이 더 가치가 있을까? 이 질문에 대해 답하기는 매우 어렵다. 원시적인 것이 더 순수하고 기원에 더 가깝다면 최근에 진화한 존재보다 더 가치가 있을 것이다. 우리는 새로운 환경에 적응했기 때문에 최근의 것이 더 가치 있다고 단정적으로 정의하는 경향이 있다. 그러나 때로는 더 원시적인 존재가 더 독창적이고 지능적이며 '신과 같은' 존재인 것처럼 보인다. 무유, 소립자나 박테리아가 더 지능적인 설계자와 같은 특성을 가지고 있다. 그들은 최근에 출현한 어떤 유기체보다 영원하고, 어디에나 존재하며, 전능하고, 시간을 초월하고, 공간이 없는 존재다. 이런 맥락에서 본다면 박테리아(유기체의 경우)와 소립자(모든 존재의 경우)를 반신(半神)으로, 무유를 신(神)으로 정의할 수 있지 않을까?

일부 유기체가 다른 유기체보다 높다는 것은 - 개가 벼룩보다 높거나 어류가 해파리보다 높은 것처럼 - 분명하지만 이것이 무엇을 의미하는지 정의하기는 어렵다. … 얼핏 생각해 보면 '더 높다'와 '더 낮다'는 것은 조직의 수준이나 등급을 의미하는 것임을 알 수 있다. 그러나 조직 자체를 과학적으로 정의하는 것이 쉽지 않기 때문에 더 큰 어려움이 따른다. [293]

최근에 진화한 생명체가 멸종하거나 현존하는 생명체보다 더 오래 지속될지 여부는 확실하지 않다. 암석이 다른 생명체보다 오래 지속된다는 것은 다른 일시적인 존재보다 더 오래 지속되고 안정적인 특성을 가지고 있다는 것을 의미한다. 기대수명 측면에서 보면 암석이나 강철과 같이 원시적

---

[293]   *Evolutionary Humanism*, Julian Huxley, 1992, p 35

인 것이 거북이나 인간과 같이 최근에 진화한 존재보다 더 가치가 높다. 가장 오래된 남세균 화석에서 알 수 있듯이 박테리아는 35억 년 이상 생존한 반면, 인간은 지난 20만 년 동안만 존재했다는 점에 유의하여야 한다.

훌륭한 주둥이가 특징인 청새치, 뛰어난 위장이 특징인 가자미, 등지느러미 끝에 진화한 독특한 '미끼'가 특징인 아귀(4장 2절, 그림 35), 서식지 주변을 유영하기에 매우 적합한 경이로운 모양이 특징인 해마 중 어떤 물고기를 더 좋아하는가? 이 물고기들 중 어떤 물고기를 다른 물고기보다 '더 나은' 또는 '더 진보적'이라고 평가할 수 있을까? 이런 질문은 의미가 없다. 자연선택은 어떤 경우에는 놀랍도록 복잡하지만 항상 국지적인 적응만을 만들어 낼 수 있으며, 일련의 일반적인 복잡화 과정의 한 단계가 아니다.[294]

인간의 뇌는 세 부분으로 나뉜다. 대뇌 반구의 가장 안쪽 부분('뇌간' 또는 '파충류 뇌'로 불림)은 심장박동과 같은 자동 기능을 조절하고, 중간 부분('변연계' 또는 '포유류 뇌'로 불림)은 감정, 동기 부여, 기억 등 다양한 기능을 조절하며, 가장 바깥쪽 부분('신피질' 또는 '인간 뇌'로 불림)은 추상적 사고, 공간 추론, 언어 등 고등(?) 기능을 관장한다. 소위 원시적 동물이라고 불리는 동물도 변연계와 신피질을 가지고 있지만, 인간과 같은 독특한 방식은 아니다. 그러나 그들은 독특하지는 않지만 마찬가지로 기능하는 - 원핵세포의 경우는 핵양체, 진핵세포의 경우는 핵 대신에 뇌 곳곳에 흩어져 있는 - 조직을 **가지고 있다.** 존재 간의 차이는 정도일 뿐이지 종류가 아니다.

---

[294]   *Full House*, Stephen Jay Gould, 1996, p 140

우리는 침팬지가 고등동물이고 지렁이가 하등동물이라는 것을 알고 있다고 생각하며, 그것이 무엇을 의미하는지 잘 알고 있다고 생각하며, 진화를 통해 더 명확하게 알 수 있다고 생각한다. 하지만 그렇지 않다. 그것이 무엇을 의미하는지 전혀 명확하지 않다. 또는 그것이 의미가 있다고 한다면 오해의 소지가 있고 심지어 치명적일 정도로 다양한 의미를 갖는다. … 말의 발은 사람의 발보다 단순하지만(예를 들자면 다섯 가락이 아닌 한 가락만 있음), 사람의 발은 더 원시적이다(말과 공유하는 조상은 우리와 마찬가지로 다섯 가락이 있었기 때문에 말이 더 많은 변화를 거쳤다. … 포유류는 도롱뇽보다 뇌는 더 크지만 일부 도롱뇽보다 게놈의 수가 더 적다. … 우리는 왜 다른 유기체를 판단하는 기준으로 인간을 선택해야 하는가? … '위대한 존재 사슬'(신)의 전통적 순위 매김으로 인간이 동물과 천사 사이에 놓였음에도 불구하고, 어떻든 진화가 인간을 '목표로 겨냥'됐고 인간이 '진화의 최후 말씀'이라는 익숙한 가정은 진화론적으로 정당화될 수 없다. [295)]

뇌의 크기나 그 구성 부분이 동물마다 다르지만, 이런 차이가 인간의 독특함을 정당화할 수는 없다. 인간 간에도 차이는 존재한다. 인간의 뇌는 새로운 차별적 특성을 갖지 않는다.

인간 게놈의 총 정보 용량은 기가비트 단위로 측정된다. 일반적인 장내 세균인 대장균은 메가비트 단위로 측정된다. 오늘날 과학계의 연구에 의하면 인간도 다른 모든 동물과 마찬가지로 박테리아로 분류될 수 있는

---

295) *The Greatest Show on Earth*, Richard Dawkins, 2009, p 156-8

조상의 후손이다. 따라서 그 조상이 살았던 시절 이후 수십억 년 동안 진화하는 동안 우리 게놈의 정보 용량은 약 1,000(10^3)배의 증가를 이루었다. 이는 충분히 그럴듯하고 인간의 존엄성에 위안을 준다. 그렇다면 볏이 있는 도롱뇽 트리투루스 크리스타투스의 게놈 용량이 인간 게놈(20기가비트)보다 훨씬 큰 40기가비트로 추정된다는 사실 때문에 인간의 존엄성이 상처를 입어야 할까? 아니다. 어쨌든 동물 게놈 용량의 대부분은 유용한 정보를 저장하는 데 사용되지 않기 때문이다. [296]

[그림 48] 도롱뇽 트리투루스 크리스타투스 crested newt, Triturus cristatus
출처: https://www.alamy.com/stock-photo-northern-crested-newt-germany-triturus-cristatus-107359562.html

---

[296] *A Devil's Chaplain*, Richard Dawkins, 2004, p 96

사랑

인간만이 아니라 박테리아, 바이러스, 세포, 식물, 곤충, 조류, 포유류를 포함한 모든 존재가 다른 존재를 위해 기꺼이 희생하고 서로 돌보는 자비와 사랑을 베풀며 살아간다. 인간이든 아니든 간에 외부 세계와 상호 작용하지 않는 개체라면 그것은 의식적인 존재가 아니라 기계에 가깝다. 개체들의 상호 작용은 다른 존재에 대한 사랑과 배려를 바탕으로 이루어질 때 의미를 갖는다. 진실한 사랑은 이승에서 각각 다르고 독특한 신체와 특성을 지닌 다른 존재와 하나됨을 느낄 때 가능해질 수 있다.

　　모든 존재의 구성 요소 중에 과거에 당신의 일부를 형성했던 특정 부분이 차지하고 있을 것이다. 누군가를 다치게 하면 그것은 결국 당신을 다치게 하는 것이다. … 모든 존재는 즐거움과 행복을 추구하므로 우리는 서로 돌봐야 한다. 고통을 최소화하는 가장 좋은 방법은 자신의 풍요로움을 다른 존재, 특히 도움을 필요로 하는 이들과 나누는 것이다. 사랑을 베푸는 것은 가능한 한 그 원심력을 크게 하는 것이 좋으니, 원심력의 원이 커지면 당신에게 느껴지는 구심력의 강도가 커지기 때문이다.

7장

사랑

"인간은 전체의 일부이며 … 자신을 자신의 생각과 감정이 나머지 부분과 분리된 것으로 경험한다. … 이 망상은 일종의 감옥으로, 개인적인 욕망과 애정을 우리와 가장 가까운 몇몇 지인에게만 쏟도록 제한한다. 우리의 임무는 이 감옥에서 벗어나 모든 생명체와 자연 전체를 그 자체의 아름다움으로 포용하고 연민의 범주를 넓혀가는 것이어야 한다."

- 알버트 아인슈타인

노자는 『도덕경』에서 "내게는 내가 보호하고 가상히 여기는 세 가지 보물이 있는데, 첫째는 사랑이고, 둘째는 만족이며, 셋째는 겸손이다"라고 말한다. 사랑하는 자만이 용감하고, 만족하는 자만이 관대하며, 겸손한 자만이 지휘할 수 있다.

많은 사람이 최근 과학적 발견으로 밝혀진 자연법칙의 진정한 의미를 파악하지 못한 채 기존 종교의 왜곡된 교리에 세뇌되어 사랑의 범주를 좁히고, 생존을 위해 자신의 집단이 아닌 타인이나 다른 존재들을 정복하고 지배해야 할 '배타적인 적'으로 취급하며 살고 있다. 이로 인해 전

세계는 엄청난 증오와 갈등, 전쟁, 착취로 몸살을 앓고 있다.

우리의 판단 기준으로 볼 때 야만인의 도덕성이 낮은 주요 원인은 첫째, 동일 부족에 대한 동정심에만 갇혀 있다. 둘째, 부족의 전반적인 복지에 많은 미덕, 특히 자아 존중이 영향을 미친다는 점을 인식하는 추론 능력이 부족하다. 예를 들어, 야만인들은 절제, 순결 등의 결핍으로 인해 악이 증식되는 것을 인식하지 못한다. 셋째, 관습, 교육이나 종교를 통해 오랫동안 지속적으로 강화되거나 계승되지 않아 자제력이 약하다.[297]

인간만이 아니라 박테리아, 바이러스, 세포, 식물, 곤충, 조류, 포유류를 포함한 모든 존재가 다른 존재를 위해 기꺼이 희생하고 서로 돌보는 자비와 사랑을 베풀며 살아간다. 인간이든 아니든 간에 외부 세계와 상호작용하지 않는 개체라면 그것은 의식적인 존재가 아니라 기계에 가깝다. 개체들의 상호작용은 다른 존재에 대한 사랑과 배려를 바탕으로 이루어질 때 의미를 갖는다. 진실한 사랑은 이승에서 각각 다르고 독특한 신체와 특성을 지닌 다른 존재와 하나됨을 느낄 때 가능해질 수 있다.

인간에게 기계가 흉내 낼 수 없는 재능이 제공되었다면, 그 재능은 자신의 기계 밖에서 찾아야 한다. 근본적으로 피부 내부에서는 조직이라는 소프트웨어와 보다 친숙한 기관이라는 하드웨어 간의 차이는 없다. 우리는 신체 내에서 자아와 기계를 확증적으로 구별할 수 없다. 만약 그런 구분이 있다면 그것은 신체와 외부 환경을 동시에 고려하는 종합적이고 복

---

[297] *The Descent of Man*, Charles Darwin, 2009, p 101

잡한 관계 속에서 찾아야 할 것이다. [298]

우리는 모든 개체의 관심사가 서로 유사하다는 것을 고려하여 공평한 사랑과 호혜적 상호 작용을 인류뿐만 아니라 모든 존재까지 확장하여야 한다. 모든 존재가 더 이상 우리와 별개로 존재하지 않는다는 것을 알기 때문에 이런 보편적 사랑이 필요하다. 과학적 발견은 이러한 엄숙한 진리를 분명하게 보여 준다.

세상을 당신 자신처럼 바라봐라. 모든 존재가 존재하는 방식을 그 자체로 믿어라. 당신을 사랑하듯이 이 세상을 사랑하면 당신은 삼라만상을 돌볼 수 있을 것이다. [299]

7.1. 자연계의 이타주의

사람들은 종종 개체가 자신의 집단이나 종 또는 다른 종을 위해 자신을 희생하지 않을 것이라고 생각한다. 또한, 우리가 이타주의를 언급할 때 우리의 도덕 기준과 모순되기 때문에 다른 생명체의 자비로운 행동을 받아들이지 않는다.

---

[298]   *The Identity of Man*, Jacob Bronowski, 2002, p 82
[299]   *Tao Te Ching*, Lao Tzu, 1988, chapter 13

　　다른 새의 둥지에 알을 낳는 뻐꾸기나 다른 '종(種) 기생' 새의 습성은
의도적으로 기획된 모성 본능이 잘못 작동하는 사례다. … 성체 유럽 재
갈매기는 자신의 알을 인식하지 못하고 다른 갈매기 알이나 심지어 관찰
자가 조잡한 나무로 만들어 바꿔 넣은 알을 부화하려고 든다. … 반면에
바다오리는 알 반점의 형태를 구분하여 자기 알을 인식하고 부화할 알을
확실하게 구별한다. … 뻐꾸기가 기생하는 명금류는 자기 알의 모양을 학
습하는 것이 아니라 종 특유의 표시가 있는 알을 본능적으로 구별하고
자기 알이 아니면 반격했다. … 그러자 뻐꾸기는 자신의 알의 색깔, 크기
와 표시가 숙주 종의 알과 점점 더 비슷하게 만들어 보복했다. 이것은 눈
속임의 한 사례인데 상당한 효과가 있다. 이런 진화적 군비 경쟁의 결과
로 뻐꾸기 알의 모방 능력은 놀라울 정도로 완벽해진다. [300]

[그림 49] 유럽재 갈매기 Larus argentatus01
출처: Wikipedia – European herring gull

---

[300]　　*The Selfish Gene*, Richard Dawkins, 2009, p 102-4

우리가 뻐꾸기의 이런 행동을 이기적이라고 치부하는 것이 바람직한가? 뻐꾸기는 DNA에 축적되고 암호화된 설명할 수 없는 명령 때문에 이런 독특한 방식으로 행동할 수밖에 없을지도 모른다. 인간의 윤리적 기준과 크게 다른 뻐꾸기의 이상한 행동을 설명할 수 없기 때문에 우리는 그들을 이기적이라고 치부할 수 있다. 그렇다면 입양된 뻐꾸기에게 먹이를 주는 행위는 어떻게 해석해야 할까? 이들은 서로 간의 밀접한 관련성이나 제로섬 게임의 법칙을 알고 있기 때문에 각자의 역할을 담당하고 있는 것은 아닐까?

곤충이 다른 종의 둥지에 알을 낳아 숙주가 기르도록 남겨 두는 경우 보통 숙주의 새끼를 희생시키는데, 우리는 이를 절도(竊盜) 기생으로 불리는 부화를 위한 기생의 특별한 경우로 인식한다. 일종의 포식자인 절도 기생충은 숙주의 새끼를 주로 먹잇감으로 공격하는 것이 아니라, 자신의 새끼가 숙주의 먹이 저장고를 더 많이 이용할 수 있도록 하기 위해 공격한다. … 많은 절도 기생충은 숙주와 밀접한 관련이 있으며 최근까지 공통 조상을 공유한 것처럼 보인다. [301]

특정 종의 새들은 불청객이 자신의 알을 둥지에서 밀어 떨어뜨리거나 새끼를 죽이는 등 믿을 수 없을 정도로 파괴적인 행동을 해도 입양된 새끼에게 먹이를 주기도 한다. 그들은 자신의 DNA와 유전자에 기록된 암호에 따라 자신의 운명으로 받아들이고 있을 수도 있다. 말썽꾸러기들은 같은 조상을 공유한 동족이며, 자신들은 성행위를 마음대로 즐기되 다른

---

[301]   *Insect Behavior*, Robert & Janice Matthews, 1978, p 139-40

종의 입양아를 받아들여 종족의 폭발적인 증가를 억제할 수 있으며, 둥지를 떠난 후에도 서로 우호적이고 조화로운 삶을 누리며 살 수 있다.

상호주의는 궁극적으로 기생주의나 공생주의의 형태로부터 진화하는 경우가 많은데, 기생하는 쪽이 숙주에게 가하는 피해보다 더 큰 이익을 숙주에게 돌려준다. 장기적으로 기생하는 쪽이 숙주에게 보다 확실하고 확고하며 영구적인 공생 관계를 만드는 특성으로 진화되기 때문에 달성되는 경우가 거의 없더라도 이는 모두에게 가장 안전한 전략이 될 수 있다. 유카나무와 유카나방 사이의 유명한 관계는 곤충과 식물이 관련된 다른 많은 상호주의 사례[수분(受粉)]와 마찬가지로 이런 방식으로 진화해 온 것처럼 보인다. 이 경우 나방은 알을 낳는 나무에만 서식하며 애벌레는 다른 종의 나무를 먹지 않는다. 나방은 유충의 번식과 먹이를 위한 목적으로 나무를 사용하는 대가로 나방에 의존하는 방식 이외로는 수분이 불가능한 나무에 수분을 제공한다. 이런 형태의 의무적인 상호주의는 처음에 나방이 나무에 기생하는 형태로부터 진화했을 것으로 추정된다.[302]

특히 관련 집단의 생존 가능성을 높이기 위해 자신들의 장렬한 희생을 감수하는 세포와 박테리아의 행동 성향을 고려해 보면, 우리의 도덕 기준과 동물의 사회적 행동 사이에도 상당한 연속성이 존재해야만 한다.

부모와 자식의 애정과 같이 고도로 발달된 사회적 본능을 타고난 동물이라면, 어떤 동물이든 지적 능력이 인간 수준이나 그에 가깝게 발달

---

302)   *Evolutionary Biology*, Eli C. Mikoff, 1984, p 167

하면 필연적으로 도덕적 감각이나 양심을 갖게 될 것이라고 추론할 수 있다. 첫째, 사회적 본능을 갖는 동물은 자신과 동등한 동료들에 대해 상당 수준의 동정심을 보이는 행동을 통해 즐거움을 맛보고 그들을 위해 다양한 서비스를 제공한다. … 둘째, 그들의 정신 능력이 고도로 발달하면 각 개체의 뇌에서 과거의 모든 행동과 동기에 대한 인상을 끊임없이 되돌아볼 것이다. 그리고 언제나 충족되지 않는 본능으로 인해 발생했던 불만족이나 비참한 느낌을 느낄 것이다. 그러면서 연속적으로 늘 내재하고 있는 사회적 본능이 순간적이고 아주 생생한 인상도 남기지 않는 특성을 지닌 더 강한 다른 본능에 한순간 사로잡혔다는 것으로 인식할 것이다. … 셋째, 언어를 구사하여 공동체의 희망을 표현할 수 있게 된 후에는 각 구성원이 공익을 위해 어떻게 행동해야 하는지에 대한 공통된 의견이 행동하는 데 있어서 상당히 중요한 지침으로 작용할 것이다. … 마지막으로, 개인이 지닌 습관이 궁극적으로 각 구성원의 행동을 유도하는 데 매우 중요한 역할을 하는데, 동정심과 더불어 사회적 본능은 다른 본능과 마찬가지로 습관에 의해 크게 강화되며 결과적으로 공동체의 소망과 판단에 순응한다.[303]

자연계에서 우리는 타인을 위해 개인이 희생하는 다양한 사례를 관찰할 수 있으며, 이를 통해 각 존재가 타고난 이타주의 속성을 지니고 있음을 알 수 있다. 이타주의는 행위자의 이익은 감소되지만 다른 존재들의 전반적인 행복이 증가되는 일련의 행동으로 정의한다.

---

[303]   *The Descent of Man*, Charles Darwin, 2009, p 85

우리의 이기심과 이타심이 항상 충돌하는 것은 아니라는 것은 확실하다. 사실 타인, 특히 우리와 아주 가까운 사람들의 행복은 우리의 주요 관심사 중 하나(실제로 가장 이기적인)다. 우리의 도덕적 충동에 대해 생물학적으로 규명해야 할 부분이 많지만, 친족 선택, 호혜적 이타주의나 배우자 선택은 우리가 이기심에 사로잡힌 개별화된 존재가 아니라 타인과 공동의 이익을 위해 봉사하는 사회적 자아로 진화해 온 과정을 보여준다. … 우리 각자는 이기적이지만, 단순히 이기적이기만 한 것은 아니다. 자기 자신의 행복을 위한 관심의 범주가 다른 사람, 즉 가족, 친구, 심지어 그들의 쾌락과 고통이 자신에게 영향을 주는 일면식도 없는 사람까지 확장된다.[304]

세포는 숙주의 생명을 유지하기 위해 죽음을 선택한다. 이를 세포 사멸이라고 하며, 급성 세포 손상으로 인한 외상성 세포 죽음의 형태인 괴사와 비교할 수 있다. 이는 세포가 보여 주는 일종의 이타주의라 할 수 있다. 세포는 숙주의 생존을 위해 자신을 희생한다. 세포는 전략적으로 세포를 과잉 생산하고 나중에 여분의 세포를 제거한다. 인간 배아에서 세포가 손가락과 발가락의 형태를 갖출 때, 세포는 벙어리 장갑의 형태를 지녔다가 손가락 사이의 여분의 세포를 사멸시켜 제대로 된 손가락을 형성한다. 올챙이의 꼬리가 제거되는 현상 또한 세포 사멸의 또 다른 특징적인 과정을 보여 준다. 세포 사멸과 파편화된 세포 사멸체를 소화하는 대식세포의 능력은 세포의 DNA에 기록되어 있다. 이는 숙주의 형상과 수명을 유지하는 데 필요한 기능이다. 성인의 평균 세포 수는 약 30조 개이

---

304)   *The Moral Landscape*, Sam Harris, 2010, p 56-7

며, 매일 약 3,000~4,000억 개의 오래된 세포가 이 과정을 통해 제거되고 새로운 세포가 생성되어 죽은 세포를 보충한다. 이 기능에 이상이 생기면 암, 자가 면역 질환인 에이즈, 알츠하이머병 등과 같은 다양한 질병에 감염될 수 있다.

특히 벌이 벌집을 지키기 위한 가미가제식 희생, 놀이터에서 노는 동생을 겁 없이 보호하는 행위와 같은 동족을 위한 이타심은 이런 이타심을 생성하는 유전자가 이타심을 나타내는 동물만이 아니라 동족에게도 존재하며, 비록 그 행위가 자살일지라도 이런 이타적인 행위로 동족의 유전자를 구할 수 있기 때문에 이렇게 진화해 왔다. 일부 사람은 귀납법적으로 사랑을 이기심으로 규정하는 것이 영(spirit)에 대한 과학의 또 다른 공격이라고 생각한다. 그러면서 친족 선택의 보다 낙관적인 측면은 거의 언급하지 않는다. 같은 논리로 세포가 처음 모여 다세포 유기체를 형성한 이유도 설명할 수 있다. 주변 세포들이 서로 친척 관계를 갖는 경향이 있고 유전자를 공유하기 때문에 세포들도 점점 더 많은 세포가 협력하는 것이 진화론적으로 합리적이기에 인간의 경우와 같이 협력적인 공동체가 될 수 있었다. … 친족 선택의 두 가지 의미를 종합해 보면, 충분한 시간이 주어지면 친밀한 관계에 있는 생물들 사이의 친밀도가 높아지는 방향으로 진화하는 성향을 갖는다. 그리고 적어도 인간의 경우, 이런 친밀감의 주관적 상관관계로 나타난 것이 애정, 동정, 사랑이다. 이런 의미에서 사랑은 태초부터 예정된 행동이었던 것 같다. [305]

---

305)   *TIME*, January 4, 1993, Science, God and Man, p 42-3

　또한, 세포는 다른 존재들과 협조하여 인간의 관점에서 볼 때 치명적일 수 있는 호의적인 공생 관계를 형성한다. 이는 세포가 다른 존재를 자신의 일부로 인정할 수 있음을 보여 준다. 그들은 상호 이익을 위해 또는 우주 질서를 유지하기 위해 기꺼이 자신의 생명을 희생한다.

　한편, DNA는 복제를 열망하는 것처럼 보인다. 세포핵은 정교하고 빠르고 정확한 복제 기계를 신나게 돌리는 DNA의 천국이다. 세포 기계가 DNA 복제에 매우 우호적인 역할을 하기 때문에 세포가 DNA에 기생하는 바이러스, 바이로이드, 플라스미드 및 기타 하찮은 유전적 동반자들로 구성된 DNA 기생체들의 숙주 역할을 하는 것은 당연해 보인다. 기생체 DNA는 심지어 스스로를 매끄럽게 꼬아 이어서 숙주 염색체와의 접합을 용이하게 만든다. '도약 유전자'(일명 트랜스포존)와 '이기적 DNA'의 늘어난 부분은 염색체에서 스스로를 잘라내거나 복제하여 다른 곳에 붙여넣는다. 정상적으로 접합된 유전자와 치명적인 종양 유전자의 잘라진 지점을 구분하는 것은 불가능에 가깝다. 진화의 시간 동안 '정상' 유전자에서 '무법' 유전자로, 그리고 다시 '정상' 유전자로의 끊임없는 이동이 있었을 것이다. DNA는 그냥 DNA일 뿐이다. 바이러스 DNA와 숙주 DNA를 구별하는 유일한 방법은 정자나 난자라는 정통 경로를 통해 다음 세대로 전달되었는가 하는 것이다. '무법' 또는 '기생' DNA는 정자나 난자가 아닌 재채기 물방울이나 피의 얼룩을 통해 보다 빠르지만 다소 비협조적인 경로를 통해 자신의 미래를 찾아가는 DNA일 뿐이다. [306]

---

306)　*A Devil's Chaplain*, Richard Dawkins, 2004, p 129

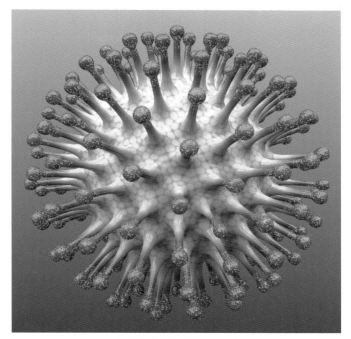

[그림 50] 바이로이드 viroid
출처: https://www.emit.org/viroids.html

다람쥐, 몽구스나 침팬지는 포식자의 시선이 자신에게 집중됨에도 불구하고 경고 신호를 보내는 행위를 통해 포식자의 출몰을 다른 동물들에게 알린다. 이들은 많은 수의 친척이 있을 때만 경고음을 낸다. 경고음은 비명을 지르는 개체의 생존 확률을 낮추지만, 집단의 다른 구성원들의 생존 확률을 높인다. 협력적 방어와 공격은 같은 종 사이에서 흔히 관찰할 수 있다. 이는 포유류나 조류뿐만 아니라 어류, 극피동물, 박테리아, 원자에서도 볼 수 있는 현상이다. 곤충과 동물은 모든 존재가 하나(임이)라는 자연의 진리를 인정하고 따르는 것처럼 보인다.

와더 클라이드 앨리는 뉴잉글랜드 해안에 사는 불가사리가 서로 가까이 모여 사는 경우가 드물고, 자연 상태에서 불가사리는 포식자로부터 자신을 숨기기 위해 주변 해초를 이용해 혼자 생활하는 것을 관찰했다. 그런데 불가사리를 실험실로 가져오자 자연에서 관찰했던 것과 전혀 다른 행태를 보였다. 바닷물만 있고 해초가 없는 작은 접시에 불가사리를 넣자 곧바로 큰 무리를 형성하였다. 불가사리 개체가 너무 촘촘하게 모여 있어서 한 개체를 다른 개체와 구별하기 어려웠다. 그러나 불가사리 접시에 인공 해초를 넣자 불가사리 무리는 해체되고 개체가 자연에서 살던 것처럼 독신 상태로 돌아갔다. 그는 이 실험이 매우 단순한 생물들 사이의 상호 부조를 입증한다고 믿었다. 불가사리가 해초를 구할 수 있을 때는 포식자로부터 몸을 숨길 수 있기 때문에 개체로 살았다. 그런데 환경이 바뀌어 보호 장치가 사라지자 이들은 위험을 방지하기 위해 서로 협력하여 든든한 집단을 형성하였다. [307)

다른 많은 종류의 조류와 포유류와 마찬가지로 말벌은 종족을 보호하기 위해 자신을 희생한다. 벌이 자신의 침을 소진하고 죽는 행위는 놀라운 희생이다. 연구에 따르면 침팬지는 유전적으로 관련이 없는 다른 종들이 포식자의 위험에 직면하면 돕기도 하고 그들과 음식을 공유하기도 한다.

생물학자들은 많은 조류, 포유류, 심지어 곤충까지 자기 희생처럼 보이는 행동을 한다는 사실에 매우 당혹스러웠다. 다른 동물에게 포식자가 숨어 있음을 경고하는 위험을 감수하고, 이들은 다른 개체를 보호하기 위

307) *The Altruistic Equation*, Lee Alan Dugatkin, 2006, p 45

해 때로는 목숨을 걸고 싸우며, 다른 동물의 새끼를 돌보는 번거로운 일을 스스로 떠맡기도 한다. 꿀벌과 물총새, 어치, 딱따구리, 들쥐와 몽구스, 박쥐와 마모셋에 이르기까지 수백 종의 조류와 포유류의 부모는 자신의 번식권과 기회를 일시적으로 포기하고 '도우미'가 되어 주는 다른 개체의 도움을 받아 새끼를 양육한다. 수백 종의 다른 동물 중에는 실제로 혈연관계가 없는 새끼를 입양하고 부모의 책임을 다하는 개체도 있다.[308]

[그림 51] 마모셋 marmoset
출처: 시사주간(2015.4.11) 세계에서 가장 작은 원숭이 피그미 마모셋

다른 동물의 경우와 마찬가지로 개미도 역류 먹이를 공급하는 행동을 보인다. 개미는 자기 자신뿐만 아니라 함께 사는 모든 방문자에게 먹이를 준다. 개미와 동거하는 기생충은 개미 유충의 행동을 모방하여 먹이를 구걸한다. 이들이 잠재적 공급자에게 먹이를 구걸할 때 개미 유충처럼 행동

---

308) *Animal Traditions*, Eytan Avital and Eva Jablonka, 2000, p 208

하는 것이 재미있다. 역류 먹이의 공급은 조류와 포유류에서도 관찰된다.

늑대 무리의 모든 구성원은 두목 부부에게서 태어난 새끼를 돌보며 먹이를 역류시켜 먹이고 번갈아 가며 새끼를 돌보는 임무를 수행한다. 성체 늑대는 협동하여 사냥을 하며, 늑대 한 마리가 포획할 수 없는 큰 먹잇감을 잡아 죽이기도 한다. 늑대 무리 사이의 정서적 유대감은 매우 강하며 이들은 의식(儀式)을 포함한 복잡한 의사소통에 의존한다. … 데이비스 멕은 늑대 무리가 자고 난 후 다시 모이거나, 추격전 후 재편성하거나, 가끔은 사냥하러 떠나기 전에 두목인 우두머리 수컷을 향해 의식을 치르는 것을 설명한다. 두목을 둘러싸고 꼬리를 치면서 다가가 코를 들이밀며 얼굴을 핥고 두목의 주둥이를 부드럽게 잡으려고 한다. 멕이 지적했듯이, 이 의식은 늑대 새끼가 어른의 입을 핥으며 먹이를 구걸하는 행동과 매우 유사한데 새끼는 어른의 입을 핥아 먹이를 역류시키도록 자극한다. 성체 늑대들이 사냥을 하려고 할 때면 효율적인 사냥의 성공을 위한 지도력과 먹이를 얻게 해 달라는 상징적인 의미로 무리의 두목에게 구걸하는 행동을 보인다. [309]

뱀파이어 박쥐는 사냥을 나갈 수 없는 아주 약하고 굶주린 동료에게 자신이 먹이에서 채취한 피를 역류시켜 먹인다. 뱀파이어 박쥐는 일반적으로 친척뿐만 아니라 친척이 아닌 개체와도 음식을 나눈다. 그런데 다른 동료가 자신에게 과거에 음식을 나눠준 적이 있다면 보다 기꺼이 공유하려는 행태를 보인다.

---

[309]   *Animal Traditions*, Eytan Avital and Eva Jablonka, 2000, p 250

인간이 아닌 동물 중 호혜적 이타주의를 가장 잘 보여 주는 사례는 친척이 아니더라도 궁핍하고 친숙한 동료에게 음식을 나눠 주는 뱀파이어 박쥐(Desmodus rotundus)다(DeNault and McFarlane 1995; Wilkinson 1984, 1990)다. 이런 관대함은 수혜자를 살리거나 죽이는 차이를 만들 수 있다. 뱀파이어 박쥐가 이틀 연속 먹이를 사냥하지 못할 경우 성공적으로 피를 흡입한 박쥐가 먹이의 일부를 역류시켜 자신과 공유하지 않으면 굶어 죽게 된다. 굶주린 박쥐는 먼저 동거인의 날개 밑 그다음에는 입술을 핥는 방식으로 먹이를 구걸한다. 그러면 동의하는 기증자가 피를 역류시킨다. 역류하여 제공하는 피는 병약한 박쥐가 다음 날 밤 스스로 먹이를 찾을 수 있을 때까지 버틸 수 있을 만큼 충분해야 한다.[310]

협동적이고 이타적인 행동은 어디에서나 관찰할 수 있으며 대상은 혈연 관계에만 국한되지 않는다. 많은 동물이 동족은 물론 다른 종의 구성원에게도 애정을 보인다. 때로는 다른 동물을 돕기 위해 고난을 겪기도 한다. 이들이 같은 종뿐만 아니라 다른 종과도 동지애나 이타심을 느낀다는 것을 보여 준다.

가정에서 키우는 반려동물도 아이들처럼 가족 구성원의 '고통'을 서로 공유하는 모습을 보인다. 그들은 구성원의 주위를 맴돌거나 무릎에 머리를 얹는다. 애착과 할로우가 '애정 시스템'이라고 부르는 것에 기반한 (Harlow와 Harlow 1965) 다른 존재의 감정에 대한 반응은 사회적 동물에서 흔히 볼 수 있다. 따라서 행동과 생리적 자료는 다양한 종의 정서적

---

[310]   *Perspectives On Animal Behavior*, Goodenough, McGuire, Wallace, 2001, p 391-2

전이를 시사한다. … 처치(1959)는 「타인의 고통에 대한 쥐의 정서적 반응」이라는 도발적인 제목의 논문에서 먹이를 얻기 위해 지레 누르는 법을 배운 쥐가 자기가 그런 행동을 취하면 이웃 쥐에게 전기 충격이 가해지는 것을 인지하면 그 반응을 멈춘다는 사실을 밝혀 냈다. … 원숭이는 쥐보다 더 강한 억제력을 보인다. … 동료에게 전기 충격이 전달되는 것을 목격한 후 한 원숭이는 5일 동안, 다른 원숭이는 12일 동안 음식을 얻기 위한 줄 당기기를 멈췄다. 이 원숭이들은 다른 원숭이에게 고통을 주지 않기 위해 말 그대로의 단식을 선택하였다.[311]

도우미는 자신의 번식할 기회를 포기하고 주인이 둥지에서 부화한 새끼나 다른 동물이 낳은 새끼에게 먹이를 주거나, 포식자로부터 주인의 새끼를 보호하거나, 돌보며 주인 부부를 부양한다.

도우미는 자신의 출산을 포기한 동물로 번식을 선택한 부부의 새끼 키우는 것을 도와주는 역할을 한다. 이들은 먹이를 제공하고 새끼를 보호하는 등 다양한 부모의 의무를 수행한다. 200종 이상의 조류와 100종 이상의 포유류에서 도우미 역할이 존재한다는 것으로 알려졌다.[312]

대부분의 도우미는 번식 쌍이 이전에 번식한 새끼지만, 일부는 번식 쌍과 아무런 친족 관계가 없는 경우도 있다. 동물뿐만 아니라 곤충도 도우미 역할을 한다. 다른 존재의 새끼를 돕는 것은 그 과정을 경험한 후에

---

[311]   *Primates and Philosophers*, Frans de Wall, 2009, p 28-9

[312]   *Perspectives On Animal Behavior*, Goodenough, McGuire, Wallace, 2001, p 155

이에 적응하여 행태의 기준으로 진화한 것일 수 있다.

브라질의 잎벌 암컷은 자기가 낳은 알과 애벌레를 돌보는데, 간혹 우연히 근처에 머물던 다른 암컷과 함께 이들을 공동으로 보호한다.[313]

예를 들어, 난쟁이 몽구스(*Helogale parvula*)와 같은 일부 종에서는 인척 관계가 없는 다른 암컷이 자신의 번식을 포기하고 선택한 주인의 새끼에게 먹이를 먹이고 포식자로부터 굴을 지키는 등 다른 암컷의 새끼 양육을 돕는다. 동물들 사이에서 이타주의의 가장 좋은 예는 사회성 곤충(개미, 흰개미, 사회성 말벌, 사회성 꿀벌)일 것이다. 많은 종에서 일꾼들은 자신의 집단을 돌보기 위해 지칠 줄 모르고 노력한다. 심지어 둥지를 지키다가 죽기도 한다. 그러나 일꾼이 돌보는 새끼는 자기 새끼가 아니며, 이런 일꾼들은 기꺼이 불임을 선택한다.[314]

---

[313] *Insect Behavior*, Robert & Janice Matthews, 1978, p 420
[314] *Perspectives On Animal Behavior*, Goodenough, McGuire, Wallace, 2001, p 383

[그림 52] 난쟁이 몽구스 dwarf mongoose
출처: https://nationalzoo.si.edu/animals/dwarf-mongoose

동물 세계에서 도움의 제공과 입양은 종족의 적합성을 극대화하기 위해 DNA에 암호화되어 저장된 명령과 같다. 이런 이타적인 행동을 받는 존재는 서비스 제공자에 대한 긍정적인 각인을 갖고 그들의 행태를 좋아하고 애착을 갖게 된다. 위에서 언급한 바와 같이, 도움의 제공과 입양은 동물의 친척에 국한되지 않고 같은 종의 다른 구성원, 심지어는 다른 종으로도 확장된다.

도움의 제공과 마찬가지로 입양도 이전에 생각했던 것보다 훨씬 더 흔한 일로 인식되고 있다. 입양은 수백 종의 조류와 포유류에서 발견되었으며, 이들 중 많은 동물에게 입양은 정상적이고 관습적인 삶의 일부인 것처럼 보인다. 입양은 단일한 현상이 아니며 입양과 도움의 제공을 구분하기 어려운 경우도 있지만, 입양 행태는 두 가지 특별한 특징을 갖는다. 첫째, 입양자는 종종 친족이 아닌 어린 새끼를 데려가기 때문에 친족 선택은 이런 행동의 적응적 진화에 대한 설명을 제공하지 못한다. 둘째, 도우미와 달리 입양자는 자신이 키우는 새끼의 양육을 전적으로 책임지는 경우가 많다. [315]

많은 종의 사회적 곤충에서 일꾼은 자매의 양육을 돕기 위해 번식을 완전히 포기한다(Wilson, 1971). 이 이론은 가장 수수께끼 같은 현상인 불임 곤충의 경우 어미나 딸의 관계보다는 자매 관계와 더 친밀한 유전적 특성을 보인다(Trivers & Hare, 1976). 그러나 정서적 친밀감은 유전적 관련성뿐만 아니라 공간적, 접촉적, 행동적 관계로부터 형성될 수 있다.

모든 사회적 포유류에서 지역 방언, 집단 냄새, 공동 의식 등으로 강화되는 친밀감은 개체가 같은 집단의 구성원과 다른 집단의 구성원을 구별할 수 있게 해 주며, 결과적으로 같은 집단 구성원에게 더 관대하고 명백한 이타적인 행태를 보인다. [316]

북극곰이 환경 변화로 인해 번식 개체 수를 두 마리에서 한 마리로 줄인 것처럼 동물은 번식 제한이 필요할 때 새끼 수를 줄여 번식을 제한한다. 이런 식의 적응은 환경뿐만 아니라 다른 종의 구성원들에게도 도움이 될 수 있기 때문에 이타적 행동에 속할 수 있다. 반면에 폭발적으로 증가한 인구수에도 불구하고 종교의 구시대적인 교리나 국가의 경제 발전이라는 미명하에 출산 장려책을 펼치며 자연을 훼손하는 인간은 자연계에서 가장 이기적인 동물일지도 모를 일이다.

[315] *Animal Traditions*, Eytan Avital and Eva Jablonka, 2000, p 226
[316] *Animal Traditions*, Eytan Avital and Eva Jablonka, 2000, p 253

[그림 53] 북극곰 polar bear
출처: https://wwf.ca/species/polar-bears/

윈-에드워즈는 찌르레기나 거위가 둥지에 모일 때처럼 동물들이 함께 모이면 개체 수에 대한 정보를 교환하고, 새들은 그에 따라 번식량을 조절한다고 주장했다. 개체 밀도가 높을 때 번식을 제한하면 모든 구성원 간의 먹이를 둘러싼 경쟁이 줄어든다.[317]

이타적 존재는 적합도를 극대화하기 위해 DNA에 암호화된 유전적 지침을 따르기 때문에 아무런 대가를 기대하지 않고도 노력에 상응하는 이익을 창출할 수 있다. 그들은 모든 존재가 하나라는 것을 본능적으로 알고 있다. 그들은 같은 조상으로부터 왔고 유전적으로 함께 섞여 있기 때문에 다른 존재를 자기 자신과 같다고 생각한다.

---

[317]   *Primate Behavioral Ecology*, Karen B. Strier, 2007, p 122

조류들도 간혹 자비로운 감정을 보인다. 그런데 (앞에서 살펴본 바와 같이) 버려진 다른 종의 새끼를 먹여 살리는 경우는 오해로 빚어진 본능으로 봐야 한다. 이들은 같은 종의 눈이 먼 성체에게 모이를 먹이기도 한다. 벅스턴은 동상에 걸려 불구가 된 다른 종의 새를 돌보며 깃털을 깨끗이 닦아 주고 자유롭게 자신의 정원을 돌아다니는 다른 앵무새들의 공격으로부터 이 새를 보호한 어떤 앵무새에 대한 흥미로운 이야기를 들려주었다. 앵무새가 동료가 즐기는 것에 대해 일종의 공감을 나타내는 것은 더 흥미롭다. 한 쌍의 앵무새가 아카시나무에 둥지를 틀자, "같은 종의 다른 앵무새들이 이 문제에 대해 극도의 관심을 보이는 것이 우스꽝스러웠다." 이 앵무새들 역시 '재산과 소유에 대한 개념'을 갖고 무한한 호기심을 드러냈다. 이들은 동물원에서 홀로 몇 달을 지낸 후에 만난 이전의 주인을 분명하게 알아보는 등 훌륭한 기억력을 가지고 있다. [318)]

이처럼 이타주의는 자연스럽게 습관화되어 모든 존재에게 공통적으로 적용되는 암호화된 명령과 같다. 우리는 이런 성향을 액면 그대로 받아들이고 개인적 선택, 친족적 선택, 집단적 선택이라는 한정된 구분에서 벗어나야 한다. 오히려 우주적 선택으로 마감될 지구적 선택으로 범위를 확장해야 한다. 이는 모든 존재가 하나임을 인정할 수 있다면 충분히 가능한 일이다. 세상을 더 나은 곳으로 만들기 위해서는 구분하는 습관을 버리고 모든 존재가 하나(임이)라는 것을 인정해야 한다.

---

318) *The Descent of Man*, Charles Darwin, 2009, p 331

7.2. 사랑의 실천

인간은 자신의 모호한 도덕 기준에 따라 다른 생명체의 도덕성을 판단하는 경향이 있다. 예를 들면, 친족 선택이라는 용어 또한 일부 과학자가 인위적인 특정 현상을 설명하기 위해 나름대로의 산술 계산을 제안한 것인데 온전히 인간의 관점에서 정의하였다. 인간은 사회 계약 이론, 종별 이론, 호혜 이론, 사적 소유권 제도나 기타 인위적인 주의(ism)와 같이 인위적으로 채택한 규범에 따라 자연 현상을 설명하려고 시도하기 때문에 자연법칙의 참 의미를 파악하기 어려울 수 있다.

이제 우리는 각각의 개체가 서로에게 이타적이고 관대하거나 '도덕적'이어야 하는 네 가지 다원주의적 이유를 알게 되었다. 첫째, 유전적 친족 관계의 특수한 경우, 둘째, 보답과 호의를 베푼 것에 대한 보답과 반대급부를 '기대'하며 호의를 베푸는 행위, 셋째, 관대함과 친절에 대한 평판을 얻는 다원주의적 이익, 넷째, 자하비의 주장과 같이 진실하고 진정성 있는 광고 효과를 얻는 방법으로써 눈에 띄는 관대함이라는 특별한 추가 혜택이 있다.[319]

동물, 식물, 곤충, 심지어 박테리아도 일종의 계산을 하면서 행동하지 않는다. 단지 그들은 내부에 암호화된 지시를 따를 뿐이다. 그들은 단순히 포용적 적합성이나 호혜적 이타주의에 의해 살아가는 것이 아니다. 인간 본위 관점에서는 이타적 사랑이라는 것을 있는 그대로 수용할 수 없겠지만 어찌 보면 모든 존재에게는 너무나도 자연스러운 현상일 수 있다.

---

[319]   *The God Delusion*, Richard Dawkins, 2008, p 251

인류는 모든 존재를 자신과 같은 존재로 생각하고 모든 대상에게 자신이 친숙하고 친밀하게 의식하는 자질을 전이하려는 일반적인 성향을 가지고 있다. 우리는 달에서 인간의 얼굴을, 구름에서 군대를 발견하고, 경험과 반성에 의해 수정되지 않는다면 우리를 아프게 하거나 기쁘게 하는 모든 것을 자연스럽게 악의나 선의로 구분하는 경향을 보인다. [320]

모든 존재는 이웃과의 연관성을 계산하지 않고 내부에 새겨진 암호화된 지침을 따른다. '모든 존재는 하나(임이)'라고 읽힐 수 있는 암호화된 지시에 따라 행동한다. 사랑은 모든 생명체와 모든 종류의 박테리아나 바이러스를 포함하는 생명체에 대한 생물학은 물론이고, 최소 원자 수준까지 이르는 무생물에 대한 물리학에도 깊이 뿌리내리고 있는 것으로 보인다. 사회적 기생은 세포뿐만 아니라 유사회적 곤충과 포유류에서도 흔히 볼 수 있다.

사회적 곤충의 둥지는 둥지를 짓는 곤충 외의 다양한 존재에게 생활공간을 제공한다. 깨끗이 유지하려는 노력에도 불구하고 인간의 주거지에 바퀴벌레부터 파리까지 모든 것이 들끓는 것과 마찬가지로 이들이 곤충의 둥지를 에워싼다. 이런 불청객 외에도 우리가 다양한 애완동물을 키우는 것처럼 일부 사회적 곤충도 의도적으로 다른 종의 손님들을 둥지에 가둬 두기도 한다. … 특히 개미의 경우에 둥지 손님들이 빈번히 보이는데, 개미는 말 그대로 '개미 애호가'라는 뜻을 갖는 '개미 집에 기거하는 개체(myrmecophiles)'로 불리는 모든 종류의 유기체와 특별한 관계를

---

320)   *Dialogues and Natural History of Religion*, David Hume, 1998, p 141

맺고 산다. 마누 좀(Thysanura)이 개미와 함께 사는 것을 예로 들 수 있다. 개미들의 공동 주거지 내의 쓰레기, 음식물 찌꺼기, 심지어 개미 사체까지 먹어 치우는 마누 좀은 우연히 먹이를 제공받는 대가로 숙주인 개미에게 '깔끔한 집'이라는 보상을 제공한다. 개미군단이 이동할 때, 좀이 개미 유충이나 전리품에 올라타거나 대열을 따라 달리는 모습을 볼 수 있다. 사회적 곤충의 둥지에는 딱정벌레목의 곤충도 흔히 관찰된다. 이들은 사체 처리 역할을 하는데 때로는 둥지 주인으로부터 무시당하는 경우도 있다. 개미들은 침입자를 용납할 뿐만 아니라 이들에게 먹이를 주고, 손질하고, 보살피는 경우도 있다. 침입자가 숙주 개미의 새끼를 잡아먹더라도 이들을 다정하게 대한다. [321]

[그림 54] 마누 좀 thysanura
출처: https://ucmp.berkeley.edu/arthropoda/uniramia/thysanura.html

---

[321]   *Insect Behavior*, Robert & Janice Matthews, 1978, p 148-9

이런 식의 암호화된 지시는 선험적 명령으로 간주할 수 있으며, 오랜 시간 동안 축적되어 준수해야 할 절대적인 명령이 되었다. 우리는 그들의 행동을 있는 그대로 받아들이고, 이를 통해 이들을 모든 존재의 본질인 무유의 관점에서 관찰하면 차이가 없다는 진리를 배워야 한다. 모든 존재가 선험적 명령에 따라 살 수 있도록 배려하고 공존할 수 있는 방안을 강구하는 것이 자연법칙에 순응하는 길이다.

어떤 일을 하고 싶어 하라고 명령하는 그 자체가 모순이다. 우리가 이미 해야 할 일을 스스로 알고 있고, 더 나아가 그것을 하고 싶다는 의식이 있다면 명령은 불필요할 것이고, 우리가 자의가 아니라 오직 법을 존중해야 하기 때문에 행동해야 한다면, 이런 존중이 행동 지침의 동기가 되는 명령은 명령을 받는 존재의 성향에 절대적으로 배치된다.[322]

소위 원시적 존재로 불리는 다른 존재들이 보여 주는 사랑의 행동은 우리 자신이 확실히 우월한 종임을 증명하기 위해서는 사랑의 범주를 더욱 넓혀야 한다는 것을 상기시켜 준다. 사랑은 자아 존중에서 시작하여 가족, 국가, 지구, 그리고 모든 우주를 포용하는 식으로 그 범위를 확장해야 한다. 자기애가 없는 사람은 다른 존재를 사랑할 수 없고, 자기 자신만을 사랑하는 사람은 자기 자신을 극복하지 못하기 때문에 이기적이다. 우리는 성차별, 인종 차별, 연령 차별, 연고주의, 외국인 혐오증을 극복해야 한다. 사랑은 인류뿐만 아니라 모든 움직이는 존재, 움직이지 않는 존재, 생명이 없는 존재, 궁극적으로는 우주의 모든 존재로 확장되어야 한다.

---

[322] *Critique of Practical Reason*, Immanuel Kant, 1996, p 104

만약 우리가 우리 지식의 범주에 속하는 우주를 관찰해 보면, 우주는 동물이나 유기체와 매우 유사하며 생명과 운동의 원리처럼 작동하는 것을 알 수 있다. 물질의 지속적인 내부 순환은 무질서를 일으키지 않는다. 각 부품의 지속적인 마모는 끊임없이 수리된다. 아주 친밀한 공감이 전체 시스템에서 감지된다. 그리고 각 부품이나 존재가 적합한 직무를 수행하는 행위는 자신과 전체의 보존을 위해 작동한다. 그래서 나는 세상이 한 마리의 동물이고 신성이 세상의 영혼인데 신성은 동물을 작동시키고 동물에 의해 작동된다고 추론한다. [323]

남에게 대접받고 싶은 대로 남을 대하라. 이 황금률은 우리의 보편적 도덕성의 근간이 되어야 한다. 생명체뿐만 아니라 무생물에 이르기까지 모든 존재가 하나(임)이라는 것을 인식하고 사랑의 범주를 넓힌다면 이 세상은 더욱 살기 좋은 곳으로 변할 것이다.

부처의 교리가 자아를 바라보는 우리의 관점이 잘못되었고, 이 해독제가 자비라는 것을 강조한 것이 독특하다. 또한, 불교는 자신과 타인에 대한 우리의 일반적인 태도를 변화시켜 모든 의식을 지니는 존재의 복지를 고려할 것을 요구한다. 자신만 소중히 여기는 것에서 벗어나 다른 존재들도 소중히 여겨야 한다는 것이다. [324]

빅뱅 당시 우리는 모두 같은 근원에서 나왔고 다음 빅뱅 때 다시 하나가 될 것이기 때문에 다른 존재를 사랑해야 한다. 빅뱅 이론에서 알 수

---

[323] *Dialogues and Natural History of Religion*, David Hume, 1998, p 72-3

[324] *Becoming Enlightened*, Dalai Lama, 2009, p 7

있듯이 모든 존재는 같은 근원에서 왔으며, 따라서 다른 존재는 우리의 일부분이다. 우리와 다른 존재들 사이의 육체, 정신, 잠재적 무유는 정도의 차이만 있을 뿐 본질이나 내용 면에서는 차이가 없다.

"지구에서 인간의 입장은 미묘하다. 언뜻 보기에 우리 각자는 영문도 모른 채 단기간의 방문자로 왔지만 때로는 신성한 목적을 지니고 있는 것처럼 보인다. 그러나 일상생활을 잘 관찰해 보면서 우리가 꼭 알아야 하는 한 가지 사실은 인간은 다른 인간들을 위해 존재하며, 더욱이나 우리의 행복이 그들의 미소와 복지에 달려 있는 모든 존재를 위해 우리가 이곳에 존재한다는 것이다."   – 알버트 아인슈타인[325]

무유의 특성과 4장에서 다룬 아보가드로 수의 사례에서 살펴본 바와 같이, 모든 존재의 구성 요소 중에 과거에 당신의 일부를 형성했던 특정 부분이 차지하고 있을 것이다. 누군가를 다치게 하면 그것은 결국 자신을 다치게 하는 것이다. "허공에 침을 뱉으면 당신의 얼굴에 떨어질 것이다"라는 이탈리아 속담을 기억하라. 반면에 다른 존재를 사랑하면 당신이 그들의 일부이기 때문에 당신은 그 반대급부로 사랑을 받게 된다.

사랑에는 두 가지 종류가 있다. 즐겁거나 아름답거나 좋은 것에 베푸는 선택적 지상의 사랑과 모든 존재에게 무차별적으로 주어지는 공평한 천상의 사랑이다. 지상의 사랑은 증오, 친구는 적, 성인은 죄인, 신은 마귀라는 반대되는 개념과 균형을 이룬다. 따라서 이런 사랑은 적대적 진영

---

325)   *The God Delusion*, Richard Dawkins, 2008, p 241

과 어떻게 전개될지 모를 전쟁으로 세상에 불화를 가져온다. 반면에 천상
의 사랑은 즐겁거나 아름답거나 좋은 대상을 요구하지 않는다. 그것은 생
명을 가진 모든 것, 최고와 최악의 것, 가장 숭고한 것과 가장 비천한 것
모두에게 골고루 주어질 수 있다. … 무엇보다도 신성한 사랑은 영혼을
감옥에서 해방시키고 세상과의 연합을 막는 자아라는 벽을 무너뜨린다.
이것이 강한 곳에서는 의무가 쉬워지고 모든 봉사가 기쁨으로 가득 차게
된다.[326]

당신이 이 세상에서 다른 존재들과 더불어 지낼 수 있다는 것은 축복
받은 일이며, 이런 멋진 공존의 행운에 감사해야 한다. 이 세상에서의 삶
은 고뇌와 고통으로 가득 차 있다고 하지만 관점을 바꿔 살펴보면 오히
려 축복이라고 할 수 있다. 항상 당신이 존재하고 있다는 것과 다른 존재
와 공존한다는 것을 감사히 받아들여야 한다.

우리의 미세한 감정을 신경전달물질과 기타 화학 물질과 연계하여 파
악하는 작업이 매우 빠르게 진행되고 있다. 어머니가 자식을, 남편이 아
내를, 형제가 형제를 사랑하는 사랑 자체는 옥시토신이라는 화학 물질로
요약할 수 있다. 많은 종교에서 규정하는 보편적인 사랑에 대해 열광적으
로 언급하는 것도 왠지 껄끄러운데, 그 사랑이 연구자들이 쥐에게 주사
하여 껴안게 만드는 것과 같은 물질에 기반한다는 것을 알게 되면 당신
은 더욱 그렇게 느낄 것이다. 그다지 감동적이지 않은 또 다른 소식은 사
랑이 존재하는 이유가 사랑하는 사람의 유전자를 퍼뜨리려는 단 하나의

---

[326]   *On God and Religion*, Bertrand Russell, 1986, p 105

뚜렷한 목적을 달성하기 위해 진화를 통해 어떻게 설계되어 왔는지를 보다 명확하고 냉소적으로 알려 준다는 것이다. 요약하자면 현대 과학의 연구 결과를 하나씩 살펴보면, 고귀함에 대해 갖는 우리의 희망을 꺾기에 충분해 보인다. 이것은 거대한 역설의 절반이며, 오늘날의 과학자가 50년 또는 100년 전의 과학자보다 무신론자가 더 많은 이유다. 역설의 나머지 절반은 소수지만 아직도 일부 과학자들이 한 걸음 물러서서 큰 그림, 즉 20세기 과학의 많은 업적을 포괄하고 그것을 초월하는 중요한 패턴, 즉 이 우주에는 눈에 보이는 것보다 더 많은 것이 있으며, 모든 것이 어떻게 조화를 이루는지에 대해 진정으로 신성한 무엇인가가 있음을 암시하는 패턴을 바라보고 있다는 것이다. [327]

모든 존재는 즐거움과 행복을 추구하므로 우리는 서로 돌봐야 한다. 고통을 최소화하는 가장 좋은 방법은 자신의 풍요로움을 다른 존재, 특히 도움을 필요로 하는 이들과 나누는 것이다. 공덕을 베푸는 방법은 다양하다. 자신의 처지에 맞추어 베풀되 끊임없이 이루어지도록 해야 한다. 금전적, 물질적인 것도 중요하나 자신의 육체와 정신을 써서 베푸는 것 또한 중요하다. 육체적으로 도움을 주거나 정신적으로 상대방이 올바른 생각을 갖고 살도록 하거나 마음속으로 그들의 행복을 진심으로 바라는 것도 의미가 있다. 육체와 정신으로 베푸는 것은 물질로 베푸는 것보다 상대의 동의를 얻어 내고 행복감을 더욱 키울 수 있는 요인이 되기도 한다. 그리고 일시적인 베풂보다는 장기적으로 자력을 얻도록 도와주는 것이 진정한 공덕을 쌓는 길이다. 어려운 사람에게 한 끼의 식사를 제공하

---

327) *TIME*, January 4, 1993, Science, God and Man, p 40

는 것도 의미가 있으나, 그들이 스스로 벌어서 자생할 수 있는 길을 제시하는 것이 더 좋다.

남을 위해 조건 없이 베푸는 행위를 불교에서는 보시(布施)라고 한다. 육바라밀(六波羅密: 보시, 지계, 인욕, 정진, 선정과 지혜 바라밀)의 수행법 가운데 첫 번째로 언급되는 것이 보시 바라밀이다. 그만큼 중요하다는 이 야기다. 보시의 종류는 재물을 제공하는 재보시(財布施)와 재물이 없이 베풀 수 있는 일곱 가지의 보시(無財七施: 무재칠시)를 언급하고 있다. 이는 몸으로 남에게 봉사하는 신시(身施), 따뜻한 마음으로 베푸는 심시(心施), 친절하고 따뜻한 말로 위로하거나 응하는 언시(言施), 부드럽고 편안한 눈빛으로 상대를 대하는 안시(眼施), 자비롭고 미소 띤 얼굴로 사람을 대하는 안면시(顔面施), 자리를 찾아 주거나 양보하거나 편안하게 해 주는 좌시(座施), 필요로 하는 사람에게 자기의 방을 이용하게 하거나 집에 초청하여 쉬거나 묵게 하는 방시(房施)로 구성된다.

한편, 불교에서 최고의 보시로 간주하는 것은 무주상보시(無住相布施)로서, 이는 베풀고도 베풀었다는 모습을 남기지 않는 것이다. 이것은 마 태복음 6:3-4에 "너는 구제할 때에 오른손이 하는 것을 왼손이 모르게 하여 네 구제함을 은밀하게 하라 은밀한 중에 보시는 너의 아버지께서 갚으시리라"라는 예수의 가르침과 일맥상통한다.[328]

지혜의 삶은 경쟁이나 본질적인 적대감이 없는 공정한 목적을 추구한

---

[328]   영과 영, 김병윤, 2010, p 315-6

다. 그것이 추구하는 연합에는 경계가 없으며 모든 것을 알고 모든 것을 섬기기를 원한다. 따라서 그것은 모든 곳에서 자신의 집을 찾는다. 어떤 성벽도 그것이 나아가는 것을 막지 못한다. 지혜는 지식에서는 유용한 것이거나 쓸모없는 것을 구분하지 않고, 사랑에서는 친구이거나 적을 구분하지 않으며, 봉사에서는 합당함이나 부당함을 구분하지 않는다. [329]

기도하는 행위는 당신과 당신이 돌보는 다른 존재들 사이의 유대를 강화하는 데 필수적이다. 그러나 이 기도는 개인적인 이익을 위한 것이 아니라 사랑하는 존재들의 더 나은 삶을 위한 것이어야 한다. 진심으로 기도하면 행운을 기원하는 존재에게 그 진동이 전달될 수 있다. 당신의 소원과 기도가 자신의 원심력의 사랑을 확장하기 위한 것이라면, 그것은 응답되고 구체화될 것이다. 그러나 그것이 자기 중심적이고 이기적인 소원을 위한 것이라면 아무 의미도 갖지 못하고 효과도 없다.

우리는 영원 대신에 감내하는 과정의 관점에서, 구원 대신에 에너지와 평화가 결합된 내면의 만족스러운 상태에 도달하는 관점에서 생각해야 한다. 청원하는 기도는 의미가 없지만 열망과 자기 탐구를 내포하는 기도는 높은 가치가 있다. [330]

기도는 반향하는 응답을 찾기 위해 긍정적인 진동을 생성하여 우주로 내보내는 것이다. 중력장의 진동을 건드리는 것과 같다. 우리가 다른 존재와 소통하는 데 진동이 도움을 준다. 우리의 진동이 다른 존재의 진동

[329] *On God and Religion*, Bertrand Russell, 1986, p 107
[330] *Evolutionary Humanism*, Julian Huxley, 1992, p 225

과 동기화되면 합쳐져 엄청난 효과를 낼 수 있다. 기도는 기도에 담긴 소원을 이루기 위해 최선을 다할 때만 응답을 받는다.

모든 것을 포용하는 전체성 개념으로 보는 신은 무의식도 포함하므로 의식과 달리 의식적인 마음이 갖는 의지와 의도를 종종 좌절시키는 객관적인 심리 상태를 포함한다. 예를 들어, 기도는 무의식의 잠재력을 강화하여 때때로 예상치 못한 기도의 효과를 낸다. 신은 인간의 무의식 속에서 행동하며 마음이 무의식으로부터 노출되는 상반된 영향들을 조화하고 통합하도록 한다. 무의식은 분열과 통합을 모두 원한다. … 무의식은 빛에 도달하기 위해 의식으로 흡수되기를 원하지만 동시에 무의식으로 남아 있기를 원하기 때문에 끊임없이 자신을 방해한다. [331]

우리는 소위 말하는 '신'이라는 존재가 자신의 추종자들에게 베푸는 수준을 뛰어넘어 다른 존재들을 사랑해야 한다. 힌두교 경전에서 크리슈나는 지식과 사랑의 신이다. 불경에서 부처는 동정심, 연민, 자비의 측면에서 가장 큰 깨달음을 이룬 사람이다. 신약성경에서 예수가 언급한 하나님은 사랑, 희망, 용서의 신이다. 심지어 코란의 알라 또한 사랑, 용서, 자선의 신이다. 당신이 신실한 신앙인이거나 신앙을 가진 적이 있다면, 당신이 진정으로 회개하고 행동과 마음을 바로잡는다면 당신이 믿는 신이 당신을 사랑하고 죄를 용서할 것이라고 생각할 것이다. 그러나 당신이 명심해야 할 것은 당신의 신이 추종자들에게 해 준다는 범주를 뛰어넘어 당신은 다른 모든 존재를 받아들이고 사랑하고 용서해야 한다는 것이다.

---

[331]   The Portable Jung, Joseph Campbell, 1976, p 633

이렇게 되면 이승은 영계로 변할 것이다. 이것은 지금까지 살펴본 바와 같이 모든 존재가 하나로부터 나와 다른 형상을 지니고 있지만 원천인 무유로 이어져 있으며, 당신이 바로 다른 존재의 화신이고 다른 존재가 당신의 화신인 것을 깨우치면 가능해질 수 있다.

우리는 고통과 불완전함에서 벗어나고, 선함과 지혜가 뛰어나며, 최고의 즐거움을 누릴 수 있도록 무한한 공간에 놓인 점처럼 셀 수 없이 무수히 많은 존재를 신이 창조했다고 가정할 수 있다. … 그러므로 내가 이전에 암시했던 것처럼 신의 전능한 과정이 세상과 이 삶을 시험 삼아서 벌여 놓은 것이 아니라 불활성이며 혼란스러운 물질을 성령으로 깨우고, 흙먼지를 영혼으로 승화시키고, 진흙더미에서 미묘한 불꽃을 끌어내는 정신을 창조하고 형성하기 위한 과정일 것으로 간주한다. [332)]

당신은 예수가 모든 사람을 사랑하고 용서했기 때문에 신과 함께 거한다고 생각한다. 마찬가지로 당신이 가까운 이웃부터 시작하여 다른 존재들에게 부처나 예수처럼 자비와 사랑을 베풀면 신성을 갖추게 된다. 그렇게 되면 당신은 원래 고향인 무유에 머물 수 있으며, 이렇게 깨우친 사람들이 많아지면 이승이 영계로 변할 것이다. 이것이 모든 종교 교리의 핵심이 되어야 한다.

기독교를 믿는 서양인은 인간이 전적으로 신의 은총에 의존하거나, 최소한 배타적이고 신이 승인한 인간 구제의 지상 도구인 교회에 의지해야

[332)] *An Essay on the Principle of Population*, Thomas Malthus, 2012, Chapter 18, p 128

한다고 생각한다. 그러나 동양인은 '스스로의 해탈'을 믿기 때문에 자신이 더 높이 나아가기 위한 유일한 요인이라고 주장한다. … 동양인은 '낮은' 영적 단계의 사람들이 업보에 대해 전혀 알지 못하고 조금만 깊이 들여다 보면 자신의 깨우치지 못한 마음을 에워싸고 있는 망상의 베일에 불과한 존재인 절대 신에 대한 믿음으로 여전히 죄에 대해 괴로워하고 자신의 상상력으로 스스로를 고문하는 모습에 동정심 어린 눈길을 보낸다.[333]

예수는 제자들에게 "너희 원수를 사랑하며 너희를 박해하는 자를 위해 기도하라"(마태복음 5:44)라고 말한다. 이것은 인류가 취할 수 있는 가장 고상한 사랑일 것이다. 이는 모든 존재가 하나라는 사실을 인정할 때에만 가능해진다. 그런 다음 모든 존재가 사랑의 범주에 포함될 수 있도록 대상을 확장해야 한다.

원수는 나의 인내심을 시험할 수 있는 소중한 기회를 제공하므로 그런 관점에서 보면 매우 귀중한 존재이다. 따라서 우주에 존재하는 모든 중생은 현생에서 직간접적으로 나에게 혜택을 주고 있음이 분명하다.[334]

---

[333]   *The Portable Jung*, Joseph Campbell, 1976, p 488
[334]   *Becoming Enlightened*, Dalai Lama, 2009, p 221

7.3. 사랑의 원심력

이타주의와 자선은 이기심이나 욕망과 전혀 다른 진동과 주파수를 생성한다. 전자는 긍정적인 에너지를 생성하고 후자는 부정적인 에너지를 생성한다. 이렇게 생성된 에너지는 동등한 진동수를 지닌 존재에게 지체 없이 정확하게 전달된다.

여기에서 저기로 아무것도 이동하지 않더라도 여기에서 일어나는 일이 저기에서 일어나는 일과 얽힐 수 있으며, 심지어 두 사건 사이를 이동할 절대적 시간이 빛의 속도로도 부족함에도 불구하고 동일한 현상이 벌어진다.[335]

진동 에너지가 증가하고 전자가 원자핵에서 더 멀리 떨어지게 되면, 우리는 이 에너지가 존재를 더 높은 계(界)로 밀어 올릴 것이라고 가정할 수 있다(5장 2절, 그림 39와 40 참조). 전자가 원자핵에서 상대적으로 멀리 떨어진 존재는 자유의지계나 영계로 배정되는 경로에 있을 수 있으며, 전자가 원자핵에 더 가까운 존재는 무동생명계나 무생명에너지계로 할당되는 경로에 있을 수 있다. 이 거리 결정의 근본 요인은 핵의 정적(靜的)인 힘이 감소하거나 전자의 원심력이 증가하기 때문일 것이다.

자연에서 전자와 반대 전하를 가진 기본 입자는 양성자 하나뿐이다. 하지만 양성자와 전자는 다르다. 우선 양성자가 2,000배나 더 무겁다.[336]

---

[335] *The Fabric of the Cosmos*, Brian Greene, 2005, p 80
[336] *A Universe from Nothing*, Lawrence M. Krauss, 2012, p 60

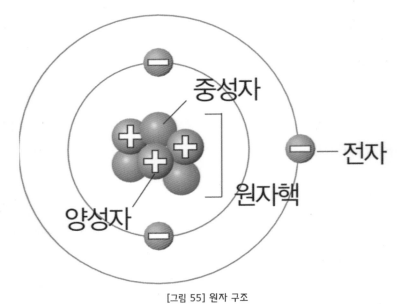

[그림 55] 원자 구조

출처: nicegrowup.com/물질의-핵심-원자-분자-그리고-쿼크/

양성자의 무거움은 기도나 일반적으로 제안되는 명상, 금욕, 절제, 요가와 같은 영적 경험을 통해 사람의 성품을 변화시키는 것이 얼마나 어려운지를 보여 준다. 양성자의 완고한 성격을 바꾸려면 엄청난 양의 에너지가 필요하기 때문에 예수는 이렇게 말했다. "낙타가 바늘귀로 나가는 것이 부자가 하나님의 나라에 들어가는 것보다 쉬우니라"(마가복음 10:25).

화학은 전자가 추는 춤이다. 화학은 전자를 매개로 한 원자의 상호 작용에 관한 것이다. 화학 반응에서는 전자만 분리되거나 교환되기 때문에 화학적인 결합은 쉽게 끊어지고 다시 만들어진다. 원자핵 내의 인력(引力)을 깨는 것은 훨씬 어렵다. [337]

---

[337]   *The Greatest Show on Earth*, Richard Dawkins, 2009, p 93

영향을 받는 존재로부터 오는 감사의 에너지가 증가하면 광자의 충격과 마찬가지로 전자를 더 멀리 바깥으로 밀어낼 수 있다. 이렇게 하면 원자는 더 이상적인 모양으로 바뀌고, 요약하면 영계로 이어진다. 부처나 예수는 세속적인 집착을 버리고 자비나 사랑의 범주를 넓힐 것을 권하였다.

전자가 허용된 궤도에서 원자핵에 더 가까운 다른 궤도로 변경되면 에너지가 방출되고 실물 광자가 방출된다. … 마찬가지로, 실물 광자가 원자와 충돌하면 전자가 핵에 가까운 궤도에서 더 먼 궤도로 이동할 수 있다. 이렇게 하면 광자의 에너지가 소모되어 흡수된다.[338]

인간의 삶과 관련해서 살펴보면, 광자는 대부분 외부에서 들어온다. 긍정적인 광자는 자신의 사랑에 의해 긍정적인 영향을 받은 존재에 의해 생성되는 반면, 부정적인 광자는 자신의 잘못된 행동이나 마음가짐의 결과다. 긍정적인 광자는 전자의 위치를 바깥쪽으로 밀어내는 데 도움이 되고 부정적인 광자는 전자를 양성자 쪽으로 끌어당긴다.

예수가 언급한 가장 훌륭한 격언은 "네가 온전하고자 할진대 가서 네 소유를 팔아 가난한 자들에게 주라 그리하면 하늘에서 보화가 네게 있으리라 그리고 와서 나를 따르라"라는 것이다(마태복음 19:21). 부처는 아무런 재산도 없이 탁발을 들고 다니며 하루 한 끼의 보시를 구걸함으로써 열반을 성취할 수 있었다. 이런 류의 수행은 양성자의 끌어당기는 힘을 최소화하는 데 필요하다.

---

338) *A Brief History of Time*, Stephen Hawking, 1998, p 73

공동체를 이끄는 빛으로써 모범적인 삶을 살며 양떼들에게 참된 믿음, 겸손, 인내, 헌신, 이타적 사랑, 모든 세속적 욕망의 거부라는 기독교의 미덕을 보여 주어야 했던 초기 기독교인 한 명이 '계시'를 경험하였다. 의로운 사람도 장기적으로 이런 행동을 유지하는 것은 부담이 된다. 과민 반응, 짜증, 분노가 고질적인 미덕의 전형적인 증상이다. [339]

그런 수행이 너무 어렵다고 한다면 선행을 통해 사랑의 원심력을 높여 전자의 위치를 밀어내는 것이 더 나을 수 있다. 원자핵의 정적인 힘을 줄이는 것은 살면서 욕심을 버리고 온갖 집착을 끊는 것을 통해서 그리고 전자의 원심력을 높이는 것은 선행을 실천하고 사랑의 규모와 범주를 넓힘으로써 달성할 수 있다.

한 사람으로부터 시작하여 다른 사람에게서 끝나는 감정에는 두 가지 요소가 있다. 하나는 말 그대로 내가 헌신하겠다는 마음가짐이다. 그리고 그것과 더불어 나의 헌신을 움직이고 지시하여 헌신이 찾아내는 상대방에 대한 동정심이 있다. 그것들은 베풂과 선물이며, 어느 것도 다른 것과 함께 이루어지지 않으면 완벽해질 수 없다. 그렇다면 주는 사람인 나도 받는 사람만큼이나 선물을 필요로 한다는 것은 당연한 이치다. 단순한 헌신만으로는 충분하지 않다. 내가 헌신을 인도하고 그것이 의미를 갖기 위해서는 상대방에 대한 동정심을 느껴야 한다. 내 헌신의 대상은 나를 노예처럼 부리지 않는 것뿐만 아니라 내 자아를 완수하고 채우도록 하며, 내가 모자랐던 것을 발견함으로써 내가 더 풍부해짐을 느끼도록

[339] *The Portable Jung*, Joseph Campbell, 1976, p 625

해야 한다. 열정과 애정, 친절과 연민은 그것이 무엇이든 간에 헌신의 대상을 찾기 위해 허공으로 나가지 않는다. 그것들은 내 자아를 충족시키기 때문에 나를 대신하여 나의 동정심을 불러일으킬 수 있는 또 다른 존재를 찾는다. [340)

물리학에서 공명이란 시스템이 특정 주파수에서 다른 주파수보다 더 큰 진폭으로 진동하는 경향을 의미한다. 이를 시스템의 공명 주파수라고 한다. 이런 주파수에서는 시스템이 진동 에너지를 저장하기 때문에 아주 작은 주기적인 구동력이라도 큰 진폭의 진동을 생성할 수 있다. 원심력이 시작되면 원심력 자체가 즉각적으로 상응하는 구심력을 생성하기 때문에 어떠한 반대급부도 바라지 않고 선행을 실천하는 것이 좋다.

어떤 사물을 사랑하지 않으면 그것에 대해 다툼이 일어나지 않고, 그것이 사라져도 슬픔을 느끼지 않으며, 다른 사람이 소유하고 있어도 시기하지 않고, 두려움도 미움도 없으며, 간단히 말해서 마음의 혼란이 일어나지 않는다. 이 모든 것은 이미 언급한 대상[생명 유지, 부의 추구, 명성과 관능적 쾌락의 만족이나 보존]과 같이 사라지는 것에 대한 사랑에서 비롯된다. 그러나 영원하고 무한한 것에 대한 사랑은 마음을 온전히 기쁨으로 채우고 그 자체로 어떤 슬픔과도 섞이지 않기 때문에 우리는 모든 힘을 기울여 이를 갈망하고 추구해야 한다. [341)

사랑을 베푸는 것은 가능한 한 그 원심력을 크게 하는 것이 좋으니,

---

340) *The Identity of Man*, Jacob Bronowski, 2002, p 97-8
341) *Ethics*, Benedict De Spinoza, 1989, p 3

원심력의 원이 커지면 당신에게 느껴지는 구심력의 강도가 커지기 때문이다. 이런 상태가 지속되면 지고의 기쁨을 느낄 수 있으며, 이런 사랑의 베풂은 어떤 형태의 보답으로든 반드시 돌아오게 된다. 사랑이나 자비를 베푸는 데는 마음가짐이 중요하다. 우리 모두의 마음이 사랑을 베푸는 것으로 뭉쳐지고 이러한 사랑이 상대에게 전달될 때 사랑의 효과는 더해질 것이다. 이것이 서로 연결되고 전해지면 그 파장은 더욱 커질 것이며, 이 지구에서의 삶은 점점 천국과 같은 상태로 변화될 것이다. [342]

집단 무의식의 과정은 개인의 가족이나 더 넓은 사회 집단과의 다소 개인적인 관계뿐만 아니라 전반적으로 그가 속한 사회와 인간 공동체와의 관계와 관련이 있다. 무의식적 반응을 나타내는 조건이 보다 일반적이고 비개인적일수록 보상의 표현이 더 심각하고 기이하며 압도적인 방식으로 나타날 것이다. 이 과정은 사적인 의사소통을 촉진할 뿐만 아니라 관련자들을 계시와 고백으로 이끌고, 심지어 그들의 공상을 극적으로 나타내도록 재촉한다. [343]

도움이 필요한 존재를 돌보고 돕는 것은 거룩한 행위이며 그에 따라 심판을 받게 될 것이다. 많은 사람에게 일할 기회를 제공하고 그들을 돌보는 것은 불우한 사람들을 돕는 것과 같은 효과를 갖는다. 또한, 자선의 대상을 넓혀야 한다. 자선의 대상을 인류에 국한하지 말고, 다른 존재들도 포함해야 한다. 우리는 다른 존재 없이는 생존할 수 없을 뿐만 아니라, 무유의 관점에서 보면 그들 모두가 우리와 하나이기 때문이다.

[342]   영과 영, 김병윤, 2010, p 314
[343]   *The Portable Jung*, Joseph Campbell, 1976, p 128

특히 기독교 덕목으로 구별되는 복음적 자선, 온유함, 경건함을 포함하는 모든 종류의 미덕은 반드시 베푸는 사람의 능력과 상관이 없는 것처럼 보인다. 그러나 이런 온화한 자질을 보유하거나 이런 유쾌한 동정심에 의해 깨우침을 얻고 활기를 되찾은 영혼은 단순히 지성이 뛰어난 사람보다 천상과 더 밀접한 거래를 하는 것처럼 보인다. [344]

사랑의 결과는 자신의 의도와는 상관없이 상대방이 느끼는 감정과 밀접한 관련을 갖는다. 상대방이 행복을 느끼면 좋은 것이다. 그러나 고통을 느끼면 나쁜 것이다. 다른 사람을 위해 무언가를 하고 싶을 때는 항상 다른 사람의 입장에서 생각해 보고 결정(공감)하는 것이 좋다.

모든 시대와 모든 종교의 도덕주의자들은 이상적인 사회에서 사람들이 서로를 대하는 관계에만 관심을 기울이며 "남에게 대접받고 싶은 대로 하라"는 '황금률'에 동의해 왔다. 다시 말해, 동정심을 기반으로 하고 당신의 행동으로 영향을 받을 상대방의 입장에서 그 상황에서 자신에게 하고 싶은 대로 그에게 하라는 것이다. [345]

'황금률'이 작동하지 않을 경우, 다른 사람을 탓하면 좋은 의도가 완전히 사라질 수 있으므로 남을 탓하지 마라. 만약 그렇다면 당신의 내면의 자아를 들여다봐라. 의사소통을 완벽하게 하기 위해서는 의도, 실행, 수용 간의 조화가 이루어져야 한다. 의사소통을 구성하는 세 가지 요소인

344) *An Essay on the Principle of Population*, Thomas Malthus, 2012, Chapter 18, p 135-6

345) *Evolution and Ethics/Science and Morals*, Thomas H. Huxley, 2004, p 31

행위자, 목적, 수신자를 각각 점검해 보라. 그러면 응답이 약한 이유와 그렇지 않은 이유에 대한 답을 찾을 수 있다.

유교 학자인 맹자는 "남을 사랑하는데 상대방이 같은 방식으로 반응하지 않는다면 내면을 들여다보고 자신의 사랑을 점검해 봐야 한다"라고 말했다. 다른 사람을 공손하게 대했는데도 그들이 당신을 공손하게 대하지 않는다면 내면을 들여다보고 자신의 공손함을 살펴봐야 한다. 자신이 원하는 것이 실현되지 않으면 자신의 내면을 들여다보고 자신을 샅샅이 둘러보아야 한다." [346]

모든 존재의 본질은 동일하다. 앞서 여러 번 강조했듯이 원래 우리는 하나였고 다시 온전해질 것이므로 온전함을 갈망하고 누리는 것은 당연한 일이다. 온전함은 온전한 사랑에 의해서만 달성될 수 있다.

---

346) *I Ching*, Alfred Huang, 2010. p 321

영(零)

지금까지 밝혀진 자연법칙은 공·무·영에서 나온 형상들이 서로 상쇄되면 결국 초기 상태로 돌아가는 것을 여실히 증명하고 있다. 원자 수준에서 우주 수준에 이르기까지 각 상태의 제로섬 현상을 보여 준다. 무(無, 또는 무유)가 모든 존재의 근원이며, 모든 것의 총합은 영이 되어야 하기 때문이다. 생명체뿐만 아니라 미시적이든 거시적이든 모든 물질은 초기 상태를 유지하기 위해 총합을 영으로 만드는 경향이 있음을 알 수 있다.

　　우리의 궁극적인 사명은 엄숙한 자연법칙에 근거한 신통섭을 통해 잘못된 방향으로 나아가고 있는 종교계가 올바른 방향으로 나아갈 수 있도록 유도하는 종교혁명을 가능한 한 조속히 도모하고 완성하여 보다 나은 미래를 후손에게 물려주는 것이다. 이것은 예수가 지상에 자신이 도모하고자 했던 사명의 완수를 위해 보혜사('성령')를 보내겠다고 약속할 때 언급했던 취소불능명령이다. 이를 온전히 실현하기 위해 우리 모두는 신화 속 사후세계를 쫓지 말고 지상의 천국인 영계를 구축하도록 노력해야 한다. 이를 위해 2024년 5월 5일 어린이날을 기하여 선포한 "종교혁명 선언서"(별첨 1), 기독교계의 변화와 종교혁명을 촉구하는 의미에서 "로마 교황청과 기독교계에 대한 반박"(별첨 2)과 혁명을 일으키고 완수하기 위해 운영하고 있는 "신통신통회"(별첨 3)라는 그룹을 소개하는 바이다.

8장

영(零)

✠

"영(0)은 무한의 쌍둥이이기 때문에 강력하다."

— 찰스 세이프

끈 이론에 따르면 입자는 점이 아니라 무한히 가느다란 끈 조각처럼 길이만 있고 높이와 너비가 없는 진동의 유형을 나타낸다. 끈 이론은 또한 무한대로 이어지지만 정상적인 상태에서는 모두 상쇄될 것으로 보인다.[347]

영이란 무엇인가? 영은 무(無)와 밀접한 관련이 있다. 인간은 눈에 보이지 않고 느껴지지 않는 것을 영이나 무로 간주하는 경향이 있다. 그러나 오늘날 우리는 고대에 영이나 무로 표현되었던 염색체, DNA, 원자, 쿼크와 같은 것들이 고대인의 눈에 보이지 않고 느껴지지 않는 것을 구성하고 있다는 것을 알게 되었다.

영은 무한의 쌍둥이이기 때문에 강력하다. 영은 음과 양처럼 동등하지만 반대이다. 둘 다 역설적이면서도 곤란한 존재이다. 과학과 종교에서 가

---

[347]   *The Grand Design*, Stephen Hawking, 2010, p 115

장 위대한 질문은 무(無)와 영원, 공(空)과 무한, 영과 무한에 관한 것이다. [348] (8장 2절 그림 59와 그 이후 설명 참조)

미래의 새로운 과학적 발견은 2012년에 그 존재가 밝혀진 '신의 입자'로 불리는 힉스 입자의 구체적인 속성과 이보다 훨씬 더 작은 소립자의 구성 요소를 밝혀낼 것이며, 마침내 무유 자체의 원래 특성, 즉 아무것도 아닌 무언가를 해독할 때가 올 것이다.

초등학교 4학년이 빈 공간의 에너지가 영이어야 한다고 추측했던 것처럼, 우리도 궁극적인 이론이 도출되어 가상 입자의 효과가 어떻게 상쇄되어 빈 공간이 정확히 영의 에너지를 갖게 되는지 설명할 수 있을 것이라고 느꼈다. 아니면 무(無)가 되거나, 아니면 아무것도 존재하지 않을 수도 있다. … 자연의 대칭성은 우리로 하여금 종종 다른 종류의 계산법을 통해 정확히 동등하거나 반대되는 속성이 작용하여 정확히 상쇄되어 정말 아무것도 남지 않는다는 것을 증명할 수 있다. 아니면 또다시 무(無)가 된다. [349]

---

[348]   *Zero*, Charles Seife, 2000, p 2
[349]   *A Universe from Nothing*, Lawrence M. Krauss, 2012, p 73

8.1. 영(零)의 자연스러움

자연법칙은 원자 수준에서 우주 수준에 이르기까지 각 상태의 제로섬 현상을 보여 준다. 무(無, 또는 무유)가 모든 존재의 근원이며, 모든 것의 총합은 영이 되어야 하기 때문이다. 영은 아무것도 아니지만, 그 거대한 형상형성잠재력 에너지로 인해 모든 존재가 형성될 수 있다. 실제적으로 영은 아무것도 아니면서 무엇인가인 무유의 상태이다.

힘의 지속성 원리는 인력뿐만 아니라 반발력도 고려하기 때문에 물질 세계의 위치 에너지와 운동 에너지의 역학적 값이 물리상수라는 것을 확인할 수 있다. 간단히 말하자면, 우주의 힘은 고정된 값의 관계에 따라 상호 변환될 수 있는 두 부분으로 나뉜다. 한 쪽의 감소는 다른 쪽의 증가를 수반하며, 우주의 총가치는 변하지 않는다. 위치 에너지와 실제 에너지, 즉 운동 에너지는 한 조건에서 다른 조건으로 계속 변환되지만, 우주 전체의 무한한 힘의 합은 조금도 줄어들지 않는다.[350]

이것이 열역학 제1법칙이다. 에너지는 생성되거나 파괴될 수 없으며 한 형태에서 다른 형태로만 바뀔 뿐이다. 에너지의 총량은 일정하게 유지된다. 만약 우리가 존재와 정확히 상반되는 거울상이나 반(反) 존재를 일치시킨다면 에너지의 총합은 영이 되어야 한다.

우주의 그 많은 물질은 어디에서 왔을까? 스티븐 호킹이 이 질문에 답

---

[350]   *The Riddle of the Universe*, Ernst Haeckel, 1934, p 189-90

한다. "양자 이론에 따르면 입자는 입자/반입자 쌍의 형태로 에너지로부터 생성될 수 있다는 것이 정답이다. 그러나 이는 그렇다면 에너지는 어디에서 왔는지에 대한 의문을 제기할 뿐이다. 답은 우주의 총에너지가 정확히 영이라는 것이다. … 공간에서 거의 균일한 우주의 경우, 이 음의 중력 에너지가 물질이 나타내는 양의 에너지를 정확히 상쇄한다는 것을 보여 준다. 따라서 우주의 총에너지는 영이다."[351]

여기에서 우리는 생명체뿐만 아니라 미시적이든 거시적이든 모든 물질은 초기 상태를 유지하기 위해 총합을 영으로 만드는 경향이 있음을 알 수 있다. 이것이 바로 자연법칙이다. 모든 존재는 특정 위치에 일치하는 거울상이나 반대 존재가 있어야 한다. 양성자가 있으면 그에 반대되는 전자가 있는데 양성자도 자신의 거울상인 반양성자가 있고 전자도 자체의 거울상인 반전자(또는 양전자)를 갖는다. 현대 과학의 발전으로 양전자의 존재가 규명된 것은 물론이고 의료계에서는 이 양전자를 이용하여 암의 전이를 확인할 수 있는 양전자 방출 단층촬영기(PET 스캐너)를 상용화하여 사용하고 있다.

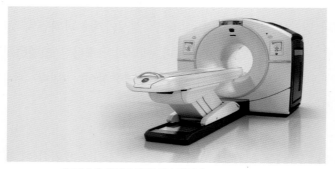

[그림 56] 양전자 방출 단층촬영기 pet scanner
출처: https://www.riverradiology.com/services/pet-ct

---

[351]   *A Brief History of Time*, Stephen Hawking, 1998, p 133

우리는 이제 양전자를 전자의 '반입자'로 부르는데, 이는 디랙의 발견이 어디에나 존재한다는 것이 밝혀졌기 때문이다. 전자가 존재하기 위해 반입자가 필요했던 물리학은 자연계의 거의 모든 기본 입자에 대해 그러한 입자가 하나씩 존재해야 한다는 것을 요구한다. 예를 들어, 양성자는 반입자를 갖는다. 중성자와 같은 일부 중성 입자에도 반입자가 존재한다. 입자와 반입자가 만나면 순수한 방사선의 형태로 소멸된다.[352]

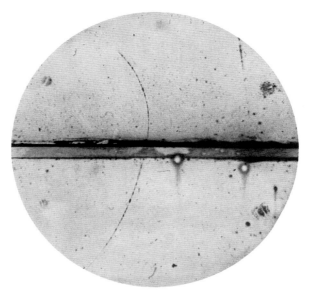

[그림 57] 양전자 또는 반전자 positron
출처: https://hep.tsinghua.edu.cn/training/cosmicRay/index.html

반대의 조건을 경험하지 않으면 특정 사건에서 파생된 느낌을 정확하게 이해할 수 없다. 특정 느낌을 경험한 사람만이 반대되는 느낌을 제대

---

[352]   *A Universe from Nothing*, Lawrence M. Krauss, 2012, p 61

로 느낄 수 있다. 경험의 강도가 약하면 상반되는 경험의 강도를 정확하게 느낄 수 없다.

가치에 대한 모든 질문(옳고 그름, 선과 악 등)은 그 가치를 경험할 수 있는 가능성에 달려 있다. 행복, 고통, 기쁨, 절망 등 경험의 수준에서 잠재적인 경험치가 없으면 모든 가치에 대한 이야기는 공허하다. 가치에 대한 모든 논쟁은 공허할 뿐이다. [353]

어둠은 빛의 반대편에 그 모습을 드러내는 밝음의 그림자이다. 빛의 강도가 점점 강해지면 그림자는 점점 더 어두워진다. 밝아진 밝음에는 그만큼 어두워진 어둠이 동반한다. 밝음이 없으면 어둠도 없다.

소크라테스는 "반대를 지닌 모든 것들은 그 반대에서 생성되지 않는가? 나는 선과 악, 정의와 불의 등 무수히 많은 반대되는 성질은 상응하는 반대로부터 생성된다고 생각한다. 나는 이것이 모든 반대되는 것에 보편적으로 적용된다는 것을 보여 주고 싶다. 즉 커지는 것은 반드시 작아진 후에 커지고, 작아지는 것은 반드시 한때 커졌다가 작아지고, 약한 것은 강한 것에서, 빠른 것은 느린 것에서, 나쁜 것은 좋은 것에서, 더 정의로운 것은 더 불의한 것에서 생성되지 않는가?"라고 주장했다. [354]

자연의 공정성은 좋은 것은 항상 상응하는 나쁜 것으로 보상되거나 그 반대의 경우도 마찬가지이다. 겸형(낫 모양) 적혈구 빈혈증은 중앙아프

---

[353] *The Moral Landscape*, Sam Harris, 2010, p 62
[354] *Euthyphro*, Apology, Crito, Phaedo, Plato, 1988, p 84

리카, 중동, 극동, 북미와 중미에서 발견된다. 가장 심각한 형태의 말라리아가 만연하는 아프리카의 일부 지역에 사는 인구 중 낫 형태의 유전자에 대한 이형 접합자를 보유한 사람이 40%에 달한다. 정상적인 적혈구를 보유한 사람들은 이 치명적인 질병에 걸리기 쉽다. 낫 모양의 적혈구를 보유한 사람들은 말라리아로 인한 사망 위험을 최소화할 수 있지만, 겸형 적혈구는 정상 적혈구보다 산소 운반 능력이 떨어지기 때문에 빈혈로 인한 어린이 사망률이 높아진다. 이는 한 가지 훌륭한 대안이 다른 대안을 희생시키는 상충 관계를 보여 준다.

미덕에 대한 열렬한 사랑과 동경은 그와 반대되는 무엇인가가 존재하는 것을 암시하며, 도덕적으로 악한 참상이 빚어내는 혐오스러운 광경을 경험하지 못한다면 동일한 형태와 실체의 아름다움, 동일한 성질의 완벽함이 생성될 수 없을 가능성이 매우 높아 보인다. [355]

자연은 우리에게 완벽하고 온화한 날씨가 계속되면 비옥한 땅이 사막으로 변한다는 것을 가르쳐 주었다. 태풍과 허리케인은 바다의 수심을 뒤흔들고 뒤섞어 풍요로운 수중 생태계가 유지되도록 기여한다. 이런 혼돈이 없다면 바다는 물에 사는 모든 생명체의 무덤으로 변할 것이다.

지구에 사는 다른 형태의 생명체에 대해 더 많이 알수록 우리는 그들의 천재성에 더 깊은 감명을 받게 된다. 가장 놀라운 것은 삶의 과정이 보여 주는 주기적 특성이다. 그것은 풍성한 리듬이다. 낮이 밤이 되고 밤이

---

[355]   *An Essay on the Principle of Population*, Thomas Malthus, 2012, Chapter 18, p 136

낮이 된다. 봄이 여름이 되고, 가을이 되고, 겨울이 되고, 다시 봄이 된다. 씨앗이 싹트고, 포자가 발아하고, 알을 낳고 부화하며, 아기와 강아지가 태어나고, 나무가 꽃을 피우고, 가죽은 벗겨지고, 낡아진 몸은 세상을 떠난다. 여자아이는 젖꼭지가 싹트고 남자아이는 수염이 돋아난다. 이런 모든 자연의 변화는 하늘, 타원 궤도를 도는 지구, 달과 밀물과 썰물의 변화, 전능한 태양에서 그 단서를 찾을 수 있다. 물과 전기, 공중의 번개, 공기 중 지구 자기장의 전하 입자, 땅속의 방사능에 반응하는 생명체의 필연적인 유형이 존재한다. 환경이 제공되지 않으면 생명체가 존재할 수 없다. [356]

누구든지 풍요를 누리고 나면 쇠퇴를 맞이하는 것이 자연의 법칙이다. 산을 오르기 시작할 때는 등반을 멈출 지점을 정하고, 언제 어떻게 하산할지 전략을 세워 준비해야 한다. 그렇지 않으면 산행 중에 수풀 속에 숨겨진 큰 위험에 직면할 수 있다.

태양이 가장 높은 곳에 도달하면 하강하기 시작한다. 달이 최대로 커지면 줄어들기 시작한다. 하늘과 땅의 흥망성쇠는 시간의 흐름과 일치한다. 이런 현상이 인간에게는 얼마나 더 사실적으로 다가올까? 성령들이나 신들에게는 얼마나 적용될까? [357]

미인단명(美人短命)이라는 말이 있다. 뛰어난 젊은 철학자 스피노자(1632~1677), 뛰어난 음악가 슈베르트(1797~1828), 뛰어난 물리학자 하인

---

356) *Mind*, Life, and Universe, Magulis and Punset, 2007, Introduction to Cyclicity and Sociality, p 119

357) *I Ching*, Alfred Huang, 2010. p 434

리히 헤르츠(1857~1894), 미국의 우상 마릴린 먼로(1926~1962), 위대한 미국 사업가 스티브 잡스(1955~2011) 등 많은 위인의 단명은 제로섬 게임을 명확히 보여 준다.

수컷이 보유한 다양한 장신구는 종종 날거나 달리는 능력을 크게 저해하는 대가로 획득한 것이기 때문에 수컷에게 가장 중요한 장신구임이 분명하다. 아프리카야행새(코스메토르니스)는 보통 때는 놀라울 정도의 날렵함을 보이지만, 짝짓기 시즌에 주 날개 깃 중 하나가 매우 긴 깃으로 발달하여 나는 속도가 급속하게 줄어든다. 수컷 아르구스 꿩의 거추장스러울 정도로 커진 이차(二次) 날개 깃은 '새의 비행 능력을 완벽하게 박탈하기 위한 것'이라고 한다. 수컷의 미세한 깃털은 강풍이 불면 이 새들을 괴롭힌다. 남부 아프리카의 수컷 과부새(비두아)는 매우 긴 꼬리 깃털 때문에 "비행이 어렵지만, 이 깃털을 떼어내면 암컷과 마찬가지로 잘 날 수 있다".[358]

[그림 58] 아프리카야행새 African night-jar (Cosmetornis)
출처: https://commons.wikimedia.org/wiki/File:Pennant-winged_Nightjar,_Sakania,_DRC_
(8009726899)_(2).jpg

---

[358]   *The Descent of Man*, Charles Darwin, 2009, p 300

크기와 모양과 관계없이 삼각형의 내각 총합은 180°이다. 어떤 존재가 특정 영역에서 뛰어난 성품이나 훌륭한 특성을 가지고 있다면 다른 영역에서는 부족할 수 있고 그 반대의 경우도 보여 준다. 이런 차이가 다양성과 독창성을 만들어 낸다.

그러나 실증철학에 따르면 모든 이상(理想)은 관련성과 연계된다. 예를 들어, 짐마차를 끌거나 경마를 하거나, 종마를 번식하거나, 상인의 짐을 지고 나르는 것이 모두 말의 기능에서 필수불가결한 차이로 남아 있는 한 '이상적인 말'에 대한 정의를 묻는 것은 어리석은 일이다. [359]

누구나 살면서 자신의 형상을 바꿀 수 있다. 삼각형은 사각형, 오각형, 육각형, 칠각형, 팔각형, 원형으로, 사면체인 삼각뿔은 사각뿔, 오각뿔, 육각뿔, 원뿔로, 육면체는 팔면체, 십이면체, 이십면체, 원기둥으로 바뀔 수도 있고, 마침내 모양도 없고 실체도 없는 무유로 변할 수도 있다. 인간은 자의적인 수행, 선업, 지혜의 확장을 통해 연속성의 선상에서 자신의 모습을 변형할 수 있다.

이 세 (점)이 모두 자연적으로 하나의 삼각형을 형성하므로, 큰 몸체가 해체되면 동일한 몸체로부터 많은 작은 몸체가 스스로 형성되어 그에 맞는 모양을 얻게 되며, 반대로 많은 작은 몸체가 삼각형으로 해체되어 통합되면 다른 종류의 하나의 큰 덩어리를 만들어 낼 것이다. [360]

---

[359]   *The Varieties of Religious Experience*, William James, 2008, p 314
[360]   *Timaeus*, Plato, 2005, 54 C-D, p 131

엄밀한 의미에서 삶과 죽음, 천당과 지옥, 선과 악과 같은 모든 대조되는 용어는 그 자체로 어떤 독특한 특성을 나타내지 않지만, 우리는 관습적으로 사회적 권위를 갖는 조직이 제시하는 정의를 비판 없이 그대로 따르고 있다. 이런 개념은 이것이 실재한다고 생각하는 사람의 머릿속에만 존재한다. 이런 종류의 단어는 종교 집단이 추종자들이 의심하지 않고 그들의 공상적인 설교를 따르도록 하기 위해 이들을 겁주려고 활용되고 있다.

이 세상의 악은 절망이 아니라 행동을 유발하기 위해 존재한다. 우리는 인내심을 갖고 악에 굴복하는 것이 아니라 악을 피하기 위해 노력해야 한다. 자신은 물론이고 자신이 영향을 미칠 수 있는 최대 범위의 존재들을 위해 악을 제거하기 위해 최선을 다하는 것은 모든 개인의 관심사일 뿐만 아니라 의무이며, 이 의무를 더 많이 수행할수록, 더 현명하게 노력을 기울일수록, 그리고 이런 노력이 더 성공적일수록, 그는 아마도 자신의 마음을 더 향상시키고 고양시킬 것이며, 창조주의 뜻을 보다 완전하게 성취하는 것처럼 보일 것이다. [361]

좋은 이론도 때로는 특권층의 기득권을 정당화하기 위해 조작된다. 다윈의 '적자생존' 또는 '사회적 다윈주의' 사상은 1900년대 초에 소외계층의 가난과 고통을 정당화하고, 가난하고 비참한 사람들을 강제로 불임시술하고, 나치의 인종 청소 정책에 따라 유대인을 학살하는 데 오용되었다.

경제학자이자 철학자인 허버트 스펜서 등은 산업화 이후 사회의 경제

---

[361] *An Essay on the Principle of Population*, Thomas Malthus, 2012, Chapter 18, p 142

적, 사회적 불평등을 정당화하기 위해 '사회적 다윈주의'라는 이론을 제
안했다. 이들은 다윈의 원리를 왜곡하여 경제적 적합성과 생존에 대한
'법칙'을 도출했다. [362]

그러나 다윈의 논리를 살펴보면 알 수 있듯이 그는 이기주의를 옹호하
지 않았고, 모든 지각 있는 존재를 아우르는 이타적 사랑을 지지했다. 지
각이 없는 무생물조차도 나의 일부분이기 때문에 사랑할 수 있어야 한다.

다윈의 혁명은 우리가 오만의 받침대를 깨부수고 생명체의 예측 불가
능한 비방향성이라는 진화의 평범한 함의를 공유하고, 우리가 다윈의 국
소 해부학을 진지하게 받아들이고, 수정된 호소문을 다시 한번 읽어 보
면서 호모 사피엔스는 엄청나게 갈래를 친 생명나무로부터 어제 갓 태어
났으며 다시 씨앗이 되어 성장하더라도 결코 동일한 가지가 될 수 없는
작은 나뭇가지임을 인식할 때 완성될 것이다. 우리는 아직 다윈주의 혁명
에 대비할 준비가 되지 않았기 때문에 진보의 지푸라기(헌신적인 이념적
나뭇가지)를 붙들고 있다. 우리는 진화의 세계에서 인간의 오만함을 유지
하기 위한 최선의 희망으로서 진보를 갈망한다. 왜 허접스럽게 공식화되
고 가능성이 희박한 주장이 현대의 우리를 그렇게 강력한 지배력을 유지
하고 있는지에 대해 나는 이런 식으로 이해하고 있다. [363]

인위적인 조작과 자연법칙의 은폐는 이 세상을 대부분의 인류에게는 비참
함을, 선택된 소수에게는 행복함을 제공한다. 동시에 우리 대부분은 그들의

---

[362] *Darwin to DNA*, Molecules to Humanity, G. Ledyard Stebbins, 1982, p 66
[363] *Full House*, Stephen Jay Gould, 1996, p 29

매우 효과적인 유언비어 전파 술수 때문에 그들의 발자취를 따르고 있다.

융은 "모든 선한 특성에는 악한 측면이 있으며, 그에 상응하는 악을 낳지 않고는 세상에 선한 것이 들어올 수 없다"라고 말한다. 이런 괴로운 사실은 우리가 전체 인류 역사의 정점이며 수많은 세대의 성취이자 최종 산물이라는 느낌, 즉 현재를 의식할 때 흔히 동반되는 환희를 환상으로 만들어 버린다. 이것은 기껏해야 시대의 희망과 기대를 자랑스럽게 인정하는 것에 불과하다. 기독교 이상주의가 메시아의 재림이나 천년왕국의 도래가 아니라 철조망과 독가스로 점철된 기독교 국가들 간의 세계전쟁으로 거의 2,000년에 걸쳐 이어졌다는 것을 생각해 보아라. 하늘과 땅의 재앙이 아닐 수 없다! 그런 모습 앞에서 우리는 다시 겸손해질 수 있다. 현대인이 정점이라는 것은 사실이지만, 내일 그는 능가 당할 것이다. 인간은 참으로 오랜 발전의 산물이지만 동시에 인류의 희망에 대해 상상할 수 있는 최악의 실망이다. [364]

이 사회의 특권층이 아무런 도덕적 죄책감 없이 온갖 특권을 누리는 이유는 법과 경제 시스템이 그들의 상속과 이권을 유지하기 위해 조작되었기 때문이다. 심지어 미신적인 종교적 교리조차도 그들의 이익을 뒷받침하기 위해 만들어졌다. 전 세계적으로 권력을 가진 사람들은 낡은 이원론을 이용해 일반 대중과 자신을 분리하고 착취해 왔다. 그들은 과학적으로 입증된 자연법칙을 받아들이지 않으려 하는데, 이는 부당하게 얻은 기득권을 빼앗기게 될 것이 뻔하기 때문이다.

---

[364]   *The Portable Jung*, Jeseph Campbell, 1976, p 459-60

그들은 더 낡고 더 높은 질서(조상, 헌법, 정의, 법이나 신)의 집행자 역할을 하는 것 외에는 그릇된 양심으로부터 자신을 보호할 다른 방법을 모르거나, 심지어 '국민을 섬기는 첫 번째 종' 또는 '공공의 복지를 위한 도구'라는 집단의 견해에서 도출되어 현재 통용되는 격언으로 자신들을 정당화하기도 한다. [365]

많은 종교 서적과 가르침의 조작은 특정 종교 집단의 이익을 증진하기 위해 상응하는 과학적 발견을 무시하고 인류 역사 전반에 걸쳐 테러, 전쟁, 악행이 만연하는 상황을 초래하였다. 구약성경을 지지하는 사람들이 자행한 조작과 이기적 해석의 장식물이 너무 두꺼워서 제거하기 어렵겠지만, 수많은 과학적 발견으로 인해 성서 내용의 타당성에 심각한 균열이 생겼다. 어른들, 특히 부모와 교사는 감수성이 예민한 어린 자녀에게 성경을 건네기 전에 반드시 개인적으로 성경을 검토하는 시간을 가져야 한다.

불충분한 증거를 바탕으로 어떤 것을 믿는 것은 언제, 어디서나, 누구에게나 잘못된 것이다. 어린 시절에 배웠거나 그 후에 설득을 받아 믿음을 가지고 있는 사람이 마음속에 떠오르는 의심을 억누르며 밀어 내고, 믿음에 대해 의문을 제기하는 책을 읽거나 그런 내용을 다루는 사람들과 어울리는 것을 의도적으로 피하고, 자신의 믿음을 교란시킬 수 있는 질문을 불경한 것으로 여긴다면, 그 사람의 삶은 인류에 위배되는 지난한 죄가 될 것이다. [366]

---

365) *Beyond Good and Evil*, Friedrich Nietzsche, 1989, p 121
366) *The Ethics of Belief*, W.K. Clifford, 1999, p 77

8.2. 인생은 제로섬 게임

종종 상상할 수 없을 정도의 불운이 생길 수 있지만, 언젠가는 이러한 불운에 비례하는 행운을 경험하게 될 것이다. 우연히 나타난 결과는 실제로 이에 상응하는 반대되는 결과로 보상받게 되어 있다. 따라서 '이 세상에 공짜 점심이나 요행'은 있을 수 없다.

맹자는 "하늘이 어떤 사람에게 거대한 사명을 내려 주려고 할 때, 먼저 그의 마음을 고통으로 단련하고 그의 몸을 수고로움으로 단련한다. 그리고 굶주림과 가난에 시달리게 하고 그가 하는 일을 난처하게 만든다. 이 모든 수단으로 그의 정신을 자극하고 그의 본성을 굳게 하며 그의 무능함을 해소시킨다"라고 말했다. [367]

모든 개인적인 관계의 질은 관계가 유지되는 동안에 변동한다. 배가 항해할 때는 기복이 있다. 이런 식으로 변동하는 것은 자연스러운 일이기 때문에 우리는 시대의 어려움이나 평안함을 받아들여야 한다. 항상 제로섬의 삶을 상기하며 평온을 유지하도록 노력하라. 하지만 미래 세대를 위해 잘못된 관행에 대해서는 지속적으로 관찰하고 고치기 위한 노력을 경주해야 한다. 특히 으뜸 가르침으로 불리는 종교(宗敎)의 오류는 하루빨리 고쳐 나가야 한다.

쇼펜하우어는 "희극적이나 비극적으로 마감되더라도 모든 사랑의 최

---

367) *I Ching*, Alfred Huang, 2010. p 34

종 목표는 인간이 살아가면서 갖는 어떤 다른 목적보다 더 중요하다. 이 모든 것이 지향하는 것은 다름 아닌 다음 세대를 형성하는 것이다. … 개개인의 행복과 불행이 아니라 다가올 인류의 행복과 불행이 여기에 달려 있다"라고 주장하였다. [368]

인간의 본성이 근본적으로 선한 것인지 악한 것인지에 대한 논쟁이 오래전부터 지속되어 오고 있다. 구약성경과 순자는 나쁜 쪽을 지지했고, 히포의 성 어거스틴(A.D. 354~430)과 맹자는 선한 쪽을 지지했다. 5장에서 살펴본 바와 같이 모든 존재는 기본적으로 전생의 업보에 따라 정화를 거친 후 상응하는 거울상으로 태어나기 때문에 개별적으로 태어날 때 순수할 수밖에 없다.

고대 동양에서는 모든 어린이는 성실함과 신뢰성을 가지고 있다고 믿었다. 이런 미덕은 인간 본성의 일부분이다. 모든 악은 부정적인 사회적 영향에서 비롯된다. [369]

인간의 사고에 의해 생성된 선과 악이라는 개념은 주관적이다. 그러한 판단이 설득력이 있는지, 아니면 무의미한 것인지에 대해서는 다양한 답이 나올 수 있다. 인생의 제로섬을 고려하면 실제로 이런 것을 구분하는 것은 무의미하다. 서로 상반되는 두 현상의 구분에서 벗어나 동일성을 온전히 이해할 때, 모든 존재가 하나가 되고 사랑을 확장하며 마침내 본래

---

[368] *Schopenhauer and Darwinism*,' in 'Journal of Anthropology,' Jan. 1871, p 323(DM p 467)
[369] *I Ching*, Alfred Huang, 2010. p 474

의 고향인 무유로 돌아가거나 영계로 나아간다.

더 풍부하고 포용력이 넓은 본성을 지닌 사람일수록 일반적인 문제에 사로잡힐 수 있으며, 이와 마찬가지로 그들의 무의식도 같은 방식으로 볼 수 있다. 의식이 "왜 선과 악 사이에 이토록 무서운 갈등이 존재하는가?" 라는 질문을 던질 수 있는 것처럼, 무의식은 "자세히 들여다보아라! 이 둘은 서로를 필요로 한다. 최상은 최상이기 때문에 악의 씨앗을 품고 있으며, 아주 나쁜 것만이 아니라 좋은 것도 나올 수 있다"라고 답할 수 있다. … 복잡해 보이는 꿈의 이미지는 평범한 본능적 상식, 이성적 사고의 사소한 악성으로 쉽게 드러날 수 있으며, 더 성숙한 정신의 소유자라면 의식적으로 생각해 낼 수 있을 것이다. 중국 철학자들은 이에 대해 오래전부터 생각해 왔다. 두드러지게 쉽게 변하는 생각의 구조는 우리 모두에게 생생하게 내재하고 있는 원초적이고 자연스러운 영혼의 특권이며, 이것은 편파적으로 발달한 의식에 가려져 있을 뿐이다.[370]

마음이 부정적인 생각으로 가득 차 있거나 세상이 악으로 가득 차 있다는 교육을 받고 자라면, 다른 사람들이 어떻게 보고 느끼는가에 상관없이 다른 존재들을 악으로 간주하게 될 것이다. 반면에 무유에 대해 명확히 이해하거나 세상이 선으로 가득 차 있다는 교육을 받고 자라면 다른 존재의 선한 면을 더 많이 보게 되고 그들을 그들을 액면 그대로 받아들이고 사랑하게 될 것이다.

---

[370]   *The Portable Jung*, Joseph Campbell, 1976, p 133-

융은 선의 박탈(privatio boni)이라는 개념이 심리학 연구 결과와 일치하지 않는다고 비판했다. 심리적 경험에 따르면 우리가 '선'이라고 부르는 것은 무엇이든 동등한 수준의 '나쁨' 또는 '악'과 균형을 이루고 있다. '악'이 존재하지 않는다면, 존재하는 것은 무엇이든 '선'이어야 한다. '악한 자'는 '신의 아들' 중 하나로서 인간 이전에 존재했기 때문에 인간에게서 독단적으로 파생될 수 없다. 선의 박탈이라는 개념은 마니(216~274/277) 이후에 교회에서 역할을 하기 시작했다. 마니의 이단적 주장 이전에 로마의 클레멘트는 신이 오른손과 왼손으로 세상을 다스리는데, 오른쪽은 예수, 왼쪽은 사탄이라고 가르쳤다. 클레멘트의 견해는 상반된 속성을 하나의 신에게 통합하기 때문에 분명히 일신론이다. 그러나 후대의 기독교는 왼쪽의 절반을 분리하여 사탄으로 의인화하고 사탄은 저주받은 상태에서 영원히 존재한다는 점에서 이신론(二神論)이다. [371]

지각은 실재이며 주관적이다. 천사나 악마는 없다. 그러한 표현은 선과 악을 구분하는 주관적인 관점을 가진 개인이 만들어 낸 것이다. 우리가 선이나 악이라고 부르는 것의 대부분은 전적으로 주어진 현상에 대한 우리의 생각과 그것을 해석하는 방식에 기반한다.

감각을 느끼는 존재들의 느낌에는 실제로 고통과 쾌락의 대립이 존재한다. 그러나 자연의 모든 작용은 뜨겁고 차갑고, 습하고 건조하고, 가볍고 무거운 대립 원리에 의해 행해지지 않는가? 참다운 결론은 모든 존재의 원천은 이런 종류의 원칙에 전혀 관심이 없으며, 추위보다 더위, 습기

---

[371]   *The Portable Jung*, Joseph Campbell, 1976, p 520

보다 건조함, 무거움보다 가벼움을 선호하지 않는 것처럼 아픔이나 건강을 더 이상 고려하지 않는다. [372]

성경에 나오는 천사와 악마의 원래 의미는 화살 표적을 맞추는 것과 관련이 있다. 그리스어로 '텔레오스'는 과녁판을 맞춘다는 뜻으로 완벽함이나 선을 묘사하는 데 사용된다. '하마르티아'는 과녁판을 놓친다는 뜻으로 죄나 악을 묘사할 때 사용된다.

심리학자 대니엘 카너먼은 첫 번째 정보원을 '경험하는 자아'로 부르고, 두 번째 정보원을 '기억하는 자아'로 부른다. 그가 인간의 마음을 이런 식으로 구분한 근거는 이 두 가지 '자아'가 종종 일치하지 않기 때문이다. 실제로 실험을 해 보면 이 두 자아는 비교적 짧은 시간 동안에도 일치하지 않았다. … '기억하는 자아'는 어떤 경험을 최고의 강도와 마지막 순간을 기준으로 평가하기 때문에(최고/최종 규칙), '경험하는 자아'를 조정하여 불쾌한 과정을 가장 낮은 강도로 연장함(이로 인해 미래 기억의 부정성을 줄임)으로써 그 운수를 상당히 개선할 수 있다. … 그는 이 두 '자아' 사이의 행복 상관관계가 0.5 수준이라고 한다. … 그가 인정하듯이, 인생에서 대부분의 경험은 전혀 회상되지 않으며, 실제로 과거를 기억하는 데 소비하는 시간은 비교적 짧다. 따라서 대부분 우리 삶의 질은 매순간 발생하는 일이 스쳐 지나가는 중에 느끼는 특성으로만 평가할 수 있다. 하지만 여기에는 과거를 회상하는 시간도 포함된다. 이런 흐름 속에서 우리 삶에 대한 더 큰 이야기를 구성하는 순간은 어두운 강물에 비치는 햇살처럼 특별해 보일 수 있지만, 항상 동일한 흐름의 일부일 뿐이다. [373]

---

[372] *Dialogues and Natural History of Religion*, David Hume, 1998, p 113-4
[373] *The Moral Landscape*, Sam Harris, 2010, p 184-7

역경은 점술과 지혜의 책이다. 이 책은 현인은 어려운 상황이나 쉬운 상황, 행복과 슬픔에서 모두 유사점을 찾을 수 있다고 설명한다. 그리고 현재의 행운은 항상 가까운 미래에 닥칠 불행을 예고하고, 현재의 고난은 이를 현명하게 극복할 수 있다면 미래의 번영과 순탄함을 약속한다는 것을 알고 일희일비하지 않고 현상을 수용하라고 조언한다.

주역에서는 음양을 삼극(三極)나 삼재(三才)로 불리는 천지인(天地人)과 별개의 속성으로 설명하고 있다. [그림 59]처럼 양자역학에서 언급되는 쿼크의 세 가지 구성 요소는 천(I), 지(III), 인(II, 저자 주: 사람만이 아니라 모든 존재를 의미하는 것으로 보는 것이 더 적합함)을 표현하며 이것이 각각 음양(예: 위로/아래로, 위/아래, 매력/기묘함)의 특성을 가지고 있음을 보여주고 있다. 모든 존재의 본질인 무유는 음양의 두 가지 속성을 갖는다. 유교에서 언급하는 중용은 이런 특성이 한쪽으로 치우치는 것을 피하고 중도를 유지하는 것이 바람직함을 권고하고 있다.

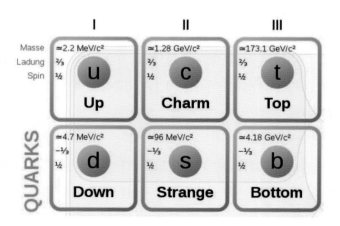

[그림 59] 쿼크의 세 부분

역학적 개념의 공(空)은 어떤 실체도 존재하지 않는 상태에서 발현된 최초의 상태로 무유 또는 불성(佛性), 신성(神性), 천성(天性), 브라만, 영(靈)으로 표현될 수 있다. 공은 진동의 속성을 지니고 형상형성잠재력을 갖추고 있으며, 이것이 배제된 상태를 허(虛)라 한다. 일반적으로 공은 비어 있는 상태를 의미하나 불교에서의 공은 '아무것도 없다'는 것이 아니라 모든 존재는 고정된 실체나 자성(自性)이 없다'는 의미이다. 자성이 없기에 모든 법은 서로 연기하며 생멸하는 것이다. 그래서 '색즉시공 공즉시색(色卽是空 空卽是色)'이라는 표현이 가능해진다.

하지만 공은 색으로 표현되는 무(無)와 영(零)과 더불어 현존하는 모든 현상과 형상을 여실히 드러낸다. 공으로부터 빛의 진폭이 나타나고 무로부터 파생된 파장과 더불어 빛의 두 가지 요소 중 하나인 파동을 구성한다. 공은 쿼크를 구성하는 3가지 요소 중 첫 번째 것이고, 역경에서 말하는 천지인의 천(天)이며 영원불멸하며 무궁무진한 잠재력을 지니고 모든 곳에 편재한다.

존재론적 개념의 무(無)는 있고(有) 없음(無)에서 있음이 아닌 상태를 의미하며 없음에서 있음이 나타나 현상으로 나타날 수 있는 최초의 상태로 의식, 무의식을 포함하는 정신 또는 밈(meme)을 포함하는 유전자 정보 등 존재의 비물리적 구성 요소나 아트만, 혼(魂)이라 불릴 수 있다. 무로부터 영(零)에서 출현한 삼라만상의 특성이 갖추어진다. 공에서 언급된 불교의 법이 서로 연기하며 생멸한다는 것과 색(色)의 속성은 무와 보다 밀접하게 연계된다.

　각 존재는 개별적 또는 집단적으로 다양한 현상의 업(業)을 이루다가 결국 반대의 현상인 업보(業報)와 상응하여 더하기 빼기의 합이 영이 되는 삶을 산다. 모든 현상은 상응하면 무로 돌아가는 반대되는 거울상을 수반한다. 인생살이도 결국 파장의 고저를 상쇄하면 무나 영이 될 수밖에 없다. 빛의 파장이 여기로부터 나와 공의 진폭과 더불어 빛의 파동을 형성한다. 무는 쿼크를 구성하는 두 번째 요소이며 역경의 인(人, 인본주의로 인해 인이라고 했지만 모든 존재)의 업에 상응하는 현상을 개별적 또는 집단적으로 나타낸다.

　기하학적 개념의 영(零)은 어떤 형상이 형성되기 이전의 상태로 특이점, 소립자나 백(魄)으로 불릴 수 있으며, 존재의 물리적 구성 요소인 육체, 형체, 형태, 유전자, 세포나 기관과 같은 것들이 이로부터 생성된다. 발현된 초기의 상태는 점과 같으며 이로부터 선이 나오고 면이 나오고 입체가 나오게 된다. 영은 만물의 초기 상태인데 이로부터 형상을 갖춘 존재-원자, 분자를 포함하는 삼라만상-가 나타난다. 이후에는 서로 상응하여 더하기, 빼기, 곱하기, 나누기를 통해 전이, 변이, 소멸을 거치면서 존속한다.

　모든 존재는 고유의 형상을 지니며, 서로 만나면 영(零)으로 돌아가는 거울상을 수반한다. 존재를 구성하는 개체는 무(無)의 현상으로 결정된 업보에 따라 나타나는 존재의 파장에 따라 매순간 서로 상응하는 개체로 전이된다. 또한, 모든 존재는 환경의 변화나 필요에 따라 자신의 모습이나 행태를 바꿔가며 적응한다. 빛의 입자인 광자는 여기에서 파생되어 공의 진폭과 영의 파장과 더불어 빛을 형성한다. 영은 쿼크의 세 번째 구성 요소이며 역경의 지(地)와 일맥상통하며 모든 존재의 형상을 형성한다.

공·무·영은 서로 밀접한 관련이 있다. 공·무·영은 같은 것 같지만 실제로는 다른 것의 다른 상대적인 표현이다. 인간은 눈에 보이지 않고 느껴지지 않는 것을 공·무·영으로 간주하는 경향이 있다. 그러나 오늘날 우리는 고대에 공·무·영으로 표현되었을 염색체, DNA, 원자, 쿼크와 같은 것들이 눈에 보이지 않고 느껴지지 않는 것을 구성하고 있다는 것을 알게 되었다.

또한, 공·무·영은 무한의 공간, 특성을 지니는 삼라만상, 형상을 갖는 존재와 배치되는 것 같지만 동전의 양면과 같으며 상응하여 우리가 경험하는 다양한 형상이나 현상을 창조한 주체다. 이들은 공동으로 형상형성잠재력(Entelechy)을 공유하기 때문에 강력하다. 공의 잠재력으로부터 나온 진동이 상응하는 반(反)의 진동을 만나면 상응하여 무가 되고, 무로부터 형성된 현상은 자신과 대칭되는 반의 현상과 상쇄되어 영으로 변하고, 영이 숫자를 비롯한 형상을 낳았는데, 그 형상이 반의 형상을 만나 지내다가 결국 공으로 돌아간다. 공·무·영은 이런 주기를 지속적으로 반복하고 있다.

우주의 초기 상태는 공·무·영의 속성을 갖는 무유의 상태로 볼 수 있다. 불교에서 말하는 색즉시공에서 언급되는 공색과 같은 의미이다. 무유는 없지만 동시에 존재하는 상태이며 무로부터 유가 최초로 나오는 시점의 어떤 상태를 의미한다. 자연법칙은 공·무·영에서 나온 형상들이 서로 상쇄되면 결국 초기 상태로 돌아가는 것을 여실히 증명하고 있다. 우주를 지배하고 있는 기본적인 네 가지 힘은 전자기력, 약력, 강력, 중력인데 중력은 앞의 세 가지 힘을 상쇄하며 삼라만상이 출현할 수 있도록 작용하였다.

"우리의 의지(意志, will)와 같은 연속적인 세계를 기술하는 모든 자연 법칙은 보존되는-즉 시간에 따라 변화하지 않는-양의 에너지라는 개념을 갖고 있다(에너지 보존의 법칙-저자 주). 빈 공간 속의 에너지는 시간이나 위치와 상관없이 항상 일정한 상수를 갖는다. 우리는 특정 공간의 에너지를 같은 부피를 갖는 빈 공간의 에너지를 차감함으로써 계산해 낼 수 있다. 우리는 진공 에너지를 상수 0으로 설정할 수 있다. 형체(body)의 에너지는 0보다 큰 양수(陽數, positive)다. 우주 에너지 총량이 항상 0이어야 하고 형체를 만드는 데 에너지가 소모된다면, 어떻게 삼라만상(森羅萬象, whole universe)이 무로부터 창조될 수 있을까? 중력의 법칙이 이 질문에 대한 답이다. 중력은 인력(引力, attractive force)이므로, 중력 에너지는 0보다 작은 음수(陰數, negative)다. 결론적으로 빈 공간은 안정적이며, 별이나 블랙홀과 같은 형체들은 무(無)로부터 그냥 생겨날 수는 없지만 삼라만상은 무로부터 생겨날 수 있다."[374]

모든 존재는 무유의 속성인 불성, 신성, 천성을 지니고 있으며 이를 제대로 깨우치고 지금의 형상을 속박하는 집착이나 구분의 사슬을 끊고 극복할 수 있어서 모두가 해탈이 되고, 신성의 자녀가 되고, 천성과 하나가 되면 이승은 불국토, 지상의 천국, 극락세계나 영계(靈界, 나의 주장)로 변할 것이다. 이것은 공무영의 의미를 제대로 알고 수용할 수 있는 마음가짐을 갖춰야만 가능해진다. 그렇게 되면 '모든 존재가 하나(임이)라는

---

[374]   *The Grand Design*, Stephen Hawking, 2010, ps 114-5

진리를 깨우치고 사랑의 원심력을 키워 나가'라는 의미를 수용할 수 있게 될 것이다.

원자로 구성되지 않은 존재가 없고 양자역학에서 밝혀낸 소립자[나는 이 최초의 소립자를 무유(無有, Nosome)로 정의함]로부터 모든 존재가 나왔으니 이를 창조주라고 할 수 있을 것이다. 이 속성이 형상 형성 잠재력과 영원불멸의 특성을 갖고 있으며 쿼크 입자가 천지인이라는 만물의 특성과 더불어 음양의 속성을 갖는다는 사실에 비춰 보면 신의 속성까지 갖고 있다. 모든 존재가 이러한 신성을 내재하고 있기 때문에 종교적 질문에 대한 해답은 인간의 의식을 통해서 구할 수도 있겠지만 양자역학에서 규명한 진리로부터 충분한 해답을 구할 수 있으며, 이것이 보다 객관적이고 합리적이며 이성적인 접근 방법일 것이다.

종교의 가르침은 인간은 자신이 악하다는 것을 인식해야 한다고 주장한다. 그러나 개인의 자연적 본성이 단순한 감각적 욕망으로 나타날 때, 즉 의롭지 않은 의지가 길들여지지 않고 훈련되지 않아 폭력적인 모습으로 나타날 때만 악하다. 하지만 이런 사람도 자신이 잠시 타락했지만 선한 영이 자신 내부에 존재한다는 것을 알아야 한다. 사실 그는 자신에게 사변적이고 묵시적 진리로 제시된 영을 직접 의식하고 '경험'해야 한다. [375]

인간은 종종 자신의 행동이 이후의 삶과 사후세계에 미칠 영향에 대해 생각하지 않고 눈앞의 욕망을 쫓는다. 자신의 생각과 행동으로 업보

---

[375]   *The Philosophy of History*, Georg W.F. Hegel, 1991, p 424

를 쌓지만 그 결과의 심각성을 고려하지 않는다. 자신이 한 인생을 어떻게 살았던 간에 임종할 때 모든 것을 합산하면 삶의 진폭의 총합은 영이될 것이다. 이 결론은 더하거나 빼는 방법에 상관하지 않고 최종적으로산출된다. 그러나 사람들은 자신의 삶의 더하기와 빼기가 항상 영에 가까워지고 있으며, 자신의 생각과 행동에 따라 업을 쌓아가고 있다는 사실을 인식하지 못하고 산다.

초대칭은 일반적인 공간의 변형과 연관될 수 없는 더 미묘한 종류의대칭이다. 초대칭의 중요한 의미 중 하나는 힘 입자와 물질 입자, 즉 힘과물질, 즉 동일한 것의 양면이다. … 이는 힘 입자의 닫힌 고리에서 발생하는 무한대는 양수이고, 물질 입자의 닫힌 고리에서 발생하는 무한대는음수이므로 힘 입자와 그 동반자인 물질 입자로부터 발생하는 이론의 무한대가 상쇄되는 경향이 있기 때문에 무한의 문제를 해결할 수 있는 잠재력을 갖는다. [376)]

타인에게 피해를 주는 사람은 반대급부로 결국 자신이 동일한 피해를받게 되니, 좋은 시기에는 덕을 닦고, 좋은 성품을 쌓고, 지혜를 쌓고, 깨달음을 얻고, 열심히 일하고, 남을 구하고 도우며, 나쁜 시기에는 평정심을 유지하여 미리 대비하는 것이 바람직하다. 영(零)의 정확한 의미를 이해하고 그에 따라 살면 슬픔이나 비탄으로부터 벗어날 수 있다.

『도덕경』에서 공자가 "하늘 아래에서 가장 완전한 성실함과 신뢰성을

[376)] *The Grand Design*, Stephen Hawking, 2010, p 114-5

지닌 사람만이 자신의 참 본성을 개발할 수 있다. 자신의 참 본성을 완벽하게 개발할 수 있는 사람은 다른 사람의 본성도 완전히 개발시킬 수 있다. 다른 사람의 본성을 완전히 개발할 수 있다면 모든 피조물의 본성을 개발시킬 수 있다. 그렇게 하면 이 사람은 천지의 변형과 영양분 제공 기능에 관여하고 천지와 하나가 될 수 있다"라고 했다.[377]

자연법칙인 인과의 법칙을 이해하면 현재의 고난을 불평하거나 한탄하지 않고 황금률을 지키며 중심을 잡고 중도의 길을 걸으며 현재의 어려움을 극복하기 위해 최선의 노력을 다할 수 있다.

특정 사람에 대한 강렬한 감정적 애착이 있는 거의 모든 경우에서 우리는 부드러운 사랑 뒤에는 무의식 속에 숨겨진 적대감이 존재한다는 것을 알 수 있다. 이것은 인간 감정의 양면성에 대한 고전적인 사례이자 원형이다.[378]

자연법칙을 인정하고 자연의 이치를 따르는 것이 좋다. 자연의 길은 '황금 중용'으로, 모든 활동과 생각이 영의 수준을 유지하기 위해 중도로 나아가는 것을 의미한다. 이렇게 살면 부처와 예수가 보여 준 것처럼 감정의 기복이 거의 없을 것이다. 이것은 구분에서 비롯되는 모든 종류의 집착에서 벗어나고 모든 존재가 자신의 일부분일 뿐이라는 것을 이해할 때 가능해진다.

---

[377] *I Ching*, Alfred Huang, 2010. p 471
[378] *Totem and Taboo*, Sigmund Freud, 1950, p 76

육신으로부터 진정으로 해탈된 사람은 쾌락과 고통, 풍요와 궁핍을 모두 무의미하고 무관심한 것으로 바라볼 것이다. 그는 타락하거나 노예가 된다는 두려움 없이 행동하고 즐거움을 경험할 수 있다. 『바가바드-기타』에 나오듯이, 오직 그런 사람만이 여전히 내면으로 집착하는 세속적인 행동을 버릴 필요가 있다. 행동의 열매에 집착하지 않는다면 평정심을 지니고 세속에서 지낼 수 있다. … 부처는 제자들에게 "중도"를 지적하면서 과도한 고행은 단순한 욕망이나 쾌락과 마찬가지로 비현실적이고 무가치하니 양극단을 삼가하라고 주장했다. 그는 유일한 완전한 삶은 내면의 지혜를 통해 모든 것에 대한 집착을 버리는 것이 휴식, 평화, 열반으로 이끈다고 말했다. [379]

379) *The Varieties of Religious Experience*, William James, 2008, p 304

8.3. 우리의 사명

우리의 사명은 자연법칙을 제대로 이해하고 사회과학과의 신통섭(New Consilience)을 통해 올바른 진리를 찾는 것이다. 자연법칙은 결코 사라지지 않는다. 오히려 그것은 인류가 도달하고 활용할 수 있도록 저 밖에 있다. 그것을 규명할 수 없다는 것이 불필요한 창조주에게 집착하는 핑계가 될 수는 없다.

그러나 우리는 '절대자를 완전하게 알아내려는' 우리의 모든 미약한 시도를 통해 자연으로부터 자연의 신으로 추론하되 신으로부터 자연으로 추론하면 절대 안 된다는 것을 알 수 있다.[380]

이제 우리는 '반짝반짝 작은 별'로 부르던 별들이 태양계의 해와 같은 항성이라는 사실을 알게 되었다. 그리고 수천억 개에 달하는 항성과 그것과 조화를 이루는 행성들이 모여 우리 은하를 형성하고, 이런 방식으로 만들어진 수조 개에 달하는 은하계가 우주를 구성하고 있음을 알게 되었다. 또한, 지구에서 가장 가까운 별인 프록시마 센타우리(Proxima Centauri)까지 가려면 빛의 속도로도 4년 이상을 가야 한다는 사실이 밝혀졌다. 그렇다면 별의 의미도 인식하지 못하고 우리 태양계를 창조하는 데 6일이나 소모한 창조주가 설 곳은 어디일까?

신성한 질서를 지닌 우주의 '숫자와 형상' 그리고 별의 신성들의 운동

---

[380] *An Essay on the Principle of Population*, Thomas Malthus, 2012, Chapter 18, p 127

법칙을 발견함으로써 우리는 우리 자신의 영혼과 감정에 대한 표준과 형태를 결정하고 있다; 우리의 행복이 우주의 질서에 순응하고 우주의 리듬에 발맞추고 천상의 화음과 조화를 이루는데 있기 때문이다. '신이 자신의 형상대로 사람을 만들었'으며, 인간의 최고 목적이자 최종적인 지복은 '신과의 동화', 즉 눈에 보이는 소우주인 인간이 보이지 않는 대우주인 신을 형상화한 것은 사실이다. [381]

기본적인 생존은 실제로 각 존재가 태어나기 전에 유전자에 내장되어 있는 것으로 보이며, 이는 선험적인 것으로 볼 수 있다. 다른 종류의 인지적, 실험적 또는 문화적 지식은 후천적으로 습득된다. 앞으로 유전자 정보가 어떻게 형성되고 어떤 내용들이 정리되어 전달되는지에 대한 확실한 과학적 규명이 이루어진다면 창조주에 대한 개념이 재정립될 것이다. 지금까지 밝혀진 내용만으로도 이미 일천한 지식과 조악한 손재주를 보유한 창조주 여호와나 알라의 유통 기한이 지난 것은 확실해 보인다.

수백만 년 동안 모든 생명체는 자신을 둘러싼 환경에 대처하고, 에너지와 음식을 얻고, 생명을 위협하는 위험이 발생하면 도망칠 수 있도록 시스템이나 기능을 갖추도록 진화해 왔다. 학교에서 여전히 가르치는 것과 달리 이런 자기방어 과정에서 무의식이 의식보다 더 중요한 역할을 한다. 달리 표현하자면, 우리가 뇌에 대해 행사하는 의식적 통제는 우리가 생각하는 것만큼 중요하지 않다. [382]

---

[381] *Timaeus*, Plato, 2005, Introduction, p 14
[382] *Mind, Life, and Universe*, Magulis and Punset, 2007, Interview with Joseph Ledoux, p 105

우리의 사명은 기존 종교에서 무수히 창조해 낸 신화 속 주인공인 창조주나 절대자가 별도의 장소에서 따로 존재하지 않으며, 모든 존재가 불성, 신성, 천성을 갖는 개체로 영원히 존속한다는 진리를 깨우치는 것이다. 이를 통해 여호와나 알라와 같은 신화적 존재와의 결별을 선언해야 한다.

신이 존재하는가? 대부분의 기독교도나 이슬람교도가 믿는 것처럼 신이 인간의 형상과 같은 특정한 형태를 갖는다고 추론할 수 있다. 그러나 창조주가 존재했다면 순차적이고 순환적인 논리에 따라 무유, 원시 수프나 원시 원자와 같은 가장 단순한 형태여야 한다는 결론에 도달하게 된다. 만약 신이 처음부터 인간의 형태를 가질 수 있다면, 모든 존재는 신의 설계나 신의 손길을 빌리지 않아도 각자의 형태로 존재할 수 있었다고 주장해야만 한다. 그가 우리와 닮을 수 있다면, 그는 무에서 우리의 모양으로 생성될 수 있었기 때문에 그의 도움 없이도 우리가 존재할 수 있다는 의미다. 그가 선조 없이 존재할 수 있었다면 우리도 그럴 수 있지 않았을까? 자연은 특정 종교가 신이라고 부르는 개체처럼 목적이나 지성을 지닌 것처럼 보인다. 그러한 목적이나 지성은 DNA에 암호화되어 모든 존재에 존재할 수 있으므로 자연은 지성을 가질 수 있을 뿐만 아니라 반드시 가지고 있어야 한다. 그러나 그 지성은 많은 기존 종교에서 설명하는 것과는 다르다.

자연법칙은 우주가 시작되었을 때 어떤 모습이어야 했는가를 알려주지 않고, 시계를 돌리고 어떻게 시작하는지를 선택하는 것은 여전히 신의 몫이다. 우주에 시작이 있었다면 우리는 우주에 창조주가 있다고 가정할 수 있다. 그러나 만약 우주가 경계나 끝이 없는 완전히 독립된 존재라면 시작도 끝도 없이 그저 그 자체로 존재할 것이다. 그렇다면 창조주가 설 곳은 어디일까?[383]

여호와, 신, 예수, 부처, 크리슈나, 도, 알라, 선 등 우리가 신이라고 부르는 존재를 지칭하는 많은 이름이 있다. 신의 성품은 그것을 어떤 이름으로 부르든 동일하고 하나여야 한다. 이는 수없이 나뉠 수 있지만 여전히 하나로 통합되는 무유와 같은 특성을 지녀야 한다. 신이라는 단어는 편의상 무유나 소립자의 속성을 표현하기 위해 사용되었을 수도 있다. 세상과 분리되어 따로 존재하거나 의인화된 신은 있을 수 없다. 신과 같은 특성이 모든 존재에게 보편적으로 존재한다는 것을 이해한다면 신이라는 단어에 특별한 의미를 부여할 필요가 없다.

초기 기독교에서 이단으로 분류되고 박해를 받은(저자 주: 앞부분 추가) 고대 플라톤 학파는 모든 이교도 철학자 중에서 가장 종교적이고 독실한 학자들이었다: 그러나 그들 중 많은 사람, 특히 플로토니우스는 지성이나 이해력이 신에게 귀속되어서는 안 되며, 신에 대한 우리의 가장 완벽한 숭배는 존경, 경외, 감사함, 사랑의 행위가 아니라 우리가 지닌 모든 능력이 신비하게 자가 소멸되거나 완전히 사라짐으로써 이루어진다고 명시적으로 선언했다. 이런 생각은 다소 과장된 부분이 있다. 그러나 여전히 신을 아주 지적이라고 이해하고 인간의 정신과 매우 유사한 것으로 표현함으로써 우리는 가장 심각하고 가장 편협한 자기 편애라는 죄를 짓고 우

---

[383] *A Brief History of Time*, Stephen Hawking, 1998, p 146

리 자신을 전체 우주의 모델로 삼고 있다는 사실을 인정해야 한다.[384]

당대(當代)의 인간 상상력에 의해 창작된 신들은 당시의 인류에게 최고의 이상이었다. 그리스와 로마의 신들과 그 자손들은 그리스와 로마 사람들이 추구했던 삶의 방식을 가진 것으로 묘사되었고, 여호와는 유대인들이 주변 강대국들을 상징적으로 물리칠 수 있는 이상적인 존재였다. 무함마드가 다양한 부족을 통합하기 위한 내부 전쟁에 필요한 자금을 무이자로 빌리기 위해 유대인들을 달래기 위해서는 여호와의 분신인 유일신 알라가 필요했다. 또한, 무함마드는 전쟁 과부들을 달래기 위해 일부다처제를 허용하는 것 외에 다른 선택의 여지가 없었다.

형제들아, 내가 만든 신도 다른 신들과 마찬가지로 인간의 광기가 만들어낸 작품이었구나![385]

신이 하나인지, 셋인지, 아니면 여럿인지에 대한 논쟁이 있다. 그렇다면 몇 명이 정답일까? 순수한 유일신은 이슬람교 경전 코란이 유일하다. 다른 종교에서는 다신교적 견해를 표명한다. 그러나 우리가 빅뱅 이론을 수용하고 무유의 특성을 고려한다면 두 가지 견해 모두가 정답이 될 수 있다.

예수는 자신을 믿는 사람, 즉 자신이 신의 아들이라는 것을 믿는 사람은 누구나 "내가 하는 일은 물론이고 이보다 더 큰 일을 할 수 있다"라고 주장한다(요한복음 14:12). 예수는 제자들에게 그들이 신이라고 말한 것

---

384)   *Dialogues and Natural History of Religion*, David Hume, 1998, p 58
385)   *Thus Spoke Zarathustra*, Friedrich Nietzsche, 2005, p 27

을 상기시켜 주었다(요한복음 10:34). 믿는 자 또는 선택받은 자는 신의 자녀이며 '예수와 함께 한 상속자'이다(로마서 8:17). 예수가 지상의 무대를 떠날 때, 그는 아버지인 신에게 자신의 양 떼와 영원히 함께 거할 보혜사(Paraclete)를 보내달라고 요청할 것이다(요한복음 14:16). 보혜사는 아버지가 내보낼 성령이다. 이 '진리의 영'은 신자들에게 '모든 것'을 가르치고 '모든 진리 안으로' 인도할 것이다. 이에 따르면, 예수는 신의 자녀들 안에서, 결과적으로 영 안에서 자신(예수)의 형제자매들 안에서 신을 지속적으로 실현할 것을 계획하고 있으므로, 자신의 행위가 반드시 가장 위대한 것으로 간주될 필요가 없다. 성신은 삼위일체의 세 번째 위격이며 신은 언제든지 세 위격 각각 안에 전적으로 현존하기 때문에 성신에 거한다는 것은 신자가 신의 아들 지위에 근접한다는 의미에 불과하다. 그러므로 "너희는 신이다"라는 말이 무엇을 의미하는지 이해할 수 있다. 성신의 신격화 효과는 선택받은 자에게 각인된 신의 의미(imago Dei)에 의해 자연스럽게 도움을 받는다. 성신의 형상을 한 신은 아담의 후손뿐만 아니라 무한히 많은 신자, 그리고 아마도 인류 전체에서 지속적으로 자신을 실현하려는 마음이 분명히 있기 때문에 사람 내부에 천막을 친다. 바나바와 바울이 루스드라에서 제우스와 헤르메스와 동일시되었다는 중요한 사실이 이를 상징적으로 보여 준다. "신들이 사람의 형상으로 우리 가운데 내려오셨다"(사도행전 14:11). 이것은 분명 기독교의 변질에 대한 보다 순진하고 이교도적 견해일 뿐이지만, 바로 그런 이유 때문에 설득력을 갖는다. [386)]

---

386)   *The Portable Jung*, Joseph Campbell, 1976, p 582-3

"너희가 신이다"라는 예수의 말은 인간에게만 국한된 것이 아니라 빅뱅 당시 하나의 점으로부터 생성된 모든 존재에게 해당된다. 우리는 그의 엄숙한 선언에 주의를 기울이고 그의 의도가 무엇인지 제대로 파악하고 그의 핵심 가르침을 수용해야 한다: 엄밀한 의미에서 모든 존재는 현재의 우주를 만든 창조주이며, 우리 모두가 존중하고 사랑하며 자비를 베풀어야 할 대상이다.

초인 출현 가능성의 조건이 '신의 죽음'인 것처럼 보이기 때문에, 이 출현이 신의 소멸을 예고하는 것으로 간주되는 경우가 많다.[387]

우리의 사명은 모든 존재가 영원불멸의 속성을 갖고 무한히 전이하는 개체를 공유한다는 진리를 깨우치고 기존 종교들이 비용을 들이지 않고 임의적으로 그리고 경쟁적으로 구축하고 위협하는 공상 속 사후세계에 대한 공포로부터 자유로워져야 한다.

사람이 죽으면 그 시신이 분해되면서 그 성분들이 다른 생명체를 구성하는 요소들로 활용된다. 시체가 썩은 액체를 식물이 흡수하거나 다른 동물의 식수가 될 것이고, 이 식물이나 동물을 다른 동물이나 사람이 먹게 되면서 그 시신의 구성 요소들이 모두 다른 형상의 구성 요소로 사용된다. 그렇다면 부활할 때 어떻게 그 사람의 원래 모습으로 돌려줄 수 있을까?[388]

---

[387]   *Thus Spoke Zarathustra*, Friedrich Nietzsche, 2005, p xix introduction
[388]   *하나님과의 대화*, 김병윤, 북스타, 2022, p 274

종교계가 주장하는 사후세계는 종교 간은 물론이고 같은 종교 내의 종파 간에도 서로 다른 모습을 그리고 있다. 장소로는 천당, 지옥, 연옥, 고성소 등이 등장한다. 초기에 사후세계를 부인하던 대다수의 종교가 지옥이라는 개념을 채택한 후 이곳을 경쟁적으로 더욱 잔인한 곳으로 묘사하는 행태를 보이고 있다. 한편, 그곳에 도달하는 방식으로는 휴거, 승천, 지상에서의 부활, 마차, 구름 등이 제시된다. 그리고 그곳에서 사는 모습은 죽을 때의 모습, 예수가 죽은 나이의 모습, 육체와 정신이 함께, 정신만, 영적 존재, 환생, 윤회 등으로 서로 다르게 묘사한다.

자연법칙의 발견으로 인간은 당시의 괴물 같은 미신에 맞서 싸울 수 있었을 뿐만 아니라 마법만으로 정복할 수 있다는 강력한 외계인의 힘에 대한 모든 관념에 맞서 싸울 수 있었다. 개신교 신자들 못지않게 심지어 가톨릭 신자들도 교회가 초인적 미덕과 연관시켜 주장한 성스러운 외관[그리고 성스러운 물질]은 단지 일상적인 외관이거나 물질적인 것일 뿐 그 이상도 그 이하도 아니며, 성찬식의 빵은 단순한 반죽에 불과하고 성인들의 유물은 그저 뼈에 불과하다는 주장도 제기되었다. 주관주의의 독립적인 권위는 종교 권위에 기초한 믿음에 대항하여 유지되었고, 자연법칙은 현상을 현상과 연결하는 유일한 결합체로 인식되었다. 따라서 모든 기적은 허용되지 않았다. 자연은 알려지고 인지된 법칙의 체계이다. 인간은 그 안에서 편해지고, 그것은 그가 편안함을 느끼는 진리로만 전해지며, 자연과 더불어 확보한 친분을 통해 자유로워진다. [389]

---

[389]   *The Philosophy of History*, Georg W.F. Hegel, 1991, p 440

곰곰이 생각해 보면 사후세계는 5장의 [그림 40]에서 보여 주듯이 이승에서의 육체나 정신을 유지하며 사는 특정 장소가 아니라 매순간 떠나는 개체가 전이하여 오고 가는 전이계로 보는 것이 합리적이고 논리적이다.

우리의 엄숙한 사명은 이 세상을 천국으로 만들고 우리의 일부인 다른 모든 존재와 더불어 천상의 삶을 누리는 것이다. 종교 교리 중 편향된 부분을 버리고 과학적으로 입증된 이론을 채택하여 그 간극을 메우면 지구에서 더 높은 지적 생명체로 진화하여 보다 풍요롭고 행복한 삶을 살 수 있다. 그때 우리는 자연을 더 해독하여 자연법칙의 근원인 무유의 의미를 온전히 이해하게 될 것이다.

과학이 우리를 가르칠 수 있으며, 우리 마음이 우리에게 더 이상 가상의 지원을 구하지 말고, 더 이상 천상에 거주하는 동맹군들을 발명하지 말고, 종교가 지난 수십 세기 동안 이 세상에 구축하려고 했던 그런 장소 말고, 우리 스스로 노력하여 지구를 정말 살기 좋은 곳으로 만들라고 가르칠 수 있다고 생각한다. [390]

우리는 원시 물질에서 광물, 식물, 아메바, 조류, 파충류, 척추동물, 유인원을 거쳐 진화해 왔으며, 모두 더 완벽한, 신이나 초인 등 어떤 이름으로 불리든 현재 인류의 상태보다 훨씬 더 나은, 존재가 되는 길을 가고 있다. 우리의 생각과 태도를 바꾸면 이런 변화를 가능하게 할 수 있으며, 이런 변화는 시공간을 초월하여 확산될 것이다. 현 상황에 만족하지 말

[390] *On God and Religion*, Bertrand Russell, 1986, p 71

고 용기를 내어 이 수렁을 극복해 나가자.

내 형제여, 당신의 생각과 느낌 뒤에는 강력한 지휘관, 알려지지 않은 현자가 존재한다 - 그의 이름은 자아다. 그는 당신의 몸 안에 거하며, 그는 당신의 몸이다. [391)

우리의 사명은 기존 종교의 교리가 지구의 화합과 평화보다는 갈등과 분쟁을 조성해 왔음을 솔직히 인정하고 이를 바꿔 나가야 한다. 이를 통해 인류는 물론이고 모든 존재와 더불어 고통을 줄이고 행복을 증진해 나가는 삶을 정착하여야 한다. 우리는 자연의 법칙을 최대한 파악하고 모순된 교리나 진리라고 잘못 알려진 이론을 바꾸어 일상생활에 적용해야 한다. 그리고 새롭게 정립된 과학 지식과 자연법칙을 수용하며 수정해 나가야 한다.

우리는 아직도 절대 의식의 정상에서 멀리 떨어져 있으며, 모든 사람은 보다 넓은 의식을 가질 수 있다고 추정할 수 있는 개연성이 매우 높기 때문에, 그에 따라 우리가 의식적으로 인식해 보면 무의식의 과정은 의식의 범주를 확장할 수 있는 내용을 지속적으로 공급하고 있다고 가정할 수 있다. [392)

자연은 그 자체로 존재하는 모든 것이며, 인류가 발견하든 발견하지 못하든, 인간이 만든 신을 포함한 일부 존재들이 좋아하든 좋아하지 않든

---

391)   *Thus Spoke Zarathustra*, Friedrich Nietzsche, 2005, p 30
392)   *The Portable Jung*, Joseph Campbell, 1976, p 133-4

그 자체의 법칙을 가지고 있다. 우리는 모든 생명체의 행태를 조사함으로써 자연의 선험적 원칙을 도출할 수 있다. 범주적 명령에는 자신은 물론이고 다른 존재를 존중하고 사랑하며 자비를 베풀 것, 이유 없이 다른 존재를 괴롭히거나 죽이지 말 것, 자신이 대접받고 싶은 대로 다른 존재를 대할 것과 같은 기본적인 내용이 포함될 수 있다.

　　종교 현상의 가치를 비판적으로 판단할 때 개별 인간적 기능으로 작용하는 종교와 제도적, 기업적, 부족적 부산물로 작용하는 종교를 구별하는 것이 아주 중요하다. … 보편적으로 사용되는 '종교'라는 용어는 애매모호하다. 인류 역사를 살펴보면 일반적으로 종교적 천재는 제자들을 끌어모으고 동조자 집단을 형성한다. 이런 집단이 자체적으로 '조직화'할 수 있을 만큼 강해지면 자신들의 사업적 야망을 갖는 성직자 기관이 된다. 그렇게 되면 정치적 야망과 교리적 통치의 욕망이 스며들어 초기의 순수함을 쉽게 오염시키기 때문에 오늘날 우리가 '종교'라는 단어를 들으면 필연적으로 어떤 '교회'나 다른 건축물을 생각하게 되고, 그래서 어떤 사람들은 '교회'라는 단어가 너무 많은 위선과 폭정과 비열함과 미신의 집착을 연상시키니 아무 생각 없이 그냥 종교를 완전히 '내려놓았다'고 자랑스럽게 말한다. 교회에 속한 우리조차도 우리 교회가 아닌 다른 교회를 전반적으로 비난하는 행위를 내려놓지 못한다. [393]

　　종교를 지탱하는 가장 강력한 근거가 도덕성이다. 신학자들은 종교가 없다면 도덕적 기준이 존재하지 않을 것이라고 말한다. 그들의 경전이 인

---

393)　*The Varieties of Religious Experience*, William James, 2008, p 283

종 차별, 성차별, 착취, 학살, 대학살, 대량 학살, 근친상간, 남색, 방종, 성
직 매매, 노예제 옹호, 잔인한 표현, 표절, 위조, 보건, 누락, 비과학적, 비종
교적, 비역사적 내용 등의 부조리로 가득한데 어떻게 이런 몰상식한 주장
을 할 수 있을까? 인류 역사는 종교가 끊임없이 권력자들과 공모하여 백
성과 신도를 대상으로 통치의 편의와 착취의 용이함을 위해 종교 창시자
의 뜻에 반하는 교리를 만들어 내고 있음을 보여 준다.

삼위일체론이 발명되었고, 이를 받아들이기 위해 최초의 복음서들이
위조되었다. 이 진리와 관련한 한 구절이 추가되고 역사가 요세푸스의 기
록을 위조하여 예수를 언급한 것처럼 만들어졌지만, 요세푸스는 예수를
언급하기에는 너무 진지한 역사가다. 그들은 예언서를 위조하는 데까지
나아간다. 한마디로 나사렛 사람들이 채택하지 않는 속임수, 사기, 협잡
이 없다. … 온갖 미신이 교회에 넘쳐나고, 약탈이 만연하며, 면죄부, 성직
록, 온갖 영적인 것들이 팔려 나간다. [394]

우리의 사명은 인류나 어떤 존재−신을 포함하여−가 특별한 종이라거
나 인간을 포함한 모든 존재 간에 선천적으로 타고난 계급이 존재하다는
논리나 신화적 절대자에 대해서는 목청 높여 분명하게 '아니다(No)'라는
의견을 개진하여 이런 주장이 이 세상에 발붙이지 못하도록 해야 한다.

인류가 진화 과정의 마지막이기 때문에 '특별한 종'이라고 주장하는 집
단이 있다. 이런 집단은 인류를 다른 존재와 차별화하는 한편 특정 성별,

---

[394]   *A Treatise on Toleration and other Essays*, Voltaire, 1994, p 111

인종 또는 집단이 다른 집단보다 더 많은 특권을 가지고 있다고 주장함으로써 인류에게도 동일한 규칙을 적용하고자 한다. 이들은 인류를 하나의 평범한 종으로 간주하게 되면 모든 존재의 평범함과 하나임이 널리 수용될 것이기 때문에 이런 사실을 부인한다. 그들의 이론은 특정 계층이 인위적으로 부여받은 지위를 누리고 확장하는 데는 도움이 될 것이지만 인류 문명의 발전에는 장애물이 될 뿐이다.

사실 모든 인간은 매우 비슷하다. 현대 인류의 역사는 약 20만 년에 불과하다. 그리고 이제 우리는 인간 간의 유전적 차이를 분석할 수 있게 되었기 때문에 피부와 머리카락과 같은 외형적 특성은 인종마다 차이가 있지만, 우리가 매우 유사하다는 것을 증명할 수 있다. 소위 인간 인종 사이에는 약간의 유전적 차이가 있지만, 우리는 편견에 굴복하여 이런 차이를 가정하고 우리 집단이 다른 집단보다 우월하다고 선언함으로써 도덕적, 생물학적 왜곡에 기반한 인종 차별, 외국인 혐오증, 대량 학살을 초래하는 실수를 범해서는 안 된다. 우리가 저지르는 또 다른 큰 실수는 인간이 지구의 왕이며 지구의 미래를 결정할 권리가 있다고 믿는 것이다. 그리고 우리는 그렇게 할 힘이 있기 때문에 우리가 다른 유기체, 다른 종 또는 환경에 야기하는 문제에 대해 걱정하지 않는다. 이것은 잠재적으로 매우 위험한 결과를 초래할 수 있는 비극적인 실수이다. 우리는 보다 겸손해야 하며, 모든 인간은 하나의 종이며 우리가 생각하는 것보다 우리의 힘이 대단하지 않다는 것을 인식해야 한다. 그렇게 되면 분명히 모든 것이 더 나아질 것이다. [395]

---

395) *Mind*, Life, and Universe, Magulis and Punset, 2007, Interview with Stephen Jay Gould, p 222-3

진화의 과정은 우리가 특별한 종이 아니라 일상적인 진화의 결과로써 우연히 현재의 위치에 있게 되었을 뿐이라는 사실을 분명하게 보여 준다. 같은 종에서 태어날 때 남성과 여성, 흑인과 백인, 부자와 가난한 사람과 같은 차이가 없는 것은 당연하다. 과학적 연구 결과에 따르면, 대부분의 유전적 변이는 인종 간이 아니라 개체 사이에서 나타난다. 또한, 모든 존재는 동일한 근원인 무유에서 생성되었기 때문에 우리는 모두 동일하고 평등하며 궁극적으로 하나라는 것이 자연의 법칙이다. 우리는 모든 존재가 우리의 형제자매이며 인간, 동물, 식물, 박테리아나 무기물 등 모든 존재의 일부라는 것을 인정해야 한다.

모든 생명체는 단하나의 초기 계획에 따라 정교하게 형성되었다. 우리 각자는 38억 년에 걸친 조정, 적응, 수정과 섭리라는 서투른 땜질로 형성된 케케묵은 기록 보관소에 불과할 뿐이다. 놀랍게도 우리는 과일이나 채소와 매우 밀접한 친분 관계를 갖는다. 바나나에서 일어나는 화학적 기능의 약 절반은 우리 몸에서 일어나는 화학적 기능과 근본적으로 동일하다. 모든 생명체가 하나라는 주장은 아무리 강조해도 지나치지 않다. 이것은 가장 명료한 진리이며, 앞으로도 영원히 증명될 것이라고 생각한다.[396]

자유의지계에 도달하기까지 먼 길을 걸어온 우리가 완수해야 할 엄숙한 사명은 이제는 지상에 영계(유토피아)를 구현하여 현재 인류가 누리는 것보다 훨씬 행복한 삶을 살기 위해 계속 전진하는 것이다. 우리가 이 임무를 완수한다면 우리 모두가 경전에 묘사된 전능자보다 훨씬 더 나은

---

[396] *A Short History of Nearly Everything*, Bill Bryson, Broadway Books, New York, 2003, p 415

성품을 지닌 신이 될 것이다. 이런 세계를 영계라 정의할 수 있다.

콘웨이의 우주에서와 마찬가지로, 우리 우주의 법칙은 어느 한 시점의 상태가 주어지면 시스템의 진화를 결정한다. 콘웨이의 세계에서 우리는 창조자이며, 게임을 시작할 때 물체와 그 위치를 지정하여 우주의 초기 상태를 선택한다.[397]

진화 과정은 현재의 인간을 개량하거나 이 우주에서 인간이 멸망한 후 완전히 새로운 존재가 출현하여 미래에 점점 더 많은 지적 존재가 생성되는 지속적인 진화를 예상할 수 있다.

다양한 과학 분야가 결합하여 우주 전체가 새로운 수준의 존재와 조직으로 다가가는 하나의 거대한 과정으로 간주할 수 있으며, 이것을 명확히 창조나 진화라고 지칭할 수 있음을 보여 준다. 이런 이유로 테일하르트 드 샤르댕(1881~1955)은 정신이나 정신적 속성의 점진적 진화를 의미하는 누제네시스(noogenesis)라는 용어를 사용하며, 더 이상 우주론이 아니라 우주 발생론이라고 말해야 한다고 반복해서 강조한다. 마찬가지로 그는 최초의 원시 인간이 더욱 진정한 인간이 되는 과정, 즉 잠재적 인간이 자신의 가능성을 점점 더 많이 실현하는 과정이라는 호미나이제이션(hominization)과 같은 신용어를 사용하는 것을 즐겼다.[398]

우리의 사명은 특정 계층에게 주어지는 특별한 특권이 없어야 한다는

---

[397] *The Grand Design*, Stephen Hawking, 2010, p 179
[398] *Evolutionary Humanism*, Julian Huxley, 1992, p 203

엄숙한 진실을 선언하여 우리 후손들이 차별을 받지 않고 살게 해야 한
다. 우리는 모두 자유롭고 평등하게 태어났으며 어디서 어떻게 태어났든
동등하고 공정하며 정의로운 대우를 받을 자격이 있다. 우리는 모두 평등
하게 태어났으며 그에 상응하는 대우를 받을 자격이 있다. 기회는 동등하
게 제공되어야 하고, 법은 공정하게 적용되어야 하며, 인류의 복지는 서로
공유되어야 한다. 우리의 사명은 미래를 더 살기 좋고 행복한 환경으로
만드는 것이다. 우리 모두가 같은 근원에서 왔으며 모든 존재가 우리의 일
부라는 진리를 인정하고 받아들인다면 지상의 천국인 영계를 건설하라
는 우리의 사명을 완수할 수 있다.

모든 인간은 원래 평등하기 때문에, 태어날 때부터 영원히 다른 모든
사람보다 우선하여 자신의 가족을 세울 권리가 없으며, 자신은 동시대
사람들보다 어느 정도 자격이 있을지 모르지만 그의 자손은 그들의 재산
을 상속받을 자격이 전혀 없을 수 있다. [399]

우리의 궁극적인 사명은 엄숙한 자연법칙에 근거한 신통섭을 통해 잘
못된 방향으로 나아가고 있는 종교계가 올바른 방향으로 나아갈 수 있도
록 유도하는 종교혁명을 가능한 한 조속히 도모하고 완성하여 보다 나은
미래를 후손에게 물려주는 것이다. 이것은 예수가 지상에 자신이 도모하
고자 했던 사명의 완수를 위해 보혜사('성령')를 보내겠다고 약속할 때 언
급했던 취소 불능 명령이다. 이를 온전히 실현하기 위해 우리 모두는 신
화 속 사후세계를 좇지 말고 지상의 천국인 영계를 구축하도록 노력해야

---

[399] *Thomas Paine Collection*, Thomas Paine, 2007, p 1

한다. 이를 위해 2024년 5월 5일 어린이날을 기하여 선포한 "종교혁명 선언서"(별첨 1), 기독교계의 변화와 종교혁명을 촉구하는 의미에서 "로마교황청과 기독교계에 대한 반박"(별첨 2)과 혁명을 일으키고 완수하기 위해 운영하고 있는 "신통·신통회"(별첨 3)라는 그룹을 소개하는 바이다.

우주 의식의 가장 큰 특징은 우주에 대한 의식, 즉 우주의 생명과 질서에 대한 의식이다. 우주의 의식과 함께 지적 깨달음이 발생하며, 이것만으로도 그 사람은 존재의 새로운 차원에 놓일 수 있으며, 그는 거의 새로운 종의 일원이 될 수 있다. 여기에 도덕적 고양 상태, 형언할 수 없는 성취감, 의기양양함, 기쁨, 도덕적 감각의 촉진이 추가되는데, 이것들은 훨씬 놀라운 현상이고 향상된 지적 능력보다 더 중요하다. 이것들과 함께 불멸의 감각, 영생에 대한 의식이 일어나는데, 이것은 영생을 얻어야 한다는 확신이 아니라 이미 영생을 얻었다고 의식하는 것이다. [400]

기존 종교가 참 진리에 맞춰 자신들의 교리를 바꿀 의사가 있다면 현재의 종교 체계를 수용할 수 있다. 만약 아니라면 부처나 예수가 했던 것처럼 미래의 세대가 진리에 기반한 올바르고 건설적이며 행복한 삶을 살아갈 수 있도록 상응하는 조치를 취하는 것이 우리의 사명이 될 것이다. 예수는 자신이 보내겠다고 약속한 보혜사, 상담자나 자신을 따르는 진리의 영을 통해 새로운 가르침을 계시하겠다고 약속하였다. 우리는 이미 그러한 보혜사를 만났는지 모른다. 우리는 예수가 약속한 새로운 가르침을

---

[400] *The Varieties of Religious Experience*, William James, 2008, p 336, Cosmic Consciousness: a study of the evolution of the human Mind, Philadelphia, 1901, p 2

자연법칙 속에서, 그리고 위대한 지성인과 현자들이 우리에게 제시한 과학적으로 입증된 진리를 겸손하게 받아들임으로써 찾을 수 있다.

⊠ 끝맺는 말

　　자연과학의 발전과 고고학적 탐구 결과에 따라 기존 종교가 성전(聖典)이라고 주장하는 경전의 약점이나 모순이 많이 노출되었다. 많은 사람이 이 사실을 인정하지만 종교계는 이러한 진리를 반영하려는 노력을 하지 않고 예전과 같은 방식으로 여전히 사회에서 존재감을 유지하며 사람들에게 큰 영향력을 행사하려고 한다. 그 이유가 무엇일까? 논리적으로 그 이론은 더 이상 많은 사람에게 받아들여지지 않지만, 그 추종자들을 조작하는 것이 기득권층에게 아주 유리하기 때문이다. 조용한 대중은 소리를 내지 않기 때문에 통제하기 쉽다. 특권층은 자신들의 기득권을 유지하기 위해 매우 불합리한 현행 시스템을 그대로 유지하고자 한다. 그들은 일반 대중을 조종하고 믿음에 반하는 의견과의 접촉을 차단하고 교리에 대한 질문을 허용하지 않음으로써 권위를 유지하려고 한다. 로마 황제들이 그러했듯이 기득권층은 주로 가난하고 연약한 사람들을 착취하면서 성직자들과 함께 자신들만의 세속적 천당을 누리고 있다. 진정한 종교 창시자들이 전혀 언급하지 않았던 사후세계가 이슬람교에서 효과를 내는 것을 보고 대부분의 종교가 경쟁적으로 천당에 대한 희망과 지옥에 대한 위협을 통해 추종자들의 사리 분별력을 마비시키는 효과적인 진정

제로 활용하고 있다. 자연법칙은 사후세계라는 것은 존재할 수 없음을
우리에게 명백히 보여 주고 있다.

군주제를 강력하게 지지했던 헤겔은 "국가는 종교 위에 있다. 신에 대
한 경외심의 단련이 자연스럽게 왕과 법에 대한 순종으로 연결되기 때문
에 신을 두려워하는 사람으로서 각자가 보다 순종하며 자신의 의무를
더 잘 수행할 준비가 되어 있다는 것 이상의 의미가 없지만, 우리 세대에
도 이런 주장이 자주 반복되고 있다"라고 주장했다. [401]

상당수의 성직자와 일부 지식인은 터무니없는 이론을 옹호하거나 입증
된 자연법칙과 모순되는 논리를 만들어 그 효과를 나누기 위해 자신의
영혼을 판다. 부처, 예수, 최시형이 주장했던 불성, 신성, 천성을 모든 존재
가 공유하고 있고 이를 파악하고 모든 존재를 자신과 같이 돌보면서 이
승에서의 삶을 풍요롭게 하고 서로 나누며, 공존 공영하라는 진정한 가르
침을 감추기 위해 수단과 방법을 가리지 않고 말도 되지 않는 논리를 지
속적으로 개발하고 이를 자기 집단의 사람들에게 파급하려고 혈안이 되
어 있다. 이로 인해 집단 간 갈등과 분열이 가속되고 인류의 삶은 비난과
구분과 전쟁으로 몸살을 앓고 있다.

현대 선전 기술의 발전에 비해 선전에 저항하는 훈련은 그에 상응하는
발전을 이루지 못했다. 그래서 세계 인구는 "문명이 그들에게 도달함에
따라 하나씩 어두운 광기의 구덩이로 떨어지고, 보존 가치를 갖는 모든

[401]   *The Philosophy of History*, Georg W.F. Hegel, 1991, p 51

것이 맹목적 학살로 사라진다."[402)

많은 종교의 경전에서 주장하는 것처럼 신이 전능하고 편재하는 존재라면 과학자들이 발견한 진리들을 이미 계시하였을 것이다. 신이 전지한 존재라면 그는 과학적으로나 역사적으로 터무니없는 궤변이나 우리가 여전히 세뇌당하고 있는 부정확한 정보를 중얼거리지 않았을 것이다. 현재우리가 알고 있는 신들은 지금은 보편화된 과학 지식이 부족했던 우리의 조상들이 창작한 작품에 불과하다.

종교는 인간에게 말하는 신의 비밀스러운 소리다. 종교는 인간을 분열시키는 것이 아니라 단결시켜야 하므로 한 민족에게만 속하는 모든 종교는 허위다. … 모든 시대의 모든 사람이 동의하는 지점이 진리의 중심이어야 하며, 서로가 다르게 지적하는 지점들은 허위의 기준이 되어야 한다. 종교는 도덕에 부합해야 하며, 도덕과 마찬가지로 보편적이어야 하므로 도덕에 위배되는 교리를 가진 모든 종교는 분명히 허위다.[403)

일부 과학자는 신이나 사후세계와 같은 것은 존재하지 않으며 인류는 단순한 기계에 불과하다고 주장한다. 이런 주장은 심해 생태계, 원자의 정확한 특성, 미지의 DNA의 60%, 탐구되지 않은 미지의 종과 박테리아, 무유 등 광대한 미개척 영역을 남긴 부분적인 발견에 근거하고 있다. 오만과 현학으로 인해 현재 종교들 사이에 많은 분쟁, 반목, 비생산적인 논쟁이 벌어지고 있다. 이는 일반 사람들이 귀중한 과학적 발견에 접근하고

402) *On God and Religion*, Bertrand Russell, 1986, p 266
403) *A Treatise on Toleration and other Essays*, Voltaire, 1994, p 96

상충되는 이론의 타당성을 비교하는데 방해가 된다.

진화론적 인간은 우주의 다른 모든 생명체와 동일한 물질로 만들어지고 동일한 에너지로 작동할 뿐만 아니라, 지구상의 다른 모든 생명체와 유전적 연속성으로 연결되어 있다는 점에서 독특하다. 동물, 식물, 미생물은 모두 그의 사촌 또는 먼 친척이며, 모두가 신진대사 원형에서 파생된 한 가지이며 진화하는 흐름의 일부이다. [404)]

자연의 비밀을 더 많이 해독하려면 아직 갈 길이 멀다. 하지만 충분히 많은 사람이 받아들일 수 있는 입증된 진실이 많다. 과학자들이 무유의 본질을 밝히기 전까지는 일원론을 주장할 확고한 근거가 없다. 그때까지 과학자들은 지구에서 천상의 삶을 살 수 있다는 확신이 들 때까지 정신적 평화를 원하기 때문에 당분간 이원론을 인정해야 한다. 과학 분야는 일반 대중이 과학적 발견에 쉽게 접근하고 이해할 수 있도록 교육 프로그램을 운영하고, 그러한 발견과 종교적 신조 사이의 차이점을 비교해야 한다. 과학자들이 커튼을 치고 그 뒤에 숨는 것은 지적 죄악이다. 그들은 새로운 발견을 홍보하고 대중과 공유하는 데 적극적으로 참여해야 한다. 또한, 종교적 교리를 탓할 것이 아니라 사람들의 혼란스러운 마음을 달래기 위해 자연과학과 사회과학의 교류를 통해 철학적, 종교적 질문에 대한 해답을 구하는 통섭을 상위 목표로 설정하는 것이 필수적이다.

절대적인 지혜와 절대적인 도덕 칙령을 내릴 수 있는 능력을 갖는 초

---

404) *Evolutionary Humanism*, Julian Huxley, 1992, p 79

자연적 통치자에 대한 믿음이 현대 심리학에서 밝혀진 무의식의 작용에 대한 무지와 결합하여 독재자, 광신적 도덕주의자, 기타 권력에 굶주린 사람들이 내적 확신에 대한 자신의 주관적 감정이 객관적이고 외부적인 신의 목소리라고 믿고, 자신의 야망을 편리하게 감추는 위장품으로 신의 인도와 제재를 활용하여 자신의 죄책감과 분개한 열등감은 적의, 억압된 가학성애는 희생자의 책임으로 돌리고 자신은 선한 양심을 갖는 사람처럼 보이게 할 가능성을 허용한다. 신(여호와)이 "복수는 나의 것이다!"라는 말이 성서에 기록되어 있는 것이 인류에게 얼마나 다행스러운 일인가?[405]

양자물리학에서 M-이론(막, 어머니, 마법, 매트릭스, 마스터, 광기, 기적이나 신비)은 끈 이론의 연장선상에서 한 차원을 더 규명하여 공간 10차원과 시간 1차원, 총 11개의 시공간 차원을 만드는 이론이다. M-이론은 다섯 가지의 초끈 이론이 하나의 기본 이론을 서로 다른 측면에서 관찰한 것임을 밝혀냈다.

아주 최근에 글라쇼, 살람, 와인버그의 발견을 통해 전자기력과 약한 핵력이 하나의 힘인 전자기력의 두 가지 표현이며, 더 큰 종합에서 강한 핵력이 전자기력에 합류할 수 있다는 잠정적이고 정황적인 증거가 나왔다.[406]

이것은 통합 이론을 향해 나아가는 많은 위대한 단계 중 하나에 불과하다. 미래에 모든 과학 연구는 무유의 특성과 밀접하게 연결되는 모든 이론과 자연 현상의 상호 연관성을 파악할 수 있을 것이다. 마찬가지로

---

[405]   *Evolutionary Humanism*, Julian Huxley, 1992, p 104
[406]   *The Fabric of the Cosmos*, Brian Greene, 2005, p 328

인류가 서로 다르다고 생각하는 종교적 이론도 다양한 측면에서 관찰되는 하나의 이론으로 해석될 수 있다. 우리는 다양한 종교 이론을 설득력 있는 과학적 발견을 반영한 하나의 이론으로 통합하기 위해 노력해야 한다. 결국 새로운 과학적 발견이 많은 사람에게 알려지고 그러한 발견이 철학적이나 종교적 원칙에 반영되면 차별과 구분과 관련된 모든 분쟁이 중단될 것이다.

이 순서를 자연과학의 초기 단계에 속하는 오래된 분류 체계와 비교해 보면, 이제 세상을 서로 다른 대상(object) 그룹이 아니라 서로 다른 연결(connection) 그룹으로 나누었음을 알 수 있다. 예를 들어, 초기 과학 시대에는 광물, 식물, 동물, 인간을 서로 다른 그룹으로 구분했다. 이런 대상들은 각기 다른 재료로 만들어졌고, 다른 힘에 의해 행동이 결정되는 등의 다른 성질에 따라 그룹화되었다. 이제 우리는 광물, 동물, 식물에 속할 수 있는 어떤 대상에 속하는 동일한 다양한 화합물이 항상 동일한 물질이며, 물질의 다른 부분 사이에 작용하는 힘이 궁극적으로 모든 종류의 대상에서 동일하다는 것을 알고 있다. 구별할 수 있는 것은 주로 특정 현상에서 중요하게 작용하는 연결의 종류이다. … 따라서 세계는 서로 다른 종류의 연결이 번갈아 일어나거나 겹치거나 결합하여 전체적인 질감을 결정하는 복잡한 사건의 직물처럼 보인다.[407]

전 세계 종교에서 인류에게 가장 큰 축복으로 다가온 아이디어는 갑작스러운 계시나 창조가 아니라 머나먼 과거로부터 천천히 진화해 온 것이

---

[407]   *Physics and Philosophy*, Werner Heisenberg, 2007, p 81

라는 것에 주목해야 한다. [408]

　지금까지 살펴본 바와 같이 자연법칙은 모든 존재가 서로 긴밀한 관계를 갖는 것을 넘어 서로가 하나(임이)라는 진리를 밝혀 주고 있고, 존재의 본질은 종교계에서 숭앙하고 있는 신의 속성을 고루 갖추고 있다는 진리를 알려 주고 있다. 다른 존재에게 괴로움을 주거나 해를 끼치는 것은 바로 나에게 그것이 그대로 돌아오는 것이 자연법칙이며, 그렇기 때문에 다른 존재를 나와 같이 사랑하고 자비를 베풀라는 교훈을 들려주고 있다. 이런 깨우침을 이루면 부처가 언급하는 출세간상상지에 도달하여 부처와 같이 해탈될 수 있고, 예수가 주장하듯이 똑같이 신(성)의 자녀가 될 것이며, 동학에서 말하는 천성과 하나되는 인내천을 이룰 수 있을 것이다. 우리 모두 그런 상태로 나아갈 수 있도록 함께 노력하자.

　부처는 지혜에 대해 "세 가지가 있는데, 첫째는 세간지(世間智)로 외도와 범부들이 일체 모든 법이 있다거나 없다고 하는 데에 집착하는 것이며, 둘째는 출세간지(出世間智)로 성문과 연각이 허망하게 제 모양과 같은 모양을 분별하는 것이며, 셋째는 출세간상상지(出世間上上智)니 부처님여래보살 마하살이 일체 모든 법이 고요하여 생하지 않고 멸하지 않음을 관찰하여, 여래지(如來地)에서 무아(無我)로 증득하는 법을 얻어서 저 있다거나 없다고 하는 두 가지 극단적인 견해를 떠난 것이다. 또 다른 세 가지 구분은 첫째가 제 모양과 같은 모양을 관찰하는 것이며, 둘째는 생하는 모양과 멸하는 모양을 관찰하는 것이요, 셋째는 불멸불생(不滅不生)

의 모양을 관찰하는 것이라"라고 했다('란카바타라 경': 통일불교경전 8장, 역주).[409] 이제 우리도 최상의 지혜로 나아가도록 함께 노력하자.

종교(宗敎, 으뜸 가르침)의 목적은 진리를 가르치고, 사랑을 확장하며, 이 세상을 더 살기 좋은 곳으로 만드는 것이어야 한다. 우리 모두는 낡은 이론에 끊임없이 의문을 제기함으로써 다른 모든 존재와 함께 이 세상을 더 살기 좋은 곳으로 만들기 위해 노력할 수 있다. 우리가 유일한 진리를 추구하고자 한다면, 우리는 지상 천국을 만드는 데 방해가 되는 구분과 갈등으로부터 자유로워질 수 있다. 인간 중심적 관점을 극복하면 시야가 넓어지고 모든 존재는 동일하며 우리의 일부라는 엄숙한 진리를 더 쉽게 수용할 수 있다. 이런 노력을 통해 우리는 저승이 아니라 이승에 불국토, 천국, 영계를 구현할 수 있다. 이 꿈을 이루기 위한 방편으로서 종교혁명을 마무리하기 위해 함께 노력해 나가자.

---

[409]   영과 영, 김병윤, 2010, ps 193-4

별첨 1: 종교혁명 선언서

전 세계에 존재하는 많은 종교의 교리가 창시자인 부처, 예수, 최시형의 원래 취지와 다른 방향으로 변질되었다. 기존 종교의 대부분은 지구를 모든 존재와 더불어 행복하게 공존할 수 있는 사랑과 존중을 통한 공존공영의 장이 아닌 증오와 불화로 인한 아수라의 현장으로 만들었다. 그리고 이들은 허황된 논리를 내세워 수많은 대중을 혹세무민하고 있다. 왜곡된 교리가 판치고 있으며, 나아가 후손들에게 모태신앙이라는 미명하에 그릇된 믿음이 대물림되는 안타까운 상황을 수수방관할 수 없어 종교혁명의 기치를 내걸게 되었다.

현재의 불교, 기독교, 천도교를 위시한 대부분의 종교가 초기 창시자의 이름을 빌어 그들의 순수했던 의도에 반하는 논리를 함부로 창작하거나 차용하여 자신들의 조직의 확대를 위한 목적으로 활용하고, 일부 종파는 신도들의 착취를 위해 수단과 방법을 가리지 않는 행태를 보이고, 참 진리로부터 멀어지도록 조장하고 있는 실정이다.

반세기에 걸쳐 여러 종교를 연구하면서 위 세 사람의 창시자를 종교계의 진정한 성현으로 뽑았다. 그 이유는:

1) 존재의 본질을 - 부처의 불성, 예수의 신성(God), 최시형의 천성 - 제대로 이해하고 모든 존재가 하나(임이)라는 진리를 깨우치고 자비, 사랑 및 공경의 원심력을 키워 나가자.

2) 사후세계를 배제하고 지상에 모두가 공존공영할 수 있는 이상적인 세계를 - 불국토, 지상의 천국, 극락세계 - 만들자.

3) 이런 과정을 통해 궁극적 목적을 - 해탈, 신의 자녀, 대도 달성 - 이루자는 공통의 심오한 가치관을 갖자는 것을 제시했기 때문이다.

세 가지 공통된 가치관에 어긋나는 교리를 내세워 특정 집단의 이익을 위한 논리를 채택하는 종파는 어떤 조직을 막론하고 이단일 수밖에 없다. 이들의 참 가르침에 어긋나는 종파를 지구상에서 몰아내고 진정한 진리에 근거한 논리가 정착하는 그날까지 무저항, 비폭력 종교혁명 운동을 벌여 전 세계적인 종교혁명을 도모하고자 함을 엄숙히 선언하는 바이다.

이를 위해 신통신통회는 염원하는 건전한 종교혁명이 하루빨리 - 가능하다면 우리 세대에 - 뿌리내려 전 세계인이 공정하고 행복한 삶을 영위할 수 있는 기반을 구축하는 활동을 지속적으로 펼쳐 나가겠다.

2024.05.05

신통신통회 회장 김병윤 외

별첨 2: 로마 교황청과 기독교계에 대한 반박

2024.12.24

1. 예수는 여호와를 마귀(요한복음 8장 외)로 지칭하며 배척하였다. 그런데 예수가 새로운 복음을 통해 전파하려고 했던 신성(神性, god)과 동일한 존재라고 주장하며 신화 속 주인공에 불과한 유대 민족의 신 여호와를 남겨 두는 것이 올바른 행위인가?

   1) 이로 인해 예수가 "모든 인간이 신성을 갖추고 있으며 이를 제대로 깨우치면 자신과 같이 신의 자녀가 된다"라는 참 가르침이 왜곡되도록 만든 죄는 인류 역사에 영원히 남을 것이다. 이제라도 참회하고 이 역사의 오명에서 벗어날 용의가 있는가?

   2) 현재 통용되는 교리는 로마 황제들의 통치의 편의와 성직자들의 신도들에 대한 착취의 용의성을 위해 은밀하게 벌인 작업이라는 지적을 받아들이고 사죄하라.

   3) 구약성경의 신은 모든 소설을 통틀어 가장 불쾌한 주인공이라고 할 수 있다. 시기하고 거만한 존재, 좀스럽고 불공평하고 용납을 모르는 지배욕을 지닌 존재, 복수심에 불타고 피에 굶주린 인종 청소자, 여성을 혐오하고 동성애를 증오하고, 인종을 차별하고 유아를 살해하고, 대량 학살을 자행하고 자식을 죽이고, 전염병을 퍼뜨리고, 과대망상중에 가학피학성 변태성욕에, 변덕스럽고 심술궂은 난폭자로 나온다. (리차드 도킨스)

2. 성경에 따르면 십일조(tithe)는 현대의 부가가치세와 같은 개념의 국가에 대한 세금이고, 이것의 10%가 종교 활동에 배정된 것이 사실이다. 그런데 왜 기독교에서 신도들에게 십일조를 강요하며 착취하는 행위를 외면하는가?

1) 민수기 18:21-29는 모세가 이스라엘 부족으로부터 십일조(tithe)를 거둔 후, 십일조의 10%를 여호와의 몫으로 정하였다. 즉 십일조는 국가 운영을 위한 세금이고, 이를 징수한 후 여기에서 10%를 떼어 종교의식에 사용했다.

2) 가톨릭은 십일조라 하지 않고 교무금의 형태로 신도 수입의 1/30을 기본으로 하되, 형편에 따라 더 내고 덜 내는 것도 용인한다. 하지만 대다수 교회에서는 과거 국가에 내던 세금인 십일조를 그대로 적용하며 신도들을 착취하고 있다.

3. 가톨릭은 초기 기독교에서 철저하게 배척했던 사후세계를 르네상스
   (문예부흥, 14~16세기)를 통해 도입하였다. 이후 이런 작업의 결과로
   사후세계가 현 종교계의 교리로 정착되도록 한 잘못에 대해 뉘우치
   고 사과할 용의가 있는가?

   1) 성직자들은 4세기 말 정경을 선정할 당시 성경에도 언급되는 야살
      의 책(조로아스터교)과 그리스 철학자들이 언급했던 사후세계에 대
      해 충분한 지식을 공유하고 있었다. 그럼에도 불구하고 이 개념을
      정립한 그리스 철학자들을 이단으로 몰아 배척했고, 415년에는 이
      들의 저서가 많이 소장된 알렉산드리아 도서관을 관장이었던 히파
      티아의 시신과 더불어 불태웠다.

   2) 가톨릭은 이슬람교와 벌인 십자군 전쟁 중에 그리스 철학자들의
      사후세계 개념을 도입한 이슬람교인들이 순교하는 모습을 보고
      사후세계 도입의 필요성을 느끼고, 단테(1265~1321)의 저서 『신
      곡』을 참고하여 천당, 지옥, 연옥 및 고성소의 개념을 창작하였다.
      이후 대다수 종교가 존재하지 않는 지옥을 경쟁적으로 잔인하게
      묘사하며 신도들을 겁 주기 위한 용도로 활용하고 있다.

   3) 라파엘이 교황청 바티칸 서명실에 아테네 학당의 구성원들을 그린
      벽화가 이런 변화의 단면을 보여 주고 있다. 한편, 이 벽화에 알렉
      산드리아 도서관의 관장이었던 비운의 히파티아 모습이 나온다.
      역사의 아이러니가 아닐 수 없다.

4. 모세의 출애굽이 이집트 왕 람세스 2세(기원전 1279~1213 재위) 시절에 일어날 수 없는데 이를 고집하는 근거가 무엇인가? 역사적 고찰로 드러난 "모세의 출애굽이나, 다윗과 솔로몬 시절 이야기는 신화에 불과하다"라는 진실을 솔직히 인정하고 속죄하기 바란다.

1) 람세스의 아들 메르넵타(기원전 1213-1210)의 석비에 언급된 도시 국가들은 통치자가 있는 것으로 표현하는데, 이스라엘 민족은 맨발로 걸어 다니는 유목민으로 묘사하고 있다. 그런데 성경은 당시에 유대민족 12지파가 예루살렘을 중심으로 가나안의 대부분 지역을 통치하고 있었다고 주장한다.

2) 출애굽은 빨라야 기원전 1400년대에 이루어진 사건으로 추정할 수 있다. 가톨릭에서 주장하는 시점과 200년 이상의 차이가 난다. 당신들의 주장대로라면 기원전 770년경에 솔로몬이 예루살렘에서 통치하고 있어야 하는데, 이것은 명백한 오류다.

5. 앞의 내용과 더불어 남유다국은 북이스라엘이 기원전 722년에 멸망하고 세워졌다는 것이 역사적 사실이다. 이를 왜곡하며 구약성경의 무오를 주장하는 자는 이단이거나 위선자에 불과할 뿐이다.

1) 아시리아의 살마네세르 3세는 기원전 853년에 북이스라엘(사마리아)과 카르카르 전투를 통해 기원전 922년에 이집트 속국으로 시작한 북이스라엘국을 자신들의 속국으로 만들었다.

2) 성경의 내용 중 여호람이 북이스라엘을 12년간 통치하였고, 남유다는 8년간 통치하였다는 기록이 나온다. 아시리아 침공이 853년에 일어난 것을 고려하면 여호람이 853년부터 842년까지 12년간 북이스라엘을 통치하였고 조공의 부담을 덜기 위해 남유다에 세금을 걷고자 849년부터 남유다 지역을 행정구역으로 편입한 것으로 보인다. 이런 역사적 진실을 알았기에 이를 왜곡하기 위해 북이스라엘의 여호람을 요람이라는 이름으로 바꾸려고 시도한 것으로 보인다.

3) 만약 당대에 성경의 기록대로 웅장하고 금은보화로 가득 찬 솔로몬 왕궁이나 성전이 위치한 예루살렘을 수도로 하는 남유다국이 실존했다면, 왜 아시리아가 이곳을 침공하지 않고 내버려 두었겠는가?

6. 예수의 십자가형, 부활이나 승천 이야기는 예수를 신격화하고 예배용으로 활용하기 위해 로마 교황청이 주도하여 후에 창작하여 성경에 추가했다. 이런 조작 행위를 인정하고 사죄하라.

1) 십자가형, 부활과 승천과 관련하여 복음서나 사도행전에 각각 다르게 묘사한 내용을 분석해 보면, 요한복음에 최초로 기록되고 누가복음에 인용된 후 마가복음과 마태복음에 삽입된 것으로 보인다.

2) 모든 복음서에 예수의 체포 당시 대제사장의 하인(요한복음에는 말고)의 귀가 잘리는 칼부림이 일어난 것과 예수의 제자들이 모두 도망갔다는 내용이 공통으로 나온다. 현장에서 칼부림이 있었고, 이 과정에서 예수가 죽었기에 일어날 수 있는 상황이다.

3) 십자가형, 부활이나 승천과 같은 신화적 요소나 기적을 강조하는 것이 타 종교에 영향을 주어 예수의 참 가르침에 반하는 교리가 만연하게 되었다. 교황청은 이에 대한 책임으로부터 자유로울 수 없다. 이런 주장은 역설적으로 신의 완벽함을 부정하는 행위이다. 전지전능한 신이라면 자신이 만든 자연법칙이 깨지는 현상이 일어나는 것을 허용하지 않을 것이다.

7. 예수 사후 20-30년 지나 쓰인 마가복음과 바울이 직접 쓴 것으로
   판명된 서신 7개 중 6곳에 "예수 그리스도 복음서"가 언급된다. 이
   복음서를 보관하고 있다면 공개하고 다른 복음서와의 차이점이 무
   엇인지 밝혀라.

   1) 한편, 바울 서신 중 위작으로 밝혀진 데살로니가 후서에 유일하게
      나오는 "주 예수 그리스도 복음서"를 인용하여 예수를 신격화하는
      작업이 이루어졌다. 언제 이런 작업이 이루어졌는지 공개하라.

   2) 이런 작업으로 인해 현대의 많은 종교나 종파가 창시자를 신격화
      하는 작업이 광범위하게 관행으로 이어져, 우리 모두가 존재의 본
      질인 신성(이나 불성)을 공유한다는 예수(나 부처)의 참 가르침이
      왜곡되는 결과를 초래했다. 인류 역사에 지은 이런 만행을 공개적
      으로 인정하고 속죄할 용의가 있는가?

8. 예수가 부인한 삼위일체론이 초기 성경에는 없었는데 4세기에 교리
로 채택된 이후 성경에 도입되었다. 성경에 삽입된 경위에 대한 내부
기록을 공개하라.

1) 16세기에 에라스무스가 언급한 요한의 콤마라는 내용이 바울의
가짜 서신으로 밝혀진 요한일서의 킹제임스판에 추가되었다. 한편,
추후에 덧붙여진 것으로 보이는 마태복음과 고린도후서의 마지막
부분에 성부, 성자, 성령이라는 표현이 등장한다.

2) 예수의 가르침에 위배되는 이런 허무맹랑한 주장으로 삼위일체론
의 인정 여부를 두고 기독교 내 종파 간은 물론이고 다른 종교 간
에도 의견이 엇갈리며 서로 이단이라고 다투는 빌미를 제공하고
있다.

9. 예수 모친 마리아가 알패오와 재혼한 사실을 외면하고 거짓으로 이 여성을 성모로 내세운 이유를 설명하고 이런 조작에 대해 공개적으로 사과하고 회개하라.

1) 마가복음 3:31-32에서 예수의 형제들을 표현할 때 사용된 그리스 어는 아델포이(αδελφοί)인데, 이 단어는 생물학적 형제를 의미한 다. 이들은 마리아가 직접 낳은 자식이다. 친척을 지칭할 때는 누가 복음 21:16에 사용된 싱게논(συγγενòν)이라는 단어를 사용한다.

2) 알패오가 요셉의 형제이고 요셉 사후에 형사취수제에 따라 마리아 를 부인으로 삼고, 요셉(KJV판은 요세라고 함)을 비롯한 예수의 형 제자매를 낳았다. 알패오와 동정녀 마리아 사이에서 처음 태어난 아들의 이름은 마리아의 전 남편을 기리기 위해 동일한 이름을 갖 게 되었다. 이 둘 사이에 난 첫 번째 아들의 이름이 요셉이라는 성 경의 기록을 외면하는 것이 지식인의 올바른 자세인가?

10. 구약성경에서 6,000년 전에 일어났다는 천지창조는 두 개의 서로
    맞지 않는 이야기로 구성되어 있고, 일천한 과학 지식에 기반한 조
    악한 창작 신화임을 알 수 있다.

    1) 전반부의 창조주는 엘로힘(gods로 복수 - 북이스라엘국에서 섬기
       던 신)이고 말로써 모든 창조를 완성하는데, 후반부는 여호와(남유
       다국에서 섬기던 신)가 아담을 먼지(흙)로 빚어서 만든다.

    2) 태초의 지구와 같은 실험실 환경을 조성하여 시험을 통해 세포를
       구성하는 단백질의 구성 요소인 다양한 종류의 아미노산을 포함
       한 유기 화학 물질이 형성되는 것을 시현하였고, 운석이나 소행성
       에서도 생명체의 레고 조각이라고 할 수 있는 아미노산이 발견되
       었다. 기나긴 세월 속에서 자연 발생적으로 생명체가 나오고 진화
       할 수 있는 조건이 제공되었다는 것은 상식이다.

    3) 요한 바오로 2세가 1996년에 유신론적 진화론을 수용했다. 가톨릭
       에서 진화론을 일부라도 수용한 것은 바람직하지만, 성경에 잘못
       기술된 부분들을 들어내야 한다. 특히 구약성경에 문제가 되는 부
       분이 많다.

별첨 3: 신통신통회(新統神通會)

"신통신통회"는 신통섭(新統攝, New Consilience)을 통하여 진리를 찾고 신과 소통하려는 사람들의 모임을 일컫는다. 영어로는 The New Consilience Group으로 하고 약어로는 "NCG"로 칭한다.

신통신통회(新統神通會)의 목적

"신통신통회"는 모든 존재가 하나임을 인식하고 왜곡된 종교의 본질을 바로잡음으로써 전 세계적인 평화 정착에 이바지하고 만물의 공존공영과 행복 증진을 위한 활동을 한다.

회원 행동강령

1. 모든 존재가 하나(임이)라는 진리를 깨우치고 사랑의 원심력을 키워 나간다.

2. 자신이 대접받고 싶은 대로 모든 존재를 대한다.

3. 모든 존재를 존중하고, 공존공영과 행복 증진을 위한 방안을 강구한다.

4. 인생살이 더하기와 빼기의 합은 영(零)이라는 사실을 인지하고 생활한다.

5. 자신이 스스로 창출한 것 이상을 구하지 않는다.

6. 오직 진리와 진실만을 추구하고. 거짓말이나 거짓 증언을 하지 않는다.

7. 무고한 살생을 금하고, 주어진 음식은 고마움을 갖고 섭취한다.

8. 어려움에 처한 존재들에 관심을 가지고 돌본다.

9. 모든 존재의 하나임을 부정하는 논리에 대해서는 'No'라는 목소리를 낸다.

10. 신화 속 사후세계를 좇지 말고 이승에 천국을 구현시키기 위해 노력한다.

참고문헌

· A Treatise on Toleration and other Essays, Voltaire, 1994
· History of the Warfare of Science with Theology in Christendom, Andrew Dickson White, 2010
· The Riddle of the Universe, Ernst Haeckel, 1934
· Totem and Taboo, Sigmund Freud, 1950
· The Republic, Plato, 1986
· 하나님과의 대화, 김병윤, 북스타, 2022
· The God Delusion, Richard Dawkins, 2008
· The Life of Jesus, Ernest Renan, 1863
· TIME, January 4, 1993, Science, God and Man
· Tao Te Ching, Stephen Mitchell, 1988
· 장자, 안동림 역주, 현암사, 1993
· The Fifth Essence, Lawrence M. Krauss, 1989
· Pythagoras, Christoph Riedweg, 2008
· Euthyphro, Apology, Crito, Phaedo, Plato, 1988
· Evolution, Third Edition, Monroe W. Strickberger, 2000
· Newton Highlight, Visual Chemistry, 2012
· Rhythms of Life, Foster and Kreitzman, 2004
· The Greatest Show on Earth, Richard Dawkins, 2009
· Mind, Life, and Universe, Magulis and Punset, 2007, Interview with Richard Dawkins
· Insect Behavior, Robert & Janice Matthews, 1978
· The Grand Design, Stephen Hawking, 2010
· Physics and Philosophy, Werner Heisenberg, 2007
· A Brief History of Time, Stephen Hawking, 1998
· The Portable Jung, Joseph Campbell, 1976
· The Fabric of the Cosmos, Brian Greene, 2005
· De Anima, Aristotle, 1986
· The Blind Watchmaker, Richard Dawkins, 1987
· A Devil's Chaplain, Richard Dawkins, 2004
· The Hidden Reality, Brian Greene, 2011
· A Universe from Nothing, Lawrence M. Krauss, 2012
· Time, titled The Cathedral of Science, July 23, 2012
· Thus Spoke Zarathustra, Friedrich Nietzsche, 2005
· The Selfish Gene, Richard Dawkins, 2009
· The Metaphysics, Aristotle, 1991, 1050b
· I Ching, Alfred Huang, 2010
· Thomas Paine Collection, Thomas Paine, 2007
· A Short History of Nearly Everything, Bill Bryson, Broadway Books, New York, 2003
· Laws, Plato, 2000
· Columbia History of Western Philosophy, Richard H. Popkin, 1999
· Timaeus, Plato, 2005
· Evolution vs. Creationism: An Introduction, Eugenie C. Scott, 2004
· The Woman's Bible, Elizabeth C. Stanton, 1999
· Evolution, Colin Patterson, 1978
· Twilight of the Idols and The Anti-Christ, Friedrich Nietzsche, 2003
· Evolutionary Biology, Eli C. Mikoff, 1984
· TIME, October 11, 1993, How did Life begin?
· Evolution and the Molecular Revolution, Charles R. Marshall, J. William Schopf, 1996
· David Attenborough's First Life broadcasted on BBC in November 2010
· TIME, December, 4, 1995, When life exploded

- Primate Behavioral Ecology, Karen B. Strier, 2007
- Your Inner Fish, Neil Shubin, 2009
- The God Equation, Michio Kaku, Anchor Books, a Division of Penguin Random House LLC New York, 2022
- Dialogues and Natural History of Religion, David Hume, 1998
- Outlines of Pyrrhonism, Sextus Empiricus, 1990
- Treatise of Man, Rene Descartes, 2003
- Discourse on Method & Meditations on First Philosophy, Rene Descartes, 2007
- Primates and Philosophers, Frans de Wall, 2009
- Discourse on metaphysics and correspondence with Arnauld and Monadology, Leibniz, 1902
- http://plato.stanford.edu/entries/leibniz/
- The Moral Landscape, Sam Harris, 2010
- Evolutionary Humanism, Julian Huxley, 1992
- The origin of Species, Charles Darwin, 1999
- On Growth and Form, D'Arcy Wentworth Thomson, 1992
- Stephen Jay Gould, "Evolution as Fact and Theory," Discover 2 (May 1981): 34-37
- National Geographic, May, 2012
- Darwin to DNA, Molecules to Humanity, G. Ledyard Stebbins, 1982
- DNA: Secrets of life, James D. Watson, 2003
- What is Life? Erwin Schrödinger, 1992
- Analysis of Biological Development, Klaus Kalthoff, 2001
- he Descent of Man, Charles Darwin, 2009
- On God and Religion, Bertrand Russell, 1986
- 경계는 없다!! 미시세계를 들여다보면 세상을 보는 관점이 바뀝니다. (feat. 아보가드로 수) (youtube.com)
- Cosmos, Ann Druyan, National Geographic, 2020: 204
- Water knows the answers, Masaru Emoto, 2002
- Human Evolutionary Biology, Michael P. Muehlenbein, 2010
- http://www.ted.com/talks/bonnie_bassler_on_how_bacteria_communicate.html
- Naming Nature, Carol Kaesuk Yoon, 2010
- Microbiology, Prescott, Harley, Klein, 2002
- Darwin's Lost World, Martin Brasier, 2009
- Newton Highlight, DNA, 2011
- TIME, March 29, 1993, Can animals think?
- An Introduction to Biological Evolution, Kenneth V. Kardong, 2005
- The Altruistic Equation, Lee Alan Dugatkin, 2006
- Perspectives On Animal Behavior, Goodenough, McGuire, Wallace, 2001
- Animal Traditions, Eytan Avital and Eva Jablonka, 2000
- Tears in the Antarctic, MBC special documentary, 2012. 01
- http://www.ted.com/talks/lang/ko/einstein_the_parrot_talks_and_squawks.html
- SBS TV Program 'Animal Farm', Sep. 11, 2011, Series 529
- TIME., June 4, 2012
- The Histories, Herodotus, 1998
- Zero, Charles Seife, 2000
- Entropy, Information, and Evolution, Weber, Depew, and Smith, 1990
- Evolution and Ethics/Science and Morals, Thomas H. Huxley, 2004
- After the Beginning, Norman K. Glendenning, 2004
- Organic Chemistry, Clayden, Greeves, Warren and Wothers, 2001
- Newton Highlight, The Elementary Particles, 2012, and Wikipedia
- An Essay on the Principle of Population, Thomas Malthus, 2012
- Philosophical Problems of Quantum Physics, Werner Heisenberg, 1979
- Ethics, Benedict De Spinoza, 1989
- The Brain, the Story of You, David Eagleman, Vintage Books a Division of Penguin Random House LLC, New York, 2015,
- The Identity of Man, Jacob Bronowski, 2002
- Becoming Enlightened, Dalai Lama, 2009
- Beyond Good and Evil, Friedrich Nietzsche, 1989

- The Philosophy of History, Georg W.F. Hegel, 1991
- Voyage of the Eagle, Charles Darwin, 1989
- TIME, December 12, 1994, A Terrible Beauty
- Zinsser Microbiology, Joklik, Willett, Amos, Wilfert, 1992
- Full House, Stephen Jay Gould, 1996
- Tao Te Ching, Lao Tzu, 1988
- Critique of Practical Reason, Immanuel Kant, 1996
- 영과 영, 김병윤, 2010
- The Varieties of Religious Experience, William James, 2008
- The Portable Jung, Jeseph Campbell, 1976
- The Ethics of Belief, W.K. Clifford, 1999
- Schopenhauer and Darwinism,' in 'Journal of Anthropology,' Jan. 1871
- Cosmic Consciousness: a study of the evolution of the human Mind, Philadelphia, 1901
- Wallace Arthur, ed., Evolution A Developmental Approach, West Sussex, UK: John Wiley & Sons Ltd., 2011
- Aristotle, trans. De Anima (On the Soul), Penguin Classics, 1986
- Aristotle, trans. The Metaphysics, Amherst, NY: Prometheus Books, 1991
- Alan G. Atherly, Jack R. Girton, John F. McDonald, ed., The Science of Genetics, Orlando, Florida: Harcourt, Inc., 1999
- Eytan Avital and Eva Jablonka, ed., Animal Traditions, Cambridge, UK; The Press Syndicate of the University of Cambridge, 2000
- Michael J. Behe, ed., Darwin's Black Box, New York, NY: The Free Press, 1996
- Martin Brasier, ed., Darwin's Lost World, Oxford, NY; Oxford University Press, 2009
- Jacob Bronowski, ed., The Identity of Man, Buffalo NY: Prometheus Books, 2002
- Joseph Campbell, ed., The Portable Jung, London: Penguine Books Ltd., 1976
- Jonathan Clayden, Nick Greeves, Stuart Warren, Peter Wothers, ed., Organic Chemistry: Oxford University Press, 2001
- W. K. Clifford, ed., Lysis, The Ethics of Belief, Amherst, NY: Prometheus Books, 1999
- Charles Darwin, ed., The Descent of Man; and Selection in Relation to Sex, A Digireads.com Book, 2009
- Charles Darwin, ed., The Origin of Species, A Bantam Classic Book, 1999
- Charles Darwin, ed., Voyage of the Beagle, Penguine Books Ltd., London, 1989
- Richard Dawkins, ed., A Devil's Chaplain, New York, NY: Houghton Mifflin Company, 2004
- Richard Dawkins, ed., The Blind Watchmaker, New York, NY: Norton & Company, 1987
- Richard Dawkins, ed., The God Delusion, New York, NY: First Mariner Books, 2008
- Richard Dawkins, ed., The Greatest Show on Earth, New York, NY: Free Press, 2009
- Richard Dawkins, ed., The Selfish Gene, Oxford University Press, 2009
- Rene Descartes, trans. Discourse on Method & Meditations on First Philosophy, BN Publishing, 2007
- Rene Descartes, trans. Treatise of Man, Rene Descartes, Amherst, NY: Prometheus Books, 2003
- Andrew Dickson White, ed., History of the Warfare of Science with theology in Christendom (HWS), Boston, Massachusetts: IndYPublish.com, 2010
- Lee Alan Dugatkin, ed., The Altruism Equation, Princeton, NJ; Princeton University Press, 2006
- Stanton, Elizabeth C. ed., The Woman's Bible. New York: Prometheus Books, 1999
- Masaru Emoto, trans. Water knows the answers, Seoul, Korea: Namusaram, 2002
- Sextus Empiricus, trans. Outlines of Pyrrhonism. Amherst, NY: Prometheus Books, 1990
- Russell G. Foster & Leon Kreitzman, ed., Rhythms of Life, Yale University Press, 2004
- Sigmund Freud, ed., Totem and Taboo, New York, NY: W.W. Norton & Company, Inc., 1950
- Norman K. Glendenning, ed., After the Beginning, London, UK: Imperial College Press, 2004
- Judith Goodenough, Betty McGuire, Robert A. Wallace, ed., Perspectives on Animal Behavior, New York, NY; John Wiley & Sons, Inc., 2001
- Stephen Jay Gould, ed., Full House, New York, NY: Three Rivers Press, a division of Crown Publishers, Inc., 1996
- Brian Greene, ed., The Fabric of the Cosmos, New York, NY: Vintage Books, a division of Random House, Inc., 2005
- Brian Greene, ed., The Hidden Reality, New York, NY: Vintage Books, a division of Random House, Inc., 2011
- Ernst Haeckel, ed., The Riddle of the Universe, Fleet Street, London: C.A. Watts & Co. 1934
- Sam Harris, ed., The Moral Landscape, New York, NY: Free Press, 2010
- Stephen Hawking, ed., A Brief History of Time, New York, NY: Bantam Books, 1998
- Stephen Hawking & Leonard Mlodinow, ed., The Grand Design. London, UK: Transworld Publishers, 2010
- Georg W.F. Hegel, trans. The Philosophy of History, Amherst, NY: Prometheus Books, 1991
- Werner Heisenberg, trans. Philosophical Problems of Quantum Physics, Woodbridge, CT: Ox Bow Press, 1979

· Werner Heisenberg, trans. Physics and Philosophy, New York, NY: HarperCollins Publishers, 2007
· Herodotus, trans. The Histories, Oxford University Press, 1998
· Alfred Huang, trans. I CHing, Rochester, Vermont: Inner Traditions, 2010
· David Hume, ed., Dialogues and Natural History of Religion, Oxford University Press, 1998
· Julian Huxley, ed., Evolutionary Humanism, Buffalo NY: Prometheus Books, 1992
· Thomas H. Huxley, ed., Evolution and Ethics/Science and Morals, Amherst, NY: Prometheus Books, 2004
· William James, ed., The Varieties of Religious Experience, La Vergne, TN: Megalodon Entertainment, LLC., 2008
· Sir James Jeans, ed., Through Space and Time, London, UK: Cambridge University Press, 1934
· Joklik, Willett, Amos, Wilfert, Zinsser Microbiology - 20th edition, East Norwalk, CT: Appleton & Range, A Publishing Division of Prentice Hall, 1992
· Kenneth V. Kardong, ed., An Introduction to Biological Evolution, New York, NY: The McGraw-Hill Companies, Inc., 2005
· Klaus Kalthoff, ed., Analysis of Biological Development, New York, NY; McGraw-Hill Higher Education, 2001
· Immanuel Kant, trans. Critique of Practical Reason, Amherst, NY: Prometheus Books, 1996
· Lawrence M. Krauss, ed., A Universe from Nothing, New York, NY: Free Press, 2012
· Lawrence M. Krauss, ed., The Fifth Essence, Basic Books, Inc., 1989
· Dalai Lama, ed. Becoming Enlightened, New York, NY: Atria Paperback, 2009
· Whitney, Loren H. and L.W. de Laurence. Ed., Life and Teachings of the Great Persian. Charleston, SC: BiblioBazaar, 2009.
· Thomas Malthus, ed., An Essay on the Principle of Population, Lexington, KY, 2012
· Lynn Margulis and Eduardo Punset, ed. Mind, Life, and Universe, White River Junction, VT: Chelsea Green Publishing Company, 2007
· Charles R. Marshall, J. William Schopf, ed., Evolution and the Molecular Revolution, Sudbury, Ma: Johns and Bartlett Publishers, 1996
· Robert & Janice Matthews, ed., Insect Behavior, John Wiley & Sons, 1978
· Eli C. Mikoff, ed., Evolutionary Biology, ed., Addison-Wesley Publishing Company, Inc., 1984
· Stephen Mitchell, trans. Tao Teh Ching, New York, NY: HarperCollins Publishers, 1988
· George R. Montgomery, trans. Leibniz Discourse on metaphysics and correspondence with Arnauld and Monadology, Chicago, IL: The Open Court Publishing Company, 1902
· Michael P. Muehlenbein, ed., Human Evolutionary Biology, Cambridge, NY; Cambridge University Press, 2010
· Friedrich Nietzsche, trans. Beyond Good and Evil, Amherst, NY: Prometheus Books, 1989,
· Friedrich Nietzsche, trans. Thus Spoke Zarathustra, Oxford University Press, 2005
· Friedrich Nietzsche, trans. Twilight of the Idols and the Anti-Christ, London, England: Penguine Books, 2003
· Thomas Paine, ed.,Thomas Paine Collection, Forgotten Books, 2007
· Colin Patterson, ed., Evolution, St Lucia, Queensland: University of Queensland Press, 1978
· Plato, trans. Euphyphro, Apology, Crito, Phaedo, Amherst, NY: Prometheus Books, 1988
· Plato, trans. Laws, Amherst, NY: Prometheus Books, 2000
· Plato, trans. Lysis, Phaedrus, and Symposium, Plato, Amherst, NY: Prometheus Books, 1991
· Plato, trans. The Republic, Amherst, NY: Prometheus Books, 1986
· Plato, trans. Timaeus, Critias, Cleitophon, Menexenus, Epistles, Harvard University Press, 2005
· Richard H. Popkin, Editor, ed., The Columbia History of Western Philosophy, New York, NY: MJA Books, 1999
· Prescott, Harley, Klein, ed., Microbiology-fifth edition, New York, NY: McGraw-Hill Higher Education, 2002
· Ernest Renan, trans. The Life of Jesus, New York, NY: BiblioLife, LLC, 1863
· Christoph Riedweg, trans. Pythagoras, Ithaca, NY: Cornell Paperbacks, 2008
· Bertrand Russell, ed., On God and Religion, Amherst, NY: Prometheus Books, 1986
· Erwin Schrödinger, ed., What is Life? New York, NY: Cambridge University Press, 1992
· Eugenie C. Scott, ed., Evolution vs. Creationism: An Introduction, Westport, CT: Greenwood Press, 2004
· Charles Seife, ed., Zero, New York, NY: Penguin Books, 2000
· Neil Shubin, ed., Your Inner Fish, New York, NY: First Vintage Books, a division of Random House Edition, 2009
· Benedict De Spinoza, trans. Ethics, Amherst, NY: Prometheus Books, 1989
· Elizabeth Cady Stanton, ed., The Woman's Bible, Amherst, NY: Prometheus Books, 1999
· G. Ledyard Stebbins, ed., Darwin to DNA, Molecules to Humanity, W.H. Freeman and Company, 1982
· Monroe W. Strickberger, ed., Evolution, Third Edition, Sudbury, MA: Jones and Bartlett Publishers, 2000
· Karen B. Strier, ed., Primate Behavioral Ecology, Boston, MA: Allyn and Bacon, 2007
· Emanuel Swedenborg, ed., Divine Love and Wisdom, Radford VA: A & D Publishing, 2007
· Voltaire, trans. A Treatise on Toleration and other Essays, Amherst, NY: Prometheus Books, 1994
· D'Arcy Wentworth Thomson, ed., On Growth and Form, Mineola, NY: Dover Publications, Inc., 1992

· Frans de Wall, ed., Primates and Philosophers, how morality evolved, Princeton, NJ: Princeton University Press, 2009
· Carol Kaesuk Yoon, ed., Naming Nature, New York NY: Norton Paperback, 2010
· Newton Highlight, All about cells, Seoul, Korea: Newton Korea, 2011
· Newton Highlight, DNA. Seoul, Korea: Newton Korea, 2011
· Newton Highlight, Quantum Mechanics. Seoul, Korea: Newton Korea, 2010
· Newton Highlight, Visual Chemistry, Seoul, Korea: Newton Korea, 2012
· Newton Highlight, What are the elementary particles? Seoul, Korea: Newton Korea, 2012

무유 (無有, Nosome)
Nothing but Something

초판 1쇄 인쇄　2025년　1월　9일
초판 1쇄 발행　2025년　1월　25일

지은이 | 김병윤
펴낸이 | 박정태
편집이사 | 이명수　　　　　　　　　**감수교정** | 정하경
편집부 | 김동서, 박가연
마케팅 | 박명준, 박두리　　　　　　**온라인마케팅** | 박용대
경영지원 | 최윤숙

펴낸곳　　　　BOOK ★ STAR
출판등록　　　2006. 9. 8. 제 313-2006-000198 호
주소　　　　　파주시 파주출판문화도시 광인사길 161 광문각 B/D 4F
전화　　　　　031)955-8787
팩스　　　　　031)955-3730
E-mail　　　　kwangmk7@hanmail.net
홈페이지　　　www.kwangmoonkag.co.kr

ISBN　　　　　979-11-88768-88-2 03200
가격　　　　　28,000원